新时代教育系统
干部教师教育培训研究

—— 基于马克思恩格斯教育理论的视域

Research on Education and Training for Cadres
and Teachers in the New Era Education System

姜芳　等著

天津出版传媒集团

天津人民出版社

图书在版编目（CIP）数据

新时代教育系统干部教师教育培训研究：基于马克思恩格斯教育理论的视域 / 姜芳等著. -- 天津：天津人民出版社，2024.2

ISBN 978-7-201-20200-6

Ⅰ．①新⋯ Ⅱ．①姜⋯ Ⅲ．①教师教育－教育政策－研究－中国 Ⅳ．①G659.2

中国国家版本馆 CIP 数据核字 (2024) 第 045399 号

新时代教育系统干部教师教育培训研究：基于马克思恩格斯教育理论的视域
XINSHIDAI JIAOYU XITONG GANBU JIAOSHI JIAOYU PEIXUN YANJIU; JIYU MAKESI ENGESI JIAOYU LILUN DE SHIYU

出　　版	天津人民出版社
出 版 人	刘锦泉
地　　址	天津市和平区西康路 35 号康岳大厦
邮政编码	300051
邮购电话	(022)23332469
电子信箱	reader@tjrmcbs.com
责任编辑	林　雨
封面设计	汤　磊
印　　刷	天津新华印务有限公司
经　　销	新华书店
开　　本	710 毫米×1000 毫米　1/16
印　　张	22
插　　页	2
字　　数	200 千字
版次印次	2024 年 2 月第 1 版　2024 年 2 月第 1 次印刷
定　　价	89.00 元

前　言

马克思和恩格斯在研究和解决人类社会中的种种重大问题时,也极为关注和重视教育领域中的问题。他们虽然没有留下教育学方面的专著,但总起来看,散见于各种著作的教育言论,无疑构成了马克思恩格斯教育理论,并奠定了马克思主义教育理论体系的基础。马克思恩格斯教育理论有其理论来源,也有其实践基础,是教育理论和教育实践发展的产物。马克思恩格斯教育理论具有极强的生命力。本书基于马克思恩格斯教育理论的视域,研究当下中国教育战线中的教育系统干部教师教育培训问题,希望能够给教育系统提供一定的参考价值。

中国的教育战线是建设社会主义现代化强国的重要支撑,新时代教育系统干部教师是推进教育现代化和建设教育强国的中坚力量。马克思恩格斯教育理论是马克思恩格斯关于教育的主体、基本内容、基本方法、作用等教育领域重大命题的系统理论阐述,是我们必须坚持的教育指导思想。当下中国,坚持以马克思恩格斯教育理论为指导,加强教育系统干部教师教育培训工作,有助于我们更全面认识教育在推动社会发展中的作用,更好发挥教育在干部教师教育培训工作中的重要功能;全面系统理解国家干部教育培训等政策,树立正确的教育观、人才观。因此,坚持马克思恩格斯教育理论的指导,对我国新时代教育系统干部教师教育培训的发展及教育现代化和教育强国建设,具有重要的现实意义与当代价值。

习近平总书记高度重视干部教师教育培训工作。党的二十大以后,2023年8月31日,中共中央政治局召开会议,审议《干部教育培训工作条例》《全国干部教育培训规划(2023—2027年)》,会议强调,要推动干部教育培训供给与需求精准匹配,更好满足组织需求、岗位需求、干部需求,不断优化教育培训方式方法,进一步增强教育培训的系统性、针对性、有效性。2023年9月19日中共中央发布《干部教育培训工作条例》明确强调培养造就政治过硬、适应新时代要求、具备领导社会主义现代化建设能力的高素质干部队伍。这为本书的后续研究提供了重要命题。一是干部教育培训的需求问题研究,如何提高培训的质量和成效离不开高质量的培训需求研究。二是干部教育培训的方式方法研究,如何运用高质量的培训方式方法,助力干部教育培训高质量发展需要研究。三是干部教育培训的高质量发展问题研究,培训需求和培训方式方法等问题研究都是为促进培训高质量服务的,这需要予以重视和研究。四是干部教育培训的人才队伍建设问题研究,干部教育培训研究工作是为培养德才兼备高素质的干部人才队伍服务的,这项研究需要与社会主义现代化建设密切联系起来。

关于本书的基本架构。本书共分为九章。第一章是马克思恩格斯教育理论的历史背景。本章主要从现实背景、理论背景等方面阐述马克思恩格斯教育理论产生的背景。第二章是马克思恩格斯教育理论的发展历程。本章主要从共产主义者同盟筹建时期、1848年欧洲革命结束后、第一国际成立时期、第二国际时期阐述马克思恩格斯教育理论的发展历程。第三章是马克思恩格斯教育理论的内容概述。本章主要从马克思恩格斯"教育"的主体、基本内容、基本方法和作用阐述马克思恩格斯教育理论的主要内容。第四章是马克思恩格斯教育理论的继承发展。本章主要从列宁对马克思恩格

斯教育理论的独特性贡献、中国共产党对马克思恩格斯教育理论的创新性
发展、习近平对马克思恩格斯教育理论的新时代解读等方面阐述马克思恩
格斯教育理论的继承与发展。第五章是新时代教育系统干部教师教育培训
的现实背景。本章主要从时代背景、政策背景、实践背景、科技背景等方面
阐述新时代教育系统干部教师教育培训研究的现实背景。第六章是新时代
教育系统干部教师教育培训的理论特色。本章以马克思恩格斯教育理论为
根本指导思想，结合马克思主义人的发展理论、马克思主义劳动解放理论等
方面来探讨新时代教育系统干部教师教育培训的理论基础和理论特色。第
七章是新时代教育系统干部教师教育培训的主要内涵。本章主要从指导思
想、价值目标、基本理念、主要模式、知识体系、能力结构等方面对新时代干
部教师教育培训进行一个总的概述。第八章是新时代教育系统干部教师教
育培训的实践探索。本章主要从系统布局教育培训工作，问题驱动教育培
训工作，制度体系保障教育培训工作，信息技术助推教育培训工作四个方面
探讨新时代教育系统干部教师教育培训的实践特色问题。第九章是新时代
教育系统干部教师教育培训的发展走向。本章主要从大力加强干部教师教
育培训的理论研究、强化信息技术与干部教师教育培训融合、积极构建中国
特色干部教师教育培训学、引导人工智能为教育培训工作赋能等视角对新
时代教育系统干部教师教育培训的未来走向进行初步分析。

　　本书具有三大特色：一是从理论特色来看，新时代教育系统干部教师教
育培训工作是一项系统的工程，需要深入挖掘马克思主义理论中的思想智
慧。在理论上，我国教育系统干部教师教育培训工作需要坚持马克思恩格
斯教育理论为根本指导，还需要结合马克思主义人的发展理论、劳动解放理
论等基本理论来指导干部教师教育培训工作，本书凝练了新时代教育系统
干部教师教育培训的理论特色，这是本书的第一个特色。二是从实践特色
来看，我国教育系统干部教师教育培训工作具有规模大、周期长、系统性、制

度化等特色。新时代我国教育系统干部教师教育培训工作取得了十分显著的成就。本书通过对"国培计划"等典型案例的分析,总结提炼出我国教育系统干部教师教育培训的实践经验,包括一般规律性,这是本书的第二个特色。三是从创新特色来看,从国内现有文献材料来看,关于新时代教育系统干部教师教育培训的专门性研究尚付阙如,基于此,本书以新时代教育系统干部教师教育培训为主题进行专门研究,同时结合作者长期的教育教学工作经验及培训研究成果,试对新时代教育系统干部教师教育培训进行尝试性思考,这是本书的第三个特色。

我国教育系统干部教师身处教育事业改革发展最前线,担负着培养社会主义建设者和接班人的光荣使命,教育系统干部教师是需要社会各界予以重视和关爱的一个群体。为新时代教育系统干部教师教育培训高质量发展,以及教育系统干部教师健康成长提供积极助力,为促进教育界及教育培训界各位同仁重视加强教育系统干部教师教育培训研究提供一定参考。当然,本书对教育系统干部教师教育培训的探索还有很长的路要走,希望在未来可以有更深入的研究呈现在读者面前。

由于作者能力有限,本书疏忽和错误之处在所难免,敬请大家批评指正!

目录

第一章

马克思恩格斯教育理论的历史背景

马克思恩格斯在探讨人类解放和人的自由全面发展的同时,对教育问题同样给予很大关注。马克思恩格斯通过批判旧世界发现新世界,揭示了人类社会发展的本质和规律,提出共产主义是人类社会发展的必然趋势。马克思恩格斯结合当时世界历史发展趋势的现实要求,认为要想实现共产主义,实现人的自由全面发展,就需要通过教育,使无产阶级了解人类社会发展的一般规律,进而引领无产阶级坚定实现共产主义的理想信念,用科学的理论指导和解决革命实践中遇到的各种困难和问题。

第一节 马克思恩格斯教育理论的现实背景

在马克思恩格斯生活的年代,资本主义在欧洲各国迅速发展,资产阶级革命和工业革命相继取得成功。但是随着资本主义的蓬勃发展,其自身固有的矛盾、问题开始凸显,资本主义私有制与社会化大生产之间的矛盾,激化了资本家和工人阶级之间的矛盾,阶级矛盾空前严重。资产阶级在创造巨大财富的同时也给工人阶级带来了巨大的压迫和剥削,除了对工人阶级进行传统的经济剥削,资产阶级还特别加强了对工人的意识形态统治,试图降低无产阶级的反抗意识,消灭无产阶级的革命斗志。在这样的现实背景下,占社会主流意识形态阵地的资产阶级教育已经无法满足广大无产阶级和劳动人民的需要。无产阶级为了战胜资产阶级的统治、争夺意识形态领导权、获得自身的解放,就需要更加先进的知识和学问作为指导思想。于是,马克思恩格斯的教育理论产生。

一、资本主义工业和教育的迅速发展

19世纪40年代,西欧各主要资本主义国家陆续完成工业革命,西欧资本主义焕发出勃勃生机,以矫健的雄姿引领着世界的潮流。随着资本主义体系逐步在全球确立,先进的资本主义国家陆续迈向了机器大工业时代,世界市场逐渐形成,全球性的分工日益出现。世界各国、各民族的交往和交流不断拓展,逐渐从孤立分散的状态,走向相互影响、相互制约的一体化过程。资本主义的深入发展带来了生产力的高度提升,但与此同时,其自身固有的问题也日益开始凸显,机器大生产一方面解放了生产力、提高了生产效率,但另一方面暴露了资本主义制度的局限性和虚伪性,进而加剧了无产阶级和资产阶级之间的矛盾,给无产阶级带来了深重的罪恶和灾难。随之而来的法国里昂工人起义、英国宪章运动及德国西里西亚纺织工人起义就是最好的例证。随着无产阶级开始作为独立的政治力量登上历史舞台,马克思恩格斯为指导工人阶级革命运动创立了科学世界观,由此形成了马克思恩格斯教育理论。

工业革命带来了社会生产力和生产效率的大幅提升,异化现象随之产生。19世纪初,西欧各国的资本主义迅猛发展,社会生产力得到巨大提高,机器大生产带来了高产量与高收益,创造出的生产力比过去一切时代的全部生产力还要多。但是,随着社会化大生产的不断发展,资本主义内部的固有矛盾日益激化,资本主义的不断发展导致人的自我异化现象的产生,使人逐渐被"非现实化""外化"和"物化"。资本作为一种掠夺性的机器,不仅掠夺工人的劳动时间和劳动价值,而且对工人的身体、智力和道德水平进行破坏,人逐渐被资本和机器强制征用。在资本主义机器大工业时代,机器以资本的物的形式,直接控制财富的使用价值,劳动者逐渐沦为机器的附属品,成为机器的附庸。工人的劳动时间不降反增,劳动技能在机器大工业的生产方法中变得无足轻重,劳动的复杂程度最大限度的简单化。机器和科学的生产力逐渐成为资本实现价值增殖的重要手段。由于劳动者不能像机器一样持续运转、昼夜劳动,因此劳动者在资本面前失去了谈判的资本和能力,逐渐被机器取代。

工业革命的发展迫切需要与之相适应的教育理论。马克思恩格斯生活的年代,资本主义已经有了一定程度的发展,无产阶级和资产阶级的矛盾逐渐上升为社会的主要矛盾,这就导致广大无产阶级长期处于被剥削、被压迫的状态,生活状况极其糟糕,尤其是当时社会对妇女和儿童的残酷剥削也异常严重。工人阶级毫无享受学校教育的权利可言,他们主要依靠传统的社会教育方式获得繁衍和生存的基本技能。由于西方工业革命的爆发,传统的个体手工业逐渐被工场手工业、大机器生产替代,传统的手工作坊不再适应大机器生产的生产方式,逐渐被工厂替代,手工业者开始转化成工人。职业的改变,就需要新职业者或者新的劳动技能。马克思恩格斯从根本上揭示了资本主义制度的剥削本质,将问题根源指向了阶级矛盾。他们认为工人阶级要想摆脱被奴役、被剥削、被压迫的生存状态,实现人的自由而全面的发展,就必须联合团结起来,反对资产阶级的统治。为了适应这种变化,改善工人的生存状态,迫切地需要对工人阶级进行教育,使其能够与社会生产相适应。并且,随着科学技术在社会生产中的运用,无产阶级的知识和经验逐渐丰富起来,阶级觉悟也在不断提高,对自己的历史地位和作用逐渐有了清晰的认识,于是无产阶级开始了为自己争取受教育权利的革命斗争。

二、两种意识形态之间的较量和竞争

马克思恩格斯认为教育既受物质关系的制约,又受意识形态的影响。教育意味着对新生的一代传授一定的政治、道德、哲学等观点和信念的过程,而意识形态作为物质关系的上层建筑,不仅影响着个人发展的性质和方向,也在一定程度上制约着个人发展的范围和水平。在马克思恩格斯生活的时代,资本主义逐渐走向成熟的时代环境下,资产阶级不断对无产阶级发起进攻,抢占意识形态领域的阵地。资本家利用暴力手段强行剥夺无产阶级的政治权力,以"偷梁换柱"的做法试图掩盖资本主义制度的合法性,使无产阶级成为资产阶级的奴隶,为资产阶级服务。资产阶级通过各种手段占领意识形态领域的阵地,资本主义腐朽的阶级教育理念对无产阶级认识世界和改造世界造成干扰、破坏,因此,这就需要加强对无产阶级的思想教育和理论教育,使无产阶级拥有强大的精神动力和方向指引。要想使无产阶级摆脱各种唯心主义和错误思想的蒙蔽,就需要对各种同无产阶级相悖的社会思潮和错误论调进行揭露和批判,在批判的基础上发挥教育的作用,不断丰富无产阶级的教育理念,引导其为无产阶级革命不懈奋斗。

在阶级社会中,不重视加强对无产阶级社会主义意识形态的领导,就会被资产阶级意识形态占领思想阵地。社会具有阶级性,教育领域自然也不可避免地具有阶级性,教育被少数人垄断,而且生产关系的性质也规定了教育的阶级性质。马克思恩格斯认为,资本主义的旧式分工,即一代人甚至几代人被迫服从于固定的、长期的劳动形式,使工人不仅在身体和智力方面遭到资产阶级的摒弃,而且在道德方面也受到资产阶级的忽视,终身从事一种职业,进而造成工人阶级后代畸形发展。资本主义教育旨在宣扬资产阶级意识形态存在的合理性,这种为统治阶级辩护的意识形态属性,其中充斥着资本拜物精神、利己主义的陈腐的价值取向,动摇了人的独立意识和反抗精神,降低了人们的精神品位。资产阶级教育的目的是为了维护资产阶级统治、加强利益剥削。在这样的资本主义教育制度的影响下,无产阶级的体力、智力和道德水平严重受限,每个人自由全面发展的能力逐渐被资产阶级剥夺,无产阶级的革命意识受到资产阶级意识形态的束缚。马克思恩格斯观察到资本主义社会的这一现实状况,发现了资产阶级教育的不公平性与虚伪性,针对资本主义私有制造成的人的片面发展的状况,把人的全面发展作为核心命题,认为在社会主义社会,教育应当首当其冲地担负起促进人的全面发展的任务。

马克思恩格斯以辩证唯物主义和历史唯物主义为方法指导,以社会基本矛盾的辩证关系为研究范式,深刻分析了资本主义生产方式难以克服的内在矛盾,得出了社会主义必然取代资本主义的历史结论。无产阶级作为最先进的阶级,担负着推翻资产阶级的政治统治,建立一个全新的社会——共产主义社会的历史使命。而无产阶级要想摧毁资产阶级统治,夺取政权,并非一朝一夕、一蹴而就的,而是需要同资产阶级进行长期的艰苦斗争。工人阶级由于缺乏教育,对阶级观念的接受还存在着一定的困难,或者说工人阶级的阶级觉悟只存在于少数先驱者内部。要想同资产阶级进行不懈斗争,就必须对无产阶级进行共产主义教育,打破陈旧的资本主义教育桎梏,使无产阶级摆脱愚昧无知的状态,为战胜资产阶级做充足的理论准备和组织工作。如果放松对无产阶级的意识形态教育,放松对无产阶级革命斗争的宣传教育,就会使得无产阶级放松警惕,侵蚀社会主义意识形态阵地,危害无产阶级和全人类共同的利益。无产阶级阶级意识的形成并非一蹴而就。在同资产阶级进行革命斗争的环境下,对无产阶级提出了更高的要求,需要无产阶级更加有组织、有纪律。马克思恩格斯认为无产阶级面临的威胁越多,就越需要重视教育,需要有科学的教育理论武装头脑,以清醒的头脑坚守社会主义意识形态阵地,坚决捍卫无产阶级根本利益和正当权利。社会主义教育的目的就是使受教育者即无产阶级不仅能够接受普遍知识,也能接受共产主义的主流价值观念与信仰目标,使无产阶级拥护本阶级的意识形态。

三、无产阶级革命斗争需要教育理论的指导

人的需要是人生存活动的内在动因。所谓需要是指为了满足人的生存和发展,进而对物质资源和精神资源的占有欲求。马克思认为,人们奋斗所争取的一切都同他们的利益有关。教育是丰富人类精神生活的重要途径,通过对无产阶级进行教育,可以使无产阶级在精神上、思想上紧紧团结在一起,用先进的理论武装人们的思想、丰富人们的头脑,进而提高全社会的思想观念、精神面貌、文明风尚、行为规范,共同为共产主义事业注入强大的精神力量。无论是思想宣传、政治教育还是理论研究,首先应该解决好"为了谁、依靠谁"的根本问题,马克思恩格斯始终站在无产阶级利益的一边,把实现好、维护好无产阶级的根本利益作为理论和实践的出发点和落脚点。对无产阶级进行持续的教育是提升无产阶级革命队伍质量的关键所在。通过改造无产阶级的世界观、提高工人阶级的阶级意识,使他们成为有信仰有文化懂科学的劳动者,对无产阶级进行教育可以使无产阶级能够不断打破阶级固化、利益固化的藩篱,在历史中正确认识自我、准确定位,明确使命担当,实现自身的价值,凝聚思想共识和政治共识,维护无产阶级内部的团结统一。

　　无产阶级推翻资产阶级的革命斗争需要相关的教育理论指导,这是无产阶级进行革命斗争的根本前提。无产阶级的阶级意识观念不是头脑中与生俱来的,而是在一定的社会历史条件下形成的,同无产阶级革命运动的环境密切相关。马克思恩格斯在无产阶级革命运动的实践中深刻认识到,无产阶级要想推翻资产阶级统治,单凭自发性是很难推进革命运动的,需要具备自觉性的"无产阶级意识"或"社会主义意识",在由自发性转向自觉性的过程中,就必然需要教育的环节。一方面,通过教育可以使得无产阶级能够抛弃一切私心杂念,视共产主义和人类解放事业为自己奋斗终身的目标。这种胸怀全人类的世界眼光能够激发无穷的力量,这种无穷的能量就是信仰的力量。另一方面,无产阶级通过教育,能够有效地获得启蒙和引导,能够高度认同、坚定支持无产阶级革命运动,使无产阶级统一认识、凝聚共识、汇集力量,最大程度地激发无产阶级参与革命的主体性、能动性、积极性。因此要巩固和发展安定团结的政治局面,就必须对无产阶级进行理论教育,这样才能分清理论是非、路线是非,进而克服各种错误思想。

　　马克思恩格斯认为教育的不公平是源于社会经济制度的不公平,由于工人阶级在经济关系中处于被剥削、被压迫的地位,因此他们及其子女的教育权才会越来越受到剥夺和破坏,因此要想解放工人阶级及其子女的处境,必须紧密结合社会的经济制度,对教育做出科学理性的认识。只有不断加强无产阶级的理想信念教育,引导无产阶级牢记无产阶级政党的宗旨、原则,努力使其提高认识,树立正确的世界观、人生观、价值观,自觉做共产主义事业坚定的信仰者和忠实的实践者,才能不断启发无产阶级的阶级觉悟,使无产阶级为实现自身解放和人类解放而不懈奋斗。共产主义的理想信念不是自发形成的,而是通过教育才能树立起来的。马克思恩格斯认为,就单个人来说,他的行动的一切动力都一定要通过他的头脑,一定要转变为他的意志的动机才能使他行动起来。无产阶级只有通过教育才能获得强烈的斗争动力,进而更加坚定共产主义的理想信念。只有通过无产阶级革命理论教育,无产阶级才能真正认识到本阶级的利益,更加坚定理想信念,并为了实现自身解放而为之奋斗。

马克思恩格斯强调无产阶级教育要同无产阶级政党、知识分子相结合、同生产劳动相结合。马克思恩格斯认为,无产阶级政党作为无产阶级的代表,理应肩负起教育武装无产阶级参与革命的历史任务,通过教育组织无产阶级树立斗争意识、树立共产主义的理想信念,以共产主义的世界观、人生观和价值观为指引,引导无产阶级的革命运动实践,使之为共产主义事业不懈奋斗。在阶级社会里,知识分子并非是独立的、或是统一的阶级,而是有其特殊性,分别属于不同的阶级内部,为不同的阶级利益服务。恩格斯曾把知识分子看成"脑力无产阶级","它的使命是在即将来临的革命中同自己从事体力劳动的工人兄弟在一个队伍里肩并肩地发挥重要作用"①。因此,在无产阶级教育的过程中要充分发挥知识分子的作用。根据无产阶级革命的需要,联合无产阶级政党和知识分子,有目的、有计划、有组织地对无产阶级的政治觉悟、思想观念和道德行为进行教育,逐渐启发工人阶级的阶级觉悟,培育出有理想有信念的社会主义建设者和接班人,使其担负起实现无产阶级和全人类解放的责任和使命。

第二节 马克思恩格斯教育理论的理论背景

自古以来,人们对于教育便有着深邃的思考。原始社会人的发展基本依靠社会教育传承生活知识、生产技能和社会习俗等,人们通过在社会生活

---

① 马克思恩格斯选集:第4卷[M].北京:人民出版社,2012:301.

中学习到的生存技能,积累起越来越丰富的经验。而进入手工业时期,如何克服原始社会人的发展的片面性,成为人们需要解决的重要课题。从 14 世纪中叶到 16 世纪末的文艺复兴运动,到 17、18 世纪的启蒙运动,再到 19 世纪初的空想社会主义运动,许多探索者在解决教育问题上,都留下了自己的足迹。教育问题是各国哲学家、思想家、经济学家等学科专家关注的重点问题,对教育理论的探索是同政治、经济、文化等各类问题交织在一起的,随着时代和社会发展的不断进步,教育思想也在不断完善以适应人类发展的需要。

一、黑格尔、费尔巴哈等西欧资产阶级思想家的教育理念

德国古典哲学家黑格尔认为人的本质是通过绝对观念来证明的。黑格尔把人的本质归结为自我意识,进而否定了人的自然属性,认为人的本质等同于自我意识,人存在的意义首先是为了生存,把劳动作为自我意识外化的一个环节,否定了人的真正现实性。黑格尔摆脱了传统的先验论束缚,从人与社会关系,以及人的本性及其发展的角度,回应了人的社会性问题,提出:"构成个体性规律之内容的环节,一边是个体自身,另一边是个体所面对着的普遍的无机自然界,如当前的环境,形势,风俗,道德,宗教等等;特定的个体就要根据这些情况才可理解……如果根本没有这些社会环境、思想观念、风俗道德、一般的世界情况。个体就不会成为它现在所是的这个样子。"①黑格尔认为,个体之间存在着一种普遍不变的规律,个体可以被这些普遍的东西塑造。人的发展受到一定社会历史条件的制约,受到特定社会关系的约束及所处社会环境的影响,个人只有通过教育教化和引领,才能形成一种自

---

① [德]黑格尔.精神现象学:上卷[M].贺麟、王玖兴译.北京:商务印书馆,1979:202.

我规范,具有现实性的力量,塑造批判性和革命性的思维方式,进而从自然存在真正成为人。黑格尔的法哲学体系中涉及大量教育思想。黑格尔认为教育是使人合乎伦理的艺术,教化是精神的陶冶过程,但黑格尔对教育的这一见解建立在头足倒置的唯心史观基础上,即使人的自然天性转变为精神天性,使人习惯于精神的力量,他过于强调精神的力量,将主观个别的特殊意志融入到客观普遍的伦理意志之中;过于强调环境的决定作用,忽视了人的生物性和主观能动性。但从社会教育学的角度来看,黑格尔提出了社会含有教育元素和社会具有育人功能的观点,拓宽了现代教育的时空与内涵。

如果说黑格尔从更深层次揭示了人的发展的基本内涵,那么费尔巴哈则过度强调人的自然属性,对抽象的人的崇拜是费尔巴哈的新宗教的核心所在,进而否定了人的社会性,走向另一个极端。费尔巴哈从"宗教上的自我异化,从世界被二重化为宗教世界和世俗世界这一事实出发",认为人不是生活在现实中的、处于特定历史阶段和特定社会形态中的人,而是在宗教中出现的那种抽象的人,没有阶级性和现实性,脱离人的社会实践,仅从人的共同生理特征去理解人,把人的本质归结为抽象的、非现实的"类"。费尔巴哈虽然提出人是感性的观点,但他没有解决人的感性是如何实现人与自然、人与社会统一的问题。费尔巴哈指出:"人不是导源于天,而是导源于地,不是导源于神,而是导源于自然界,人必须从自然界开始他的生活和思维。"[①]费尔巴哈从人的现实性出发,批判了宗教神学和思辨哲学的唯心主义观,提出了人的思维和存在具有统一性。在这一基础上,"费尔巴哈批评教会控制学校教育和学校中的宗教教育,认为只有在人成为自己宗教偏见和宗教观念的主人的地方才有真正的教育。他认为应当把教育普及到一切阶级中去,大力发展自然科学和技术,发展启蒙教育,从而使教育和科学在人

---

① 费尔巴哈哲学著作选集:下卷[M].荣震华、王太庆、刘磊译.北京:商务印书馆,1984:677.

们的思想和实践中整个地绝对地占据统治地位。使人类的思想摆脱唯心主义和宗教的影响。"①费尔巴哈对宗教的现实世界根源及世俗基础本质进行揭示,他的教育观也是建立在这一基础之上的,是一种社会教育观,主张普及教育,强调教育的科技因素和教育的实践作用,但是费尔巴哈的教育观没有从人的历史性及人与社会关系视角研究人的存在性,忽略了现实的人不是孤立地从事实践活动,没有把人作为在历史中行动的人去考察;忽略了社会教育在不同社会历史阶段会有不同的形态,在不同的阶级社会会表现不同的形态,反映出不同的社会关系。因此,尽管费尔巴哈紧紧抓住了自然界和人,但他所讲的人不是具有阶级性的现实的人,他理解的教育促使人的社会性发展依然是抽象的、脱离人的社会实践的,是生物学意义上的社会性。

黑格尔和费尔巴哈都未能真正揭示人的本质的深刻内涵。黑格尔认为精神支配着人的一切活动,精神的法则就是原则与主体性格,把人的本质归结为"自我意识"和"理性",认为教育是主体的自我更新和生长,黑格尔这一观点实际上体现的是社会意识决定社会存在的唯心史观。如果把这种见解置于社会教育范畴,则表现为"教育万能论""教育决定论"。但黑格尔肯定个体与整体的关系,肯定人与人、人与自然的关系及人与社会的发展,认为个体必须与整体相联系,只有在全社会的情境中,个体才能实现其真正的价值。费尔巴哈则忽略了社会关系的作用,仅从抽象的人出发来认识人的本质,提出"自然人"的概念,认为人是自然实体,忽略了人受历史条件的限制,忽略了人的历史性及人与社会的关系。马克思恩格斯借鉴吸收、继承超越黑格尔和费尔巴哈理论中的合理成分,把现实的人作为历史活动的主体并作为教育理论与实践的立足点和出发点,坚持社会存在决定社会意识,从现实的、活生生的人出发,强调人的自觉能动性和主动性、创造性,从人们的社

---

① 张健.马克思主义教育思想研究[M].北京:教育科学出版社,1989:14.

会关系中考察人,反对教育脱离人的现实生活。

二、亚当·斯密、大卫·李嘉图等英国古典经济学家的教育理论

教育不仅是一个哲学问题,更是一个政治经济学问题。古希腊哲学家柏拉图曾提出把生产工艺与知识相结合的观点。早在 18 世纪中期,卢梭在《政治经济学》中说明,教育是国家最重要的一件大事,公共教育是人民的或合法的政府的基本任务。英国古典经济学家大卫·李嘉图、亚当·斯密等都讨论过教育在经济增长中的作用,认为教育是经济增长的重要因素。如亚当·斯密对教育的经济意义进行数量化计算,大卫·李嘉图关于教育经济价值的见解,这些观点对马克思恩格斯教育理论的产生有着直接的影响。

亚当·斯密作为英国古典政治经济学理论的代表人物,对教育理论有着自己独特的社会经济价值方面的理解。他认为教育对于增加国民财富,提高劳动者生产能力具有决定作用。他认为,国民财富的多寡取决于劳动生产率高低,劳动生产率的高低又主要取决于劳动者所掌握的技能及其熟练程度,劳动者技能又取决于分工的发展。分工的发展会给劳动者的智能带来差异,甚至会形成鸿沟。斯密认为劳动生产力的提高,一方面取决于劳动能力的改进,另一方面取决于劳动工具的改进。他认为,教育和训练都可以提高劳动者的熟练程度,这与机器、工具、土地等一样是固定资产,作用是一样的,因此需要花费一定的费用进行教育投入。花费一定的教育成本对工人进行特殊技能的培训可以使得工人赚取更多的利润,这种花费的资本固定在学习者身上,对劳动者而言也是自己财富的一部分,对社会而言也是社会总财产的一部分。斯密还认为分工造成了大多数劳动贫民片面的发展,为了防止大多数劳动者智力愚钝和畸形发展,应该重视教育。由于分工的产生,大多数以劳动为生的职业将会受到影响,劳动者没有机会发挥自己

的智力因而会变成愚钝无知的人,生活越来越单调。因此要想使人们生活丰富多彩,不再单调无味,就需要对人们进行教育,增加劳动者的文化、经验和技能的熟悉程度,使人们在劳动中能够获得知识、经验、才能。

大卫·李嘉图在“社会人”的基础上提出了“经济人”的概念,这种概念出现在19世纪中叶以来的教育知识之中并逐渐占据教育相关知识核心位置的人的形象,用经济生活中物的关系掩盖了人的关系,他认为人的一切行为都是为了最大限度地满足自己的私利,是为了争取利益最大化,多数人生来就是懒惰的,自己的目标与组织的目标不一致,多数人工作的目的是为了赚取更多的金钱,满足自己的生理和安全需要。教育被看作是“社会”或“个人”的工具,其根本目的就是促使个体的“社会化”,一方面帮助个体实现其政治目标与致富愿望,另一方面满足社会文明自我约束、自我积累和自我发展的需要。教师也不再是“自然的仆人”或“理性的化身”,而是构成了一个专门的职业阶层,代表着一定的生产关系和政治势力。

三、圣西门、傅立叶和欧文等空想社会主义者的教育理论

空想社会主义的代表人物圣西门认为,教育要同劳动生产实践相结合,只有这样的结合,才会实现人的真正发展。圣西门严重谴责旧的教育制度,认为过去的教育制度培养出的是自私自利的人,严重脱离社会发展实际,而未来的教育更加注重多方面的知识教育,注重道德品质和各种能力的培养。圣西门试图通过构建一套完善的社会组织体系的方式,来证明自己的理论主张,以期为实现人的全面发展寻找到合理方式。圣西门认为教育是“社会成员之间为了维持彼此的关系而不断获得必要的知识的过程”①,这就意味

---

① [法]圣西门.圣西门选集:第2卷[M].陆楼法译.北京:商务印书馆,1962:285.

着教育能够提高人的社会关系能力,通过教育,人们不仅在实践活动中的各种能力将得到提升,所能从事的领域也会更加广泛,而且劳动技术的水平也会提高,社会关系将会更加协调。正是通过教育,人们的劳动关系得到改变,进而人的社会关系也更加协调,社会更加稳定。

傅立叶是同圣西门同时代的法国空想社会主义者。傅立叶在批判资本主义社会制度的论述中,包含着对资本主义教育制度的揭露和批判。在教育的指导思想上,傅立叶从人性的角度揭露了资本主义教育的本质,认为资本主义社会的教育是强制性的,资本主义教育要使儿童能够服从符合等级精神的各种不同的道德,以及服从适应内阁的更迭精神的各种不同原则。这样的教育违反儿童的本性,会摧残儿童的健康,抑制儿童的成长。傅立叶在对资本主义教育本质有力揭露的基础上,提出了和谐社会的概念,描绘了未来和谐社会教育事业的美好愿景。尽管其中充斥着唯心主义的荒谬的幻想成分,但其中的一些合理成分,比如,教育与生产劳动相结合、培育体力和智力全面发展的人等教育主张,对马克思恩格斯的教育理论产生了一定的积极作用,提供了宝贵的思想财富。

空想社会主义者欧文同样对教育有着独特见解和实践行动,是著名的教育理论家和实践者,对人类教育理论宝库具有巨大贡献。在欧文看来,人的教育发展的关键环节是幼儿时期,他创立了历史上第一所学前教育机关(托儿所、幼儿园),专门为 2 岁到 14 岁的少年儿童提供良好的教育。在他的幼儿教育机构中,不仅有理论教学,更多的是为培养少年儿童的优良情操和实用技能的教育。欧文认为教育对下一代来说是非常重要的事情,是每一个国家的最高利益所在,欧文的教育理论都是为他的最高目标,即建立新的和谐社会而做准备的。欧文将教育理论付诸实践,与圣西门的教育理论有共通之处,欧文的幼儿教育理论中也隐含着教育同生产劳动结合的观点。欧文注重每一个孩子尤其是劳动人民出身的孩子的教育培养,主张为劳动阶级安排一种国家教育制度，以便使他们获得一些劳动技能和知识。欧文认为要培养智育、德育、体育全面发展的一代新人，必须把教育与劳动结合起来。欧文提倡在工厂为儿童举办专门的实验学校，对于已满一定年龄的儿童而言，要通过教育将生产劳动和体育、智育结合起来，这不仅能够提高社会生产力，更能促进人的全面发展，对社会整体发展是有利的。同时，欧文还在工厂中亲自挑选德行优秀的青年男女工人，让他们担任教师的职能，培养他们从事教育工作。欧文还特别提出，不应该用宗教的观点来教育幼儿，在教育过程中要剔除宗教教条式教学方法。欧文的教育理论，尽管存在一定的理想化内容，但其中不乏智慧的预见，为马克思恩格斯教育理论的形成起着重要的借鉴作用。

可以看出，在工业革命的时代，由于机器大工业的冲击，空想社会主义者如圣西门、傅立叶、欧文等认为旧的社会分工已经过时，随着生产力的高度发展，旧的社会分工应该被消除，人在生产过程中的片面发展问题应该有所解决。空想社会主义思想家批判了私有制，并对未来社会的教育体系进行了探讨，认为工人阶级应该通过教育适应新的生产力和生产关系，具备掌握综合技术的能力，不再局限于某种单个部门或岗位，而是能够从一个工种向另一个工种、从一个产业部门向另一个产业部门自由地流动，全面发展自身，适应机器化大生产的需要。马克思恩格斯批判地继承了空想社会主义思想家的理论遗产，并结合不断发展的资本主义私有制的现状，对迈向共产主义社会的教育理念进行了科学构想。

第二章 ——————————
马克思恩格斯教育理论的发展历程

马克思恩格斯教育理论的形成不是一蹴而就的,而是经过了漫长的、艰辛探索的过程。马克思恩格斯教育理论是随着人类社会实践及科学的发展而不断向前发展的,通过不断结合变化着的实际,不断探索解决新问题的答案,不断丰富教育的内涵。教育理论的发展过程与时代发展过程是同步进行的。马克思恩格斯关于教育的理念与他们对人和人的发展的关注、对无产阶级革命运动,以及对人类解放主题的不断认识是紧密相连的。马克思恩格斯在不同历史时期,结合当时的历史条件,多角度、多维度地阐述了关于教育理论的相关内容,为启发工人阶级和人民群众的阶级觉悟起到了重要作用。

第一节 共产主义者同盟筹建时期初具雏形

马克思恩格斯通过对欧洲三大工人运动的经验总结得出:工人阶级要想争取自己的合法权益,必须有强大的思想理论武器。无产阶级由于自身经济基础薄弱,无法过早接触到先进的哲学思想,而要想具备指导实践的理论武器必须对工人阶级开展思想教育,进而启发广大工人阶级的阶级意识,使其了解人类社会发展规律,明确自己的历史使命,为夺取政权奠定理论基础。马克思恩格斯对教育理论的探索和发展,伴随着他们对人类社会发展规律的认识和对人的本质的认识的不断深化,贯穿于马克思主义理论发展全过程。马克思恩格斯在共产主义者同盟筹建之前便认识到教育的重要作用,认为先进的理论只有被更多的无产阶级群众掌握才能真正对革命发挥作用。

马克思在《〈黑格尔法哲学批判〉导言》中确立"人的自我异化的神圣形象",指出:"批判的武器当然不能代替武器的批判,物质力量只能用物质力量来摧毁;但是理论一经掌握群众,也会变成物质力量。理论只要说服人,就能掌握群众;而理论只要彻底,就能说服人。所谓彻底,就是抓住事物的根本。而人的根本就是人本身。"[1]哲学为无产阶级锻造了精神武器,能够使无产阶级意识觉醒过来,帮助无产阶级实现自我解放,在无产阶级革命中,哲学是"解放的头脑",无产阶级是"解放的心脏"。无产阶级需要通过哲学这个精神武器,需要哲学思想的激活、引领和指导。马克思的这句话说明了理论在说服群众、发动群众中的重要作用,彰显了思想在实践中的指导作用,同时也深刻表明了教育对人的重要作用。

马克思在《论犹太人问题》中开始了对现实的人的历史考察,对人的本质及其异化现象进行了思考,认为被国家以人权形式确认的具有个人自由与私有财产的人,是现实的、具体的、感性的个人,而不是抽象的、政治的公民。马克思论述了人的社会性存在,强调现实的人就是生活在现实世界中并受这一世界制约的人,并且指出不同历史时期的人是不同的,人们的经济

---

① 马克思恩格斯选集:第1卷[M].北京:人民出版社,2012:9-10.

状况和工业状况决定人。而人只有认识到自身的社会力量，并把这种力量组织起来，把社会力量和政治力量结合起来，人的解放才能实现。马克思对人的本质的认识超越了费尔巴哈式的抽象个体，从而得出犹太人的解放即克服其与市民社会的异化这一观点。

在《1844年经济学哲学手稿》中，马克思更加明确地论述了人的社会存在，认为人是一个个现实的社会存在物，是被思考和被感知的、社会的、自为的主体存在。马克思从劳动的本质入手，提出了劳动教育的概念。马克思认为，所谓劳动，就是人们有意识的、自由的、自觉的生命活动，这是人区别于动物的根本标志。马克思的这一论断超越了黑格尔将劳动仅仅归结为人的精神活动的唯心主义观念，超越了费尔巴哈仅仅从感性存在角度分析的旧唯物主义观点，而是借鉴吸收二者的可取之处，提出把劳动当作人感性的实践活动去理解。通过教育，个体可以拥有"个体意识"，在改造对象世界的过程中，人通过自由自觉的类意识全面展开着自己的能动的类生活，从而使"自由的有意识的活动"变成专属于人自身的类特性，"现实的个人"在一定的社会环境中便可获得生存发展的机会与可能。

在《神圣家族》中，马克思恩格斯对布鲁诺·鲍威尔等青年黑格尔派蔑视群众的错误观点进行了系统的批判，驳斥那些把人民群众看作是精神的对立物的观点，充分肯定无产阶级对人类社会历史发展的影响，指出"历史的活动和思想就是'群众'的思想和活动"[①]，认为人民群众是历史的创造者和主体。同时，马克思恩格斯对资本主义的文明制度和教育进行了合乎逻辑的揭露，认为资本主义文明制度下的教育是政治和宗教的"应声虫"，提出了关于外部环境对人的影响等唯物主义学说，并且对"人的全面发展与教育和外部环境"的关系进行了论述。

---

① 马克思恩格斯文集:第1卷[M].北京:人民出版社,2009:286.

在《哲学的贫困》中,马克思全面批判了蒲鲁东主义并论证出作为"消灭现存状况的现实的运动"的共产主义的必要性,并积极投身于社会革命实践。19世纪50—60年代,无产阶级和资产阶级之间的对立日益加剧,工人阶级由于受教育程度的低下,在当时无法理解私有制和劳动的对立、其所属阶级的革命性和共产主义运动的合理性,这就使得蒲鲁东主义者所宣扬的"财产就是盗窃""消灭所有权"之类的简单直观的口号更容易被工人阶级接受。马克思对上述境况有着清楚的认识,他认为,如果一味迎合工人阶级迫切改变物质生活条件的需求,以物质财富的增加和社会地位的平等为许诺,能够在短期内迅速团结一大批工人从事社会主义运动。但这并非长久之计,长此以往反而会削弱工人阶级革命的彻底性,工人运动在缺乏科学共产主义的指导下终将失败。实践证实了马克思的深刻判断,对真理的追求与探索使马克思最终彻底战胜了蒲鲁东主义。这充分表明,深邃的思想和科学的理论只有经得起历史的检验与时间的锤炼,方能立于不败之地。在这样的背景下需要对工人阶级普及推广教育,并通过教育实现智力的充分发展,从根本上促进工人的进步,为实现其解放和幸福做好准备。

在共产主义者同盟创立之初,马克思恩格斯便已经意识到对无产阶级进行教育的重要性,在《共产主义信条草案》中,恩格斯认为要"对无产阶级进行宣传教育并使他们联合起来"①,这样才能实现财产公有,也就是实现共产主义的目标。在《共产主义者同盟章程》中,恩格斯指出同盟的目的是"使人类得到解放",同时规定了同盟的组织建设方式、经费使用、选举方式等,规定了一个大家公认的、约定俗成的办法,对最高权力机关进行明确规定,而且对代表大会的职能做了具体的规定。这就可以看出,共产主义者同盟在创设初期就具备党内领导组织的职能。在《共产主义原理》一文中,恩格

① 马克思、恩格斯.共产党宣言[M].北京:人民出版社,2014:69-70.

斯认为教育能够使年轻人很快熟悉整个生产系统,同时根据社会的需要和自己的爱好,转入另一个生产部门,这也就意味着,教育使得劳动者能够摆脱社会分工对人们造成的片面性,促成人们的自由全面发展。恩格斯的这一论断富有前瞻性和可预见性,随着社会的发展得到了实践的检验,在目前看来已达成了普遍共识。马克思恩格斯在共产主义者同盟筹建时期的相关教育理论,是对锻造一支理论素养与革命经验兼备的无产阶级队伍的初步尝试。

第二节 1848 年欧洲革命结束后得到丰富发展

随着无产阶级革命理论和实践的不断发展,马克思恩格斯教育理论也在不断丰富和发展。马克思恩格斯在论证共产主义代替资本主义的历史必然性、人类社会发展规律,以及对人的本质认识的同时,也从发展生产力、消灭私有制和分工、发展教育等方面对教育理论进行了详细论述。1848 年欧洲革命失败后,马克思恩格斯总结分析欧洲革命失败的经验教训,认识到失败的不是革命本身,而是那些尚未发展到尖锐阶级对立地步的社会关系,即旧社会中的人物、幻想、观念和方案。因此,对无产阶级加强教育,使无产阶级坚定推翻旧的社会制度、实现共产主义的理想信仰显得尤为重要。

1848 年马克思恩格斯在为共产主义者同盟起草的纲领——《共产党宣言》中指出:"过去的一切运动都是少数人的,或者为少数人谋利益的运动。无产阶级的运动是绝大多数人的,为绝大多数人谋利益的独立的运动。"①同时,马克思恩格斯提出"共产党一分钟也不忽略教育工人尽可能明确地意识

---

① 马克思、恩格斯.共产党宣言[M].北京:人民出版社,2018:39.

到资产阶级和无产阶级的敌对的对立"①,马克思恩格斯通过考察人类社会,尤其是资本主义社会的发展规律后,深入探讨了教育与社会的关系,明确指出,教育是一种社会现象,它的性质是由社会关系决定的。这种观点为阶级社会如何办教育,如何实施教育,如何确定教育的目的,培养什么样的人等提供了重要参考。马克思恩格斯认为"人的本质是一切社会关系的总和",在阶级社会中,人不仅要有共性的存在,更要重视个性的发展,这是由人的自然属性和社会属性所决定的,二者辩证统一,不能离开共性空谈个性,也不能只强调个性而忽视共性的要求。马克思恩格斯充分肯定教育在人的全面发展过程中的重要作用,认为共产主义教育应该强调与生产劳动相结合。随后,马克思在《资本论》中萌发了未来教育的想法,通过剖析工人制度,认为生产劳动应该同体育、智育、德育结合起来,这是促进人的全面发展的唯一方法。

在《资本论》中,马克思深刻考察了资本主义大工业条件下,机器成为资本驾驭劳动的工具,工人逐渐被先进的技术和机器代替,造成了"技术使用人"的状态,人的活动沦为单纯的抽象活动,智力和体力皆受到破坏,一定程度上阻碍了人的自由全面发展。在《资本论》中,马克思集中探讨了生产和人的关系,通过对资本主义生产方式的深入考察,提出在资本主义条件下人不再是抽象意义上的人,而是经济范畴的人格化,是一定阶级关系和利益的承担者。马克思认为人的本质是劳动,劳动是具有创造性的。而资本主义技术和科技的发展非但没有减轻工人的劳动强度,反而增加了劳动强度,非但没有丰富人们的精神生活、提高人们的生活质量,反而造成人的创造力逐渐退化,一旦劳动者产生的价值低于机器创造的价值,将会被机器取代和被社会淘汰,专属于人的创造性技能不再存在。资本主义技术的发展虽然使

---

① 马克思、恩格斯.共产党宣言[M].北京:人民出版社,2018:65.

劳动简单化了,使生产力得到大幅提高,但没有减轻人们的生活负担,人反倒成为机器的附庸,被机器支配。这在一定程度上改变了人的自然属性,增加了经济属性和阶级属性,影响了人们追求自由、全面发展的步伐。

马克思把资本作为核心变量,分析资本主义社会内部的经济关系,挖掘资本运行背后的人与人、人与社会的关系,寻找人类社会变迁的规律。在分析资本主义生产时,马克思通过揭示剩余价值规律,提出资本主义生产对工人阶级造成的伤害和剥削,尤其是对妇女和童工的摧残。机器和技术的发展使得劳动技能不再重要,缩减了劳动的复杂程度,由此削减了劳动者之间的性别、年龄和技能水平的差异。由于妇女和童工相较于原本的成熟劳动力而言,是较为廉价的劳动力,这导致资本家大量雇佣妇女和童工,原本成熟的劳动力逐渐被边缘化和被淘汰,甚至处于相对过剩状态。一方面,这种社会现象逼迫原本掌握特殊技能的成熟劳动力被迫降低劳动报酬,以免被妇女和儿童取代;另一方面,高强度的劳动时间和劳动强度使得妇女和儿童的体力和智力受到摧残,人为地造成智力的荒废。马克思通过详细论述大工业机器生产的过程,揭示出资本主义生产关系的本质和规律,认为人的片面发展是私有制及其分工造成的,要想解决这一现象,就需要对工人阶级进行教育引导,使其充分了解人的异化和片面发展是资本主义社会分工造成的,了解资本主义内部的深刻矛盾,进而使工人阶级能够摆脱这种分工对人们造成的片面性。

生产劳动是人的基本社会实践活动。马克思恩格斯认为人的实践活动只有通过头脑才能转变为行动的动机,要想使人得到自由全面发展,就必须将教育和人的自觉性、积极性结合起来,通过教育的多种途径充分调动人们的主观能动性,将主体和客体,人的受动和能动统一起来。在《资本论》中,马克思对劳动的性质做了具体论述,认为劳动存在于人与自然之间,人以自身活动为中介,不断调整和控制两者之间的物质变换,一方面人为了自身存在发展对自然物质进行占有和使用,另一方面人通过改变自然将自然中蕴藏的潜力激发出来。在这个过程中,自然人成为社会人,人与客观世界的关系得以构建,而这一构建过程需要以劳动作为中介。劳动分工是人类社会生产发展到一定阶段的产物,是社会发展的必然、历史进步的表现。随着生产力的不断发展,分工和私有制的出现导致阶级的产生,进而造成体力劳动和脑力劳动逐渐分离,教育和生产劳动相脱节。但是现代化大工业生产要求生产劳动和技术相结合,体力劳动和脑力劳动相结合,因此就需要对工人阶级进行教育,造就全面发展的人。

马克思认为,生产劳动同智育和体育相结合,不仅是提高社会生产的一种方法,而且是造就全面发展的人的唯一方法。在马克思看来,人本质上是热爱劳动的,但由于某种原因导致劳动被异化,才使得人们厌恶和逃避劳动,而消除这种异化之后,劳动将会成为一种自觉的、自由的活动。马克思基于劳动的感性活动发现了人的存在的本质,进而为人的存在问题提供了多维视域,一定程度上,马克思对劳动的关注、对人的存在问题的回应,是理解教育问题的思想前提,对培养自由自觉的劳动者具有积极作用。

同时,马克思恩格斯十分重视社会条件对人的影响,认为人会随着社会条件的改变而变化,因此肯定教育对统治阶级发挥着巨大作用。马克思在《路易·波拿巴的雾月十八日》一文中指出:“通过传统和教育承受了这些情感和观点的个人,会以为这些情感和观点就是他的行为的真实动机和出发点。”①马克思认为,统治阶级通过“传统和教育”的方式把适应本阶级物质基础的上层建筑承袭给社会成员,使其变成所有社会成员共同的思想意识,进而逐渐成为社会中“占统治地位的思想”。从这个论断可以看出,统治阶级通过教育可以协调、规范和凝聚资产阶级的意识形态,维护资产阶级的统治

---

① 马克思恩格斯选集:第1卷[M].北京:人民出版社,1995:611.

地位。

第三节　第一国际成立时期建构完善

　　马克思恩格斯亲身参与并亲眼见证的欧洲共产主义运动,其中首先是国际工人协会(第一国际)的探索与建立。马克思恩格斯的教育理论也在这一过程中得到丰富和完善。第一国际的设立及其革命实践,使其迅速成为领导欧洲乃至世界各国共产主义运动的核心,并且在领导欧洲革命运动的过程中,共产主义力量迅速扩展并渗透到世界各地,原本四分五裂的共产主义阵营得到有效组织和集结,无产阶级革命意识逐渐觉醒,无产阶级革命队伍不仅在范围上得以扩展,在行动效力上也得以提升,马克思主义改造世界的实践力量初步彰显。

　　19世纪50—60年代,随着资本主义的发展与第一次经济危机的爆发,国际工人运动出现了新的高潮。在马克思恩格斯的积极努力下,1864年9月,国际工人阶级的群众性组织——国际工人协会(即"第一国际")诞生了。马克思为国际工人协会起草了《国际工人协会成立宣言》和《协会临时章程》,为国际工人运动制定了一条革命的路线,指出"夺取政权"已经成为工人阶级伟大的历史使命。马克思寄希望于工人阶级的精神发展,指望将来通过各派工人的思想交流和讨论,形成一个共同理论纲领。在马克思看来,教育领域的斗争也是工人阶级争取自身解放的重要途径。"最先进的工人完全了解,他们阶级的未来,从而也是人类的未来,完全取决于正在成长的工人一代的教育。"[①]这一时期,马克思同第一国际内部以蒲鲁东、巴枯宁等

---

　　① 马克思恩格斯全集:第16卷[M].北京:人民出版社,1964:217.

人为代表的小资产阶级者展开了针锋相对的斗争,集中体现在国民教育、教育与生产劳动、教育与科学知识等问题上。马克思力图使第一国际成为逐步溶解和吸收除无政府主义者以外的各个比较小的宗派的工具,希望各国工人通过在对敌斗争中的一致行动和交换经验,能够逐步接受科学社会主义而抛弃各种宗派学说。

恩格斯在1871年9月21日伦敦代表会议上发表《关于工人阶级的政治行动》的言论,提出"革命是政治的最高行动;谁想要革命,谁就要有准备革命和教育工人进行革命的手段,即政治行动,没有政治行动,工人总是在战斗后的第二天就会受到法夫尔和皮阿之流的愚弄。"①恩格斯指出了政治行动即是要准备革命和教育工人,无产阶级政党如果不做好无产阶级的教育工作、不做好革命的准备工作,就不能够在无产阶级政党内部统一思想、凝聚力量,就容易遭受资产阶级意识形态对无产阶级队伍的误导和干扰。恩格斯的讲话明确指出了无产阶级政党开展意识形态教育的极端重要意义,没有无产阶级政党对无产阶级队伍的意识形态教育,无产阶级队伍就极易被资产阶级思想所误导、蒙蔽。

马克思在《哥达纲领批判》中阐明了无产阶级革命和无产阶级专政的原理,提出了无产阶级专政的国家是资本主义向共产主义转变的政治上的过渡时期的思想。马克思指出:"资产阶级正确地了解到,它为反对封建制度而锻造出来的各种武器都倒过来朝向它自己了,它所创造的一切教育手段都转过来反对它自己的文明了,它创造的所有的神都离弃了它。它了解到,一切所谓的市民自由和进步机关,都侵犯它的阶级统治,并且既威胁它的社会基础,又威胁它的政治上层;因此这些东西就成了'社会主义的'了"。②无

---

① 马克思恩格斯文集:第3卷[M].北京:人民出版社,2009:224.
② 马克思恩格斯文集:第2卷[M].北京:人民出版社,2009:514 -515.

产阶级革命的真正使命,恰恰是要打碎这个代表了资产阶级利益的国家形式。资产阶级共和国作为阶级对抗社会的产物,其背后是资本与雇佣劳动相对立的现代资本主义生产方式,其本质是阶级统治的工具。教育受制于一定的社会关系,支配着物质生产资料的阶级,同时支配着精神生产的资料,因此,在资本主义社会,雇佣工人与上层阶级之间的教育不平等必然客观存在。马克思反对各种小资产阶级的教育改良主张,认为资本主义社会不可能实现平等的国民教育。

第四节　第二国际时期拓展深化

恩格斯晚年的思想是马克思主义发展史上一个重要阶段的思想,在这一时期,恩格斯通过对马克思著作的整修、对马克思主义诸多经典性的理论阐述和对马克思主义发展中许多新问题的研究和回答,在多个方面推进了马克思主义的理论和实践发展。从总体上来说,恩格斯晚年思想构成马克思主义的一个重要组成部分,不了解恩格斯晚年的重要论述,对马克思主义的了解就是不完整的。

马克思恩格斯认为生产力决定生产关系,生产关系对生产力具有反作用;经济基础决定上层建筑。社会物质生产为教育提供了发展的空间和条件,而教育的发展又反过来影响着社会物质生产的能力和水平。19 世纪 80 年代后,随着社会主义运动的发展,无产阶级需要与本阶段相适应的思想观念、政治观念、道德规范,并运用这些观念和规范去影响本阶级的人和社会中的广大人民群众,教育也应该与时俱进。随着社会主义从理论向实践转变,社会主义的影响越来越广泛,马克思恩格斯教育理论逐渐成了马克思主义的重要组成部分。

　　1886 年 3 月 15 日,恩格斯应法国社会党人的请求,写下《纪念巴黎公社十五周年》一文,他在文中指出,巴黎公社按照社会主义原则对旧的社会制度进行了变革,是建立无产阶级政权的伟大尝试,虽然巴黎公社革命失败了,但是我们要总结经验。巴黎公社的历史经验主要有:首先,必须建立以科学社会主义为指导的革命政党。并且在革命政党内部,必须坚持内部团结,统一思想,统一行动。与此同时,对待敌对势力,必须坚决地给予打击。其次,必须要坚持无产阶级革命的武装斗争。同时必须建立巩固的工农联盟,团结一切可以团结的力量。再次,必须改造和利用旧社会保留的积极条件。最后,在革命队伍内部,一定要加强革命队伍的思想教育和思想建设,必须保持无产阶级英勇无畏的革命精神。

　　恩格斯在 1890 年 9 月 7 日《给〈萨克森工人报〉编辑部的答复》一文中全面批判了德国社会民主党内"青年派"的错误,指出他们在理论上宣扬的是被歪曲得面目全非的"马克思主义",在实践上奉行的是完全不顾党的实际斗争条件的冒险主义,强调应当正确理解马克思主义世界观,把握每一特定时刻起决定作用的历史事实。在此基础上,恩格斯提出了在无产阶级政党内部担任领导职务应当具备的基本素养。恩格斯对那种自命不凡、眼高手低的"学院式教育"的人们进行过严厉批评,指出"但愿这些先生们能记取这个经验教训。他们之中有的人曾经写出可以令人抱某些希望的东西。他们之中的大多数本来是可以有所作为的,如果他们不那么深信他们目前所达到的发展阶段是完美无缺的话。"①恩格斯认为教育要重视内在品格的培养和人格魅力的塑造,他提出了在无产阶级政党内部担任领导职务的具体要求,党员干部在党内担任领导职务时"还必须自愿地把自己列入战士的行列中",因为"他们这些受过'学院式教育'的人,总的说来,应该向工人学习

---

　　① 马克思恩格斯选集:第 4 卷[M].北京:人民出版社,2012:281.

的地方,比工人应该向他们学习的地方要多得多。"①

1893 年 7 月 14 日,恩格斯在给梅林的信中进一步指出,在创立马克思主义的过程中,他和马克思"首先是把重点放在从基本经济事实中引出政治的、法的和其他意识形态的观念以及以这些观念为中介的行动,而且必须这样做。但是我们这样做的时候为了内容方面而忽略了形式方面,即这些观念等等是由什么样的方式和方法产生的。"②恩格斯的这个观点表明,人们并不能把马克思主义特别是不能把历史唯物主义庸俗化为经济决定论或经济唯一论,而忽视了意识形态本身的重要性。恩格斯认同意识形态教育的重要性和科学性,强调要立足于历史唯物主义的世界观和方法论,只有在科学思想的指导下才能对无产阶级进行科学的阶级意识的正确灌输。否则,这种灌输只能导致脱离群众、脱离实际和脱离科学本身的后果。

1893 年 12 月,恩格斯在致伦敦德意志工人共产主义教育协会的信中说,希望这一协会"永远高举它在英国这里第一次举起的老的红旗"③。一定意义上说,恩格斯这里说的红旗作为一个标识意味着马克思主义意识形态的力量,也意味着恩格斯对无产阶级进行思想教育的坚信和自信。在回答奥·伯尼克关于社会主义改造在社会各阶级的教育、觉悟水平等方面存在差异的情况下是否适宜和可能等问题的信中,恩格斯说:"所谓'社会主义社会'不是一种一成不变的东西,而应当和任何其他社会制度一样,把它看成是经常变化和改革的社会。"④这句话可以看出,社会主义教育的价值是在社会发展的过程中与时俱进的,是随着实践和形势的发展而不断改进的,只有去积极适应、敢于批判和不断探索,社会主义教育才能够更好地推动人类历

① 马克思恩格斯选集:第 4 卷[M].北京:人民出版社,2012:281.
② 马克思恩格斯选集:第 4 卷[M].北京:人民出版社,2012:642.
③ 马克思恩格斯全集:第 22 卷[M].北京:人民出版社,1965:486.
④ 马克思恩格斯选集:第 4 卷[M].北京:人民出版社,2012:601.

史解放的发展进程,彰显重要的价值功效。

19世纪80年代以后,社会主义发展面临新的时代条件和新的任务,作为"整个文明世界中最卓越的学者和现代无产阶级的导师",恩格斯晚年敏锐地抓住了马克思主义、社会主义发展中的核心问题,着眼于未来社会主义和共产主义的实现,形成了系统完善的教育理论和实践,从而大大拓展了马克思主义教育事业。恩格斯晚年教育理论和实践的形成,标志着马克思恩格斯教育理论达到了一个新的阶段。

第三章
马克思恩格斯教育理论的内容概述

马克思和恩格斯在无产阶级运动的实践中,对无产阶级的教育进行不断思考探索,梳理总结、概括归纳,最终创立了属于无产阶级的教育理论。根据马克思和恩格斯关于教育的论述,本章从教育的主体、教育的基本内容、教育的基本方法和教育的作用四个方面对马克思恩格斯教育理论进行一个简要的概括。

第一节 马克思恩格斯"教育"的主体

马克思恩格斯在关于教育问题的文本中虽然没有具体论述教育主体问题,但是从马克思恩格斯的实践观点推论,马克思恩格斯"教育"的主体同其他实践活动中的主体一样,都不是抽象的人,而是"现实的人"。马克思论述关于实践的规定性问题时指出,一切旧的唯物主义对待一切事物"只是从客观的或者直观的形式去理解,而不是把他们当作是感性的人的活动,当作实践去理解,不是从主体方面去理解。"①马克思认为,"感性的人的活动"是具有主体性的人的活动,也是和动物的生命活动相区别的"有意识的生命活动"。可以说,马克思所讲的主体并不是在主客体二元对立框架中的主体,而是具有主体性的人。人的全部实践活动都是具有主体性的人的实践活动,主体也就是从事实践活动的人。同理,教育是人类重要的实践活动,教育主体不是抽象的,而是具体的"现实的人"。马克思恩格斯"教育"主体是作为教育实践活动中的具体的"现实的人",包括谁教育和教育谁这两个群体,是教育实践活动的前提和核心。

马克思和恩格斯关于人的属性的研究,表明人是具有自然属性和社会属性的高级思维能力的动物,人起源于自然界又超出自然界,是自然界长期演化的结果。在自然界的演化过程中,人能够直立行走,双手得到了解放,具备复杂而有音节的语言和非常发达、善于思维的大脑,并会制造工具,有能动改造自然的本领。人的社会属性以人的自然属性为前提条件,体现人的本质。人的社会属性将人与动物彻底区分开来,各种社会联系为人真正走向社会提供了条件,也为人建立新的社会联系打下了基础。从社会属性来讲,人是一种社会化的高级动物,从社会物质生活条件和一定的社会历史关系来研究人的本质及其发展规律,是唯物史观的一个重要方面。社会关系包括经济、政治、文化等宏观层面的关系,也可以从具体的实践活动如物质生产、科学研究、教育等层面进行区分。在不同性质的社会关系中,"现实的人"获得不同的社会身份及社会地位,从而决定着这种社会关系中的人的活动的应然方向。可以说,马克思恩格斯"教育"的主体,就是在教育实践活动及其形成的教育关系中的人。在教育关系中,由于教育活动的性质决定了其中人的地位的不同及相互关系,从主动者和受动者的角度可以将教育

---

① 马克思恩格斯文集:第1卷[M].北京:人民出版社,2009:499.

主体分为教育者和受教育者。教育者和受教育者是处于复杂关系中的"现实的人",因而要通过分析具体的教育关系,才能确定在这种关系中教育者和受教育者的行为界限与尺度。

第二节 马克思恩格斯"教育"的基本内容

关于教育的基本内容,马克思指出:"我们把教育理解为以下三件事:第一:智育。第二:体育,即体育学校和军事训练所教授的那种东西。第三:技术教育。"[①]马克思对教育的理解,有助于工人阶级认清教育的基本内容,有助于"对儿童和少年工人应当按不同的年龄循序渐进地授以智育、体育和技术教育课程"[②]。同时,"把有报酬的生产劳动、智育、体育和综合技术教育结合起来,就会把工人阶级提高到比贵族和资产阶级高得多的水平"[③]。这样可以提高工人阶级的整体素质,以更好的胜任无产阶级的革命运动。马克思多次提出智育同体力劳动、同体育和综合技术教育的结合,在《卡尔·马克思关于现代社会中的普及教育的发言记录》中指出:"讨论起因于有人建议对日内瓦代表大会决议的正确性加以肯定,这项决议要求把智育同体力劳动、同体育和综合技术教育结合起来。对这一点没有任何异议。""无产阶级的决议起草人所主张的综合技术教育,旨在弥补分工所造成的缺陷,因为分工妨碍学徒获得本身业务的牢固知识。"[④]马克思在这里提出的综合技术教育,是最具特色的教育内容,在一些版本的翻译中等同于"技术培训",其

---

① 马克思恩格斯全集:第16卷[M].北京:人民出版社,1964:218.
② 马克思恩格斯全集:第16卷[M].北京:人民出版社,1964:218.
③ 马克思恩格斯全集:第16卷[M].北京:人民出版社,1964:218.
④ 马克思恩格斯全集:第16卷[M].北京:人民出版社,1964:655.

内容是使人们"了解生产各个过程的基本原理,同时使他们获得运用各种生产的最简单的工具的技能"①的教育。在《资本论》中,马克思进一步解释了"综合技术教育",认为这种教育是以大工业生产为基础的、需要掌握"有关工艺学和各种生产工具的实际操作的教育。"②从这些论述中,马克思强调了"综合技术教育"的必要性和现实性。

为了更详细的说明无产阶级教育理论的基本内容,马克思和恩格斯对资产阶级虚伪的教育论调进行了分析和批判。马克思恩格斯认为,资产阶级的教育目的是维护资产阶级利益、压榨劳动人民。在《哥达纲领批判》中,马克思指出,在资本主义社会根本不可能实现普遍的和人人平等的国民教育。资产阶级在任何时候都不会把自己子女的教育降低到雇佣工人和农民子女的教育水平。马克思指出,在资本主义社会提出"实行免费教育",只不过是从总税收中替上层阶级支付教育费用,给劳动人民增加经济负担,实质上只有利于资产阶级而不利于劳动人民。这也表明了支配着物质生产资料的阶级,同时也支配着精神生产的资料,剥削阶级的学校里实行的是剥削阶级的统治。恩格斯指出:"在这里,一切知识的来源都在政府控制之下,从贫民学校、主日学以至报纸和大学,没有官方的事先许可,什么也不能说,不能教,不能印刷,不能发表"③。资产阶级的道德教育就是"灌输资产阶级的原则"。资产阶级还利用宗教教育麻醉青少年,给孩子们的脑子里塞满了不能理解的教条和各种神学上的奥妙东西,从童年时期起就培养起教派的仇恨和狂热的偏执,而一切智力的、精神的和道德的发展却被忽视了。资产阶级"把未成年人变成单纯创造剩余价值的机器,就人为地造成了智力的荒废"。资产阶级在不得已的情况下使工人受教育,也是为了资产阶级本身的利益,

---

① 马克思恩格斯全集:第16卷[M].北京:人民出版社,1964:218.
② 马克思恩格斯文集:第5卷[M].北京:人民出版社,2009:561.
③ 马克思恩格斯全集:第8卷[M].北京:人民出版社,1961:17.

给资产阶级创造更多的利润。恩格斯在《致敏娜·卡尔洛夫娜·哥尔布诺娃》中指出:"而在这一方面学校或许就能够使他们至少在一定程度上知道自己究竟应当说些什么。在人民中传播的一切真正的启蒙因素都或多或少地有助于实现这个目的。"

　　马克思恩格斯"教育"的主要内容是围绕提高劳动能力、达到人的自由全面发展目的的教育。作为"现实的人"的社会成员,需要通过掌握社会生存技能为个人的自由全面发展奠定基础和条件。生存技能实际上也是劳动能力,劳动能力是实现人的自由个性发展的手段,劳动能力需要通过劳动教育才能获得,这为劳动教育观念的形成奠定了理论前提。"如果技术教育能够一方面设法至少使那些最富有生命力的最普遍的工业部门的经营比较合理,另一方面又对儿童事先进行普通技术训练,使他们能够比较容易地转到其他工业部门,那么,技术教育也许就能够最快地达到自己的目的。"①马克思恩格斯非常重视工艺学校、农业学校和职业学校,认为它们都是在大工业基础上自然发展起来的变革过程的要素。在这种学校里,工人子女受到一些有关工艺和各种生产工具实际操作的教育。在《反杜林论》中,恩格斯指出,劳动与教育相结合,可以"保证多方面的技术训练和科学教育的实践基础"。马克思恩格斯认为:教育与生产劳动相结合是教育的基本原理,是发展教育的根本途径,对教育实践有普遍指导意义。关于劳动教育的观念,马克思认为,教育与生产劳动相结合是消灭私有制的有效方法,是通过发展生产力为人类解放创造物质条件的重要方式,也是通过创造全面发展的人的方式消除阶级对立的重要途径。教育与生产劳动相结合是改造社会制度和提高生产力的一种方法。马克思指出:"因为在按照不同的年龄阶段严格调节劳动时间并采取其他保护儿童的预防措施的条件下,生产劳动和教育的

---

　　① 马克思恩格斯全集:第34卷[M].北京:人民出版社,1972:428.

早期结合,是改造现代社会的最强有力的手段之一。"①马克思指出,在大生产条件下科学技术是现代生产的基础,"生产过程成了科学的应用,而科学反过来成了生产过程的因素即所谓职能。"②科学技术的不断更新致使生产过程不断重组,从而实现劳动者与劳动职能的流动性不断增强,这是大工业生产的基本特征,也是大工业生产对产业工人提出的新要求。而教育的职能是通过传授知识和技能将科学和生产联系起来,从而使生产者能够将科学技术应用到生产过程中,使科学技术从潜在的生产力变成现实的生产力,在符合现代化生产规律的前提下发展生产力和改造社会条件。

马克思恩格斯非常关心无产阶级取得政权后的教育及其发展。在《共产党宣言》中,马克思恩格斯拟定了无产阶级国家应该采取的教育的基本措施:对一切儿童实行公共的和免费的教育,取消现在这种形式的儿童的工厂劳动,把教育同物质生产结合起来,等等。在《法兰西内战》中,马克思总结巴黎公社的经验时指出,无产阶级夺取政权后,"一切学校对人民免费开放",使"学校教育人人都能享受",使科学"摆脱了阶级成见"。马克思很重视工艺教育的发展,他指出:"工人阶级在不可避免地夺取政权之后,将使理论的和实践的工艺教育在工人学校中占据应有的位置。"③马克思恩格斯非常重视培养工人阶级自己的专家的工作。恩格斯指出,为了工人阶级的解放,需要培养"脑力劳动无产阶级",需要培养"医生、工程师、化学家、农艺师及其他专门人才,因为问题在于不仅要掌管政治机器,而且要掌管全部社会生产,而在这里需要的决不是响亮的词句,而是丰富的知识"④。

---

① 马克思恩格斯文集:第3卷[M].北京:人民出版社,2009:449.
② 马克思恩格斯文集:第8卷[M].北京:人民出版社,2009:356.
③ 马克思恩格斯全集:第23卷[M].北京:人民出版社,1972:535.
④ 马克思恩格斯全集:第22卷[M].北京:人民出版社,1965:487.

第三节　马克思恩格斯"教育"的基本方法

　　关于教育的基本方法,恩格斯指出:"在社会主义社会中,劳动将和教育相结合,从而既使多方面的技术训练也使科学教育的实践基础得到保障"①。社会主义社会下的教育学习与劳动实践的结合是理论与实践的统一,也是辩证唯物主义的一种表现形式。"正如我们在罗伯特·欧文那里可以详细看到的那样,从工厂制度中萌发出了未来教育的幼芽,未来教育对所有已满一定年龄的儿童来说,就是生产劳动同智育和体育相结合。""对所有儿童实行公共的和免费的教育。取消现在这种形式的儿童的工厂劳动。把教育同物质生产结合起来,等等。"②"尽管工厂法的教育条款整个说来是不足道的,但还是把初等教育宣布为劳动的强制性条件。这一条款的成就第一次证明了智育和体育同体力劳动相结合的可能性,从而也证明了体力劳动同智育和体育相结合的可能性。工厂视察员从教师的证词中就发现:虽然工厂儿童上课的时间比正规的日校学生少一半,但学到的东西一样多,而且往往更多。"③劳动实践与智育和体育的培养是密切联系的,对人的发展更具有直接性和针对性。"在按照不同的年龄阶段严格调节劳动时间并采取其他保护儿童的预防措施的条件下,生产劳动和教育的早期结合是改造现代社会的最强有力的手段之一。"④这里强调了生产劳动和教育的结合是改造现代社会的强有力的一个手段。"如果不给我们的工人提供在新鲜空气中,特别是

---

① 马克思恩格斯选集:第3卷[M].北京:人民出版社,2012:710.
② 马克思恩格斯选集:第1卷[M].北京:人民出版社,2012:422.
③ 马克思恩格斯全集:第23卷[M].北京:人民出版社,1972:529.
④ 马克思恩格斯选集:第3卷[M].北京:人民出版社,2012:377.

在农业中从事劳动的机会,他们的体质也将变得虚弱。就算现在的成年人不适于这样。而青年人却可以这样训练。如果男女青年在夏天有活干的时候,接连几年到农村去,那么,是不是还要用很多个学期让他们死啃书本才能取得的耕地、除草等等的学位呢? 您该不会认为,只有一辈子别的什么都不做,象我们的农民那样干活干得愚钝起来,才能学会农业中的某些有用的东西吧?"①可以看出,马克思恩格斯认为参加劳动实践具有书本所无法囊括的现实意义,干中学到的知识往往更加真实,更加具有实效性。"资产阶级和国家在工人阶级的培养和教育方面做了些什么。幸而这个阶级的生活条件本身就给他们一种实际的教育,这种教育不但代替了学校里的那一套废物,而且还清除了和那一套废物纠缠在一起的乱七八糟的宗教观念的毒素,甚至把工人置于英国全民族的运动的前列。"②马克思告诫工人阶级要重视工艺教育的重要地位。马克思恩格斯指出工人阶级夺取政权以后,必须加强对工人的理论教育和实践教育,提高工人阶级的文化素养,增强工人阶级的主动性,更好的认识和改造客观世界,当然,学校必须要担负起这个职责。"年轻人应当在日常生活斗争中从成年人那里学得这种教育。"③在这里,马克思恩格斯也指出了年轻人学习成年人的经验也是受教育的方法和手段。

第四节　马克思恩格斯"教育"的作用

马克思恩格斯科学地阐明了教育与生产劳动相互作用的原理及教育在国民经济中的地位和作用。在《资本论》中,马克思提出了教育是劳动力再

---

① 马克思恩格斯全集:第39卷[M].北京:人民出版社,1974:100—101.
② 马克思恩格斯全集:第2卷[M].北京:人民出版社,1957:398.
③ 马克思恩格斯全集:第16卷[M].北京:人民出版社,1964:655.

生产的必要条件的科学论断。他指出:要改变一般的人的本性,使它获得一定劳动部门的技能和技巧,成为发达的和专门的劳动力,就要有一定的教育或训练。马克思恩格斯非常重视综合技术教育的作用,马克思曾说:"技术教育,这种教育要使儿童和少年了解生产各个过程的基本原理。同时使他们获得运用各种生产的最简单的工具的技能"①。旧的分工使体力劳动与脑力劳动分离,妨碍学徒获得牢固的业务知识。马克思认为综合技术教育可以弥补分工造成的这种缺陷。恩格斯也论述了技术教育的作用。他认为,"如果技术教育能够一方面设法至少使那些最富有生命力的最普遍的工业部门的经营比较合理,另一方面又对儿童事先进行普通技术训练,使他们能够比较容易地转到其他工业部门,那末,技术教育也许就能够最快地达到自己的目的"②。在《共产主义原理》中,恩格斯也指出:要发展工农业,使它们提高到能满足社会全体成员需要的水平。单靠机械的和化学的辅助工具是不够的,还必须相应地发展运用这些工具的人的能力。要发展社会生产就要发展教育。

在马克思恩格斯的科学社会主义学说中,马克思恩格斯把教育与先进阶级消灭私有制的斗争结合起来论述其重要作用。马克思恩格斯指出,在为消灭阶级、消灭剥削,提高人们的物质生活和文化生活水平方面,都要求教育紧密配合,发挥积极的作用。教育对工人阶级的彻底解放和建设共产主义都有着重要的意义。马克思认为,教育关乎无产阶级的未来,"最先进的工人完全了解,他们阶级的未来,从而也是人类的未来,完全取决于正在成长的工人一代的教育"③。无产阶级的性质和使命要求无产阶级必须将教育放在重要位置,为无产阶级的未来提供人才保证。马克思主张从现实情

① 马克思恩格斯全集:第16卷[M].北京:人民出版社,1964:218.
② 马克思恩格斯全集:第34卷[M].北京:人民出版社,1972:428.
③ 马克思恩格斯全集:第16卷[M].北京:人民出版社,1964:217.

况出发,在资本主义条件下,工人阶级要争取实行普及义务教育制度,使工人子女受到保护,减少资本主义制度对他们的危害。"为了防止由于分工而造成的人民群众的完全萎缩,亚当·斯密建议由国家来实行国民教育,虽然是在极小的范围内进行。"①"公民马克思说,这个问题有一种特殊的困难之处。一方面,为了建立正确的教育制度,需要改变社会条件,另一方面,为了改变社会条件,又需要相应的教育制度;因此我们应该从现实情况出发。"②这里也说明了教育制度对社会发展的重要性和必要性。

马克思恩格斯还论述了教育在人的发展中的作用:"由整个社会共同地和有计划地来经营的工业,更加需要才能得到全面发展、能够通晓整个生产系统的人。……教育将使年轻人能够很快熟悉整个生产系统,将使他们能够根据社会需要或者他们自己的爱好,轮流从一个生产部门转到另一个生产部门。因此教育特使他们摆脱现在这种分工给每个人造成的片面性。这样一来,根据共产主义原则组织起来的社会,将使自己的成员能够全面发挥他们的得到全面发展的才能。"③可知,教育对于规避因分工造成的无产阶级生力军的片面性,促进人的全面发展具有无可替代的重要作用。马克思认为,劳动是人与自然物质交换的过程,"当他通过这种运动作用他身外的自然并改变自然时,也就同时改变他自身的自然。他使自身的自然中蕴藏着的潜力发挥出来,并且使这种力的活动受他自己控制"④。劳动是人的自为性的表现,是人的自为性创造了人自身,人的发展和社会的发展都依赖人的劳动能力的发展。人的劳动能力包括智力与体力,而在资本主义社会制度的条件下,片面化和固定化的分工方式阻隔了智力与体力的统一发展,限制

① 马克思恩格斯全集:第23卷[M].北京:人民出版社,1972:401.
② 马克思恩格斯全集:第16卷[M].北京:人民出版社,1964:654.
③ 马克思恩格斯选集:第1卷[M].北京:人民出版社,2012:308.
④ 马克思恩格斯文集:第5卷[M].北京:人民出版社,2009:208.

了人的劳动能力的全面发展,进而成为了人和社会发展的阻碍。因此,改变旧的分工成为了提高生产力与促进人的全面发展的关键。为此,"教育与生产劳动相结合"这一观念将教育与生产劳动相结合,就是通过发展人的劳动能力为人的全面发展创造社会条件,并且通过劳动体现人的本质力量,并获得个性自由和人的全面发展。在这里,生产与教育相结合的作用被定义为是以促进人的全面发展的方向而推动生产力的发展及旧的分工调整的重要途径,也是实现人的全面发展的唯一办法。

第四章

马克思恩格斯教育理论的继承发展

马克思恩格斯教育理论建立在马克思恩格斯对社会经济运行规律和社会历史发展规律深刻理解的基础上，马克思恩格斯关于教育是阶级社会中的一种社会意识形态、教育是社会历史发展的产物，以及教育公平等一系列观念为其后教育理论的发展及实践提供了重要的现实参考。马克思主义导师们从来不认为自己的思想是"一成不变的永恒真理"，相反，他们十分主张理论"随时随地都要以当时的历史条件为转移"①。因此，马克思主义继承者们不断将马克思恩格斯的教育理论创造性地应用于本国教育实际，形成了丰富的教育学说体系。

第一节　列宁对马克思恩格斯教育理论的独特性贡献

列宁作为马克思主义伟大的革命家、政治家，在坚持将马克思主义基本

---

① 马克思恩格斯全集：第28卷[M].北京：人民出版社，2018：531.

原理同当时俄国具体实际相结合的同时,主张将马克思恩格斯教育理论同当时俄国具体教育实际相结合,提出了一系列关于社会主义国家教育发展和改革的看法和观点,成为了马克思恩格斯教育理论的实践典范。

一、继承马克思恩格斯教育理论

在指导俄国教育工作中,列宁始终将马克思恩格斯教育理论摆在重要的位置上,他深刻认识到"要战胜资本家的一切反抗,不仅是军事上和政治上的反抗,而且是最深刻、最强烈的思想上的反抗"[1],只有牢牢把握住马克思主义在思想上的主动权,广大人民群众和党员干部才能在与资产阶级反动思想的斗争中取得彻底的胜利。此时的俄国存在着歪曲、否定马克思主义学说的现象,一些民粹主义学派将马克思主义学说认定为"胡言乱语",在教育的实践中混淆等级和阶级的概念,鼓吹青年"到民间去!"列宁对这些反动言论进行了一一驳斥。首先,列宁坚定地捍卫了马克思主义理论的指导地位,他提出"马克思的哲学是完备的哲学唯物主义,它把伟大的认识工具给了人类,特别是给了工人阶级"[2],马克思主义的科学理论是无产阶级认识世界发展客观规律、寻求自身解放和全人类解放的科学指南,因此,必须加强马克思主义的系统教育。其次,面对民粹派关于学校是等级学校而非阶级学校的反动论调,列宁予以强烈的批判。他指出"等级学校要求学生必须属于一定的等级。阶级学校没有等级,只有公民"[3],这不仅将等级学校与阶级学校进行了区分,还揭示了在资产阶级社会里教育为"有产者"服务的实质。最后,针对民粹派提出的"到民间去!"全民教育计划,列宁发表《民粹主

---

① 列宁全集:第 39 卷[M].北京:人民出版社,2017:448.
② 列宁全集:第 23 卷[M].北京:人民出版社,1990:45.
③ 列宁全集:第 2 卷[M].北京:人民出版社,2013:455.

义空想计划的典型》一书,书中提出民粹派试图让学生为抵偿学费而服工役是一种农奴制空想,因为民粹派提倡的这种制度只针对贫穷学生,而有钱缴纳全部学费的富人则"保持目前的形式",这种全民教育计划不过是小资产阶级的掩饰。

列宁在对"劳动只针对贫穷学生"这一农奴制空想进行批判的同时,提出"为了使普遍生产劳动同普遍教育相结合,显然必须使所有的人都担负参加生产劳动的义务"[①],这进一步发展了马克思恩格斯关于教育与生产劳动相结合的思想。马克思恩格斯认为,学校作为生产场所的一部分,学生的劳动实践也应当成为他们学习的内容,只有与实际的劳动相结合,在劳动过程中人们才能全面发展自己的能力。同时,马克思恩格斯还强调要将科学文化知识和生产劳动相结合,只有教育中的知识具有了实践应用性,才能够使广大受教者在将来更好地适应社会发展的需要。列宁充分继承了这一思想,在领导俄国教育实践中积极推动教育与生产劳动的结合,鼓励学生积极参与社会实践,通过教育与教学的生产劳动"达到现代技术水平和科学知识现状所要求的高度"[②]。不仅如此,在 1917 年《俄共(布)纲领草案初稿》中,列宁将"教育和生产劳动紧密结合起来"的思想上升为党和国家的意志,为社会主义国家的教育建设提供了实践遵循。

二、创新思想政治教育理论

在推翻资产阶级临时政府、建立俄罗斯苏维埃联邦社会主义共和国之后,列宁面临着恢复国民经济和建设社会主义社会的重要任务,这其中就包

---

① 列宁全集:第 2 卷[M].北京:人民出版社,2013:464.
② 列宁全集:第 2 卷[M].北京:人民出版社,2013:463 - 464.

含了青年一代的教育问题。针对"学习什么和怎样学习"这样一些关键问题,列宁充分运用马克思主义的基本立场和观点,针对俄国青年一代的教育实践,提出了丰富的思想政治教育理论,对推进俄国社会主义建设和思想政治教育的创新发展具有重要的启示意义。

列宁针对俄国的具体实际,提出了思想政治教育的具体目标,即"建设共产主义社会的新一代人"。在马克思恩格斯的理论中,教育是促进社会改革和人类解放的重要途径,其最终目标是实现人类个体得到充分自由而全面的发展,这也是所有共产党人的最终目标。但是,这一最终目标需要在不同发展阶段、不同领域以具体的目标呈现出来,以确保其科学性和适应性。因此,在开展思想政治教育工作中,面对刚建立起社会主义政权的苏维埃俄国,列宁认为现在的当务之急是建立一个与旧社会完全不同的新社会,这就需要大量在新的历史条件和新兴教育条件下成长起来的社会主义接班人为之不懈奋斗,"青年一代努力的结果将建立一个与旧社会完全不同的社会,即共产主义社会"①。

列宁提出了思想政治教育的主要内容,即共产主义理论学习、科学文化知识学习及共产主义道德教育,这些是对马克思恩格斯教育理论的创新性发展。列宁认为共产主义理论学习是青少年投身社会主义建设的基础,"青年团和所有想走向共产主义的青年都应该学习共产主义"②。共产主义理论是科学而革命的,为人们提供了解决问题的立场和方法,只有真正做到对其知识的融会贯通,青少年才能将共产主义理想建立在科学的基础之上。此外,理想信念是一个国家和民族接续奋斗的精神支柱和力量源泉,正是由于共产主义信念的树立,老一辈布尔什维克及其带领的人民群众才能取得人

---

① 列宁全集:第39卷[M].北京:人民出版社,2017:329.
② 列宁全集:第39卷[M].北京:人民出版社,2017:329.

类解放事业的伟大胜利,而现在,面对社会主义建设同样需要这样百折不挠的精神,这就需要在广大青少年中系统开展共产主义理论的教育和培训,只有真正做到对共产主义知识的理解和掌握,才能在社会主义建设中具备排除万难、勇往直前的勇气。列宁意识到,在取得苏维埃政权之后,带领广大人民建设社会主义并最终实现共产主义,成为摆在眼前的紧迫性问题,当时的俄国虽然成为制度上最先进的国家,但是文化、经济远远落后于世界上先进的资本主义国家,要想恢复国民经济,使俄国在国际竞争中有一席之地,就必须学习最先进的科学文化知识,接受现代教育。列宁强调科学文化教育必须贯穿整个社会,且涵盖自然科学、社会科学及人文艺术等各领域。在列宁及其追随者的不懈努力下,科学文化知识的教育提高了人民的综合素质和科学文化水平,培养了许多素质较高的科学家、工程师和技术人员。这些人才的涌现推动了俄国的科学研究和技术产业的发展,俄国的工业也在这一时期获得了长足的进步,逐渐与西方国家的水平拉近了距离。除此之外,列宁十分关注青少年的道德教育问题,当时的俄国处于旧道德被摧毁,而新的共产主义道德尚未建立起来的阶段,有一些人就此进入了道德虚无主义的思潮当中,认为道德是资产阶级压迫劳动人民的手段。列宁对此现象进行了严厉的批评,并强调共产主义道德教育能够培养青少年的责任意识和担当意识,在青少年的教育当中不可或缺。

三、发展社会主义干部教育理论

列宁在领导俄国人民推翻地主阶级政权、取得十月革命的胜利之后,认识到普遍吸收所有的劳动者来管理国家目前是行不通的,只能在很长的一段时间内实行间接的民主,即通过培养一批有能力的干部代表人民实行管理国家的职能。但是在俄国这样一个剥削阶级思想浓厚、生产力不发达的国家,为数不少的党员干部都存在官僚主义思想严重、文化水平程度低及管理能力弱的现象,列宁在写给莫洛托夫的信中对此表示了深刻的担忧,他表示"现在的一些党员的修养水平很差"①。正是基于这样的认识,列宁将马克思恩格斯教育理论与苏维埃俄国建设的具体实际相结合,提出了一系列干部教育的理论,形成了丰富的社会主义干部教育理论。

在干部的选拔上,列宁提出"宁肯数量少些,但要质量高些"的原则,提高干部准入门槛。列宁在深刻总结建立苏维埃政权五年内国家机关培养经验中提到,尽管五年内从沙皇制度转到苏维埃制度的发展速度令人眩晕,但对于社会主义建设的某些步骤还是不能操之过急,特别是国家机关人员的选拔和培养,"与其匆忙从事而毫无希望得到优秀人才,倒不如再过两年甚至三年好些"②。因此,为了确保干部队伍的质量,列宁提出一系列冲破一般职员编制标准的审查措施,如被委派的公职人员必须有几名共产党员推荐,必须通过相关理论、制度和科学知识等的考试,且对于这些审查工作,列宁认为,"如果不准备花几年功夫来做这件事,那最好是根本不做"③。

在干部的培养上,列宁主张将学习与业务结合起来,加强对干部实践能力和解决问题能力的培养,以提高广大现有干部的水平。列宁认为,俄国人在理论构想上巨大的勇气与现实中办公制度变革的畏怯心理同时存在,而在干部队伍中开展学习与业务相结合的教育工作是改变目前这种矛盾现象的必要途径。首先,要加强干部队伍的马克思主义理论学习。列宁认为,马克思主义理论是科学的和革命的,是干部队伍武装自己的头脑积极投入俄国社会主义建设的科学指南,是抵制资产阶级腐朽思想和腐败思想的思想基础。加强对干部队伍的马克思主义理论教育绝对不是流于形式和死记硬

---

① 列宁全集:第 43 卷[M].北京:人民出版社,2017:17.
② 列宁选集:第 4 卷[M].北京:人民出版社,2012:786.
③ 列宁选集:第 4 卷[M].北京:人民出版社,2012:788.

背僵死的条文,为了使科学的理论"入脑入心",列宁主持并参与制定了详细的决议和政策,如加强领导干部对马克思主义经典著作如《共产党宣言》《德意志意识形态》的诵读,使领导干部掌握马克思主义的本质理论,提高马克思主义理论素养,此外,列宁主张在全国范围内充分利用各种途径,如大量出版马克思主义经典著作、发行马克思主义理论宣传的党报、党刊,以及定期开展对党员干部的教育培训等形成宣传马克思主义理论的良好氛围。其次,加强干部队伍的科学文化知识学习。列宁充分认识到,在一个跨越了资本主义发展阶段直接进入社会主义社会的落后俄国,学习优秀的科学文化知识的重要性,俄国虽然通过革命完成了世界上最伟大的政治变革,但经济文化建设仍处于落后阶段,如果不能够充分吸收人类历史上的一切文明成果,"在一个文盲的国家里是不能建成共产主义社会的"①。正是基于这样的正确认识,列宁积极动员广大干部队伍学习世界上一切优秀文化知识,以更好地领导俄国人民建设社会主义。最后,列宁主张在干部队伍中开展业务能力学习。业务能力的学习旨在提高干部队伍解决实际工作的能力,在建立苏维埃政权之后,有些干部固守革命时期的阶级斗争心理,认为只要有坚定的信念和理想就能够建成共产主义,列宁对此提出了严厉的批评,他提出如果领导干部无法钻研和精通业务,则在文化和经济上都要受制于资产阶级,"不懂行,没有充分的知识,不懂管理这门科学,你们又怎么能够管理呢? ……要管理,就必须熟悉业务,做一个出色的管理人员"②。在此基础上,列宁提出,要想改变现状,"我们今天最重要的任务就是学习再学习"③,只有干部队伍管理水平上去了,才能保证对国家的绝对正确领导,巩固无产阶级地位。

---

① 列宁全集:第 39 卷[M].北京:人民出版社,2017:344.
② 列宁全集:第 38 卷[M].北京:人民出版社,2017:253.
③ 列宁全集:第 43 卷[M].北京:人民出版社,2017:291.

第二节　中国共产党对马克思恩格斯教育理论的创新性发展

中国共产党自成立以来,始终将改造和发展教育事业放在中国革命和建设的重要位置,将培养优秀人才作为国家政治和经济建设的重要基础,在百年探索中积累了宝贵经验。

一、毛泽东对马克思恩格斯教育理论的继承

毛泽东是伟大的马克思主义教育家和实践家,他作为党的第一代领导核心,在中国革命和建设的过程中逐渐形成了对党和国家教育事业的战略思考,搭建了新中国的教育制度框架。

首先,毛泽东在当时生产力发展水平不高,基础薄弱的情况下,坚持了马克思恩格斯关于教育与生产劳动相结合的思想,并将其运用于中国革命和建设具体发展实践当中。20世纪初,由于当时的中国经济相对落后,劳动知识和技能的传承及培养受到限制,且在封建教育中多出现"文化重过劳动"的思想,作为旧教育的亲历者,毛泽东认为这样的方式会使学生无法适应实际的生活,也无法为生活做出应有的贡献,中国经济的发展会受到严重的限制。在战争期间,毛泽东创造性地将教育与劳动相结合的思想运用于实际,强调教育知识要适应革命战争的需要,在抗日战争和解放战争中积极组织学校和培训机构对人民进行军事和政治教育,培养军队军事战术、军事理论等,为中国的抗战斗争提供了有力的保障。新中国成立后,毛泽东继续坚持教育与劳动相结合的教育思想,确立了干部下放劳动锻炼的制度。毛

泽东认为,知识分子只有充分与生产劳动相结合,与劳动人民相联系,才能彻底改变资产阶级的世界观,从而全心全意投入到社会主义建设之中,服务广大人民群众。

其次,在教育工作的政治保证方面,毛泽东提出必须服从中国共产党的领导,这为中国的教育事业指明了根本方向。在毛泽东看来,中国共产党是"一个有纪律的,有马克思列宁主义的理论武装的,采取自我批评方法的,联系人民群众的党"①,毛泽东认为中国共产党是一个除了工人阶级和广大人民的利益之外没有自己特殊利益的政党,加强党对教育工作的领导,是引领教育工作者服务最广大人民群众和社会主义事业的根本保证。在此基础上,毛泽东进一步提出党对教育工作的领导方法,毛泽东主张党对教育工作必须坚持群众路线,即从群众中来、到群众中去,密切联系群众、依靠群众、从群众中汲取力量。他认为,党的教育工作应该立足于人民群众的需求和利益,注重群众的参与和反馈,使教育工作能更好地为人民服务,从而改变传统教育只为少数人服务的现象。毛泽东强调党对教育工作的领导必须坚持实事求是的思想路线,即根据实际情况,以实际问题为出发点,解决实际困难和矛盾。他强调,只有在实践中不断摸索和探索,才能找到适合中国实际的教育发展道路。

最后,在干部教育方面,毛泽东充分认识到干部教育对于革命队伍建设的重要意义,提出了一系列丰富的干部教育理论和实践经验。其一,毛泽东十分重视学习对干部教育的重要性。"政治路线确定之后,干部就是决定的因素"②。毛泽东提倡通过建立全党学习制度,在全党同志和非党的战士间形成一个学习的热潮,通过系统学习马克思主义理论、革命理论及社会主义

---

① 毛泽东选集:第4卷[M].北京:人民出版社,1991:1480.
② 毛泽东选集:第2卷[M].北京:人民出版社.1991:526.

建设理论等,武装全党,使共产党员通过政治自觉在与非无产阶级的思想斗争中取得胜利。其二,在干部教育培训中,毛泽东主张业务知识与思想政治教育并重的培训方式。面对干部重业务知识培训而轻思想政治教育的现象,毛泽东指出"没有正确的政治观点,就等于没有灵魂"①,业务知识和思想政治的关系是辩证统一的,没有业务能力空谈思想政治的干部在实际生活中会显露出无能和不负责任的一面,而只埋头苦干不讲思想政治的干部则容易迷失方向,走向邪路。毛泽东对于业务知识与思想政治的正确阐述为新中国干部教育培训提供了方法指导,这也成为中国共产党区别于其他政党的独特优势。其三,毛泽东积极倡导在党内通过批评与自我批评的方式、方法以达到对干部队伍的教育目的。在党内定期开展批评与自我批评,能够促进党员干部之间互相学习和交流,帮助党员干部及时发现错误、改正缺点、找准原因,以提高工作能力和道德水平。毛泽东强调,党员干部在批评与自我批评时不能只流于形式,而是要以事实为依据,真诚地找出自己工作上的失误和原因,坚持实事求是的原则,积极改正和提高。这种批评与自我批评的文化对党内政治生活和干部队伍建设产生了积极的影响,也成为中国共产党百年来的优良传统。

二、邓小平对马克思恩格斯教育理论的发展

"一切划时代的体系的真正的内容都是由于产生这些体系的那个时期的需要而形成起来的"②。在社会主义改革和建设中,面对国际和平与发展成为时代主题、国内党的中心任务转移到经济建设上来的历史条件,邓小平

---

① 毛泽东文集:第 7 卷[M].北京:人民出版社,1999:226.
② 马克思恩格斯全集:第 3 卷[M].北京:人民出版社,1960:544.

与时俱进地发展了马克思恩格斯教育理论。

首先,邓小平提出了实事求是的马克思主义理论教育方法和原则。实事求是的教育方法要求教育要以事实为依据,追求实际效果和实际需要,培养适合社会需要的高素质人才。改革开放以后,邓小平坚持实事求是的原则,主持起草了《关于建国以来党的若干历史问题的决议》,从正反两方面总结了新中国成立以后社会主义建设的基本经验,实事求是地分析了新中国成立以后的重大历史问题,坚定地捍卫了毛泽东思想的历史地位,强调"不仅今天,而且今后,我们都要高举毛泽东思想的旗帜"①。此外,邓小平十分注重学生的锻炼实际,鼓励学生通过实践来学习和锻炼能力,他主张教育要紧密结合实际,注重培养学生的实际动手能力和解决问题的能力。邓小平实事求是的教育方法还体现在通过实践检验学生的教育成果,强调评价教育工作和学生综合素质应当以实际效果和实际表现为准绳。

其次,邓小平在继承马克思恩格斯教育理论的基础上提出了许多原创性观点,开启了中国教育改革的先河。第一,将教育纳入国民计划,提出科教结合的思想。邓小平面对国际上资本主义与社会主义发展巨大差距的现状,当机立断地指出"贫穷不是社会主义。我们坚持社会主义,要建设对资本主义具有优越性的社会主义,首先必须摆脱贫穷"②,充分发展生产力,在这一过程中,科学技术是关键。邓小平敏锐认识到了科学技术转化为生产力的作用,1973 年提出了"科学技术是生产力"的观点。邓小平认为要促进经济增长和现代化建设,必须加强科技创新人才的培养,"劳动者只有具备较高的科学文化水平,丰富的生产经验,先进的劳动技能,才能在现代化的生产中发挥更大的作用"③。第二,邓小平提出了"三个面向"的教育方针,即

---

① 邓小平文选:第 2 卷[M].北京:人民出版社,1994:291.
② 邓小平文选:第 3 卷[M].北京:人民出版社,1993:225.
③ 邓小平文选:第 2 卷[M].北京:人民出版社,1994:88.

教育要面向现代化、面向世界、面向未来。其中,面向现代化要求培养具有现代化素质和能力的人才,注重培养学生创新能力,以适应国家建设的需要。面向世界就是要培养具有国际视野和全球竞争力的人才,使他们具备跨文化交流、国际合作的能力。面向未来就是要紧密关注未来社会的需求和发展方向,培养具备未来职业技能和适应未来社会发展的人才。第三,邓小平在充分继承马克思关于人的全面发展的学说基础上,提出"四有"的育人目标,即培养有理想、有道德、有文化、有纪律的新青年,这一论述在今天仍有着指导意义。

最后,在社会主义建设和改革的实践中,邓小平认识到了党员干部在其中的"骨干作用"。面对党员干部注重抓生产、抓基本建设而轻干部培养的现状,他指出,"殊不知办好学校,培养干部,才是最基本的建设"①。而在怎样选择干部的问题上,邓小平当机立断地提出要"培养中青年干部",这主要取决于我国当时的发展现状。"文化大革命"期间,我国中青年干部的培养工作中断了近十年,一度导致各级领导干部成员出现了普遍老化的情况,正如邓小平所说,"我们干部老化的情况不说十分严重,至少有九分半严重"②,与此相对应,资产阶级的"和平演变",使资产阶级自由思潮在我国不断泛滥,面对这些新的挑战,培养一批年轻的现代化人才就显得格外迫切。接着,邓小平又提出了培养年轻干部的具体途径,即老同志要搞好对年轻人才的传帮带,学校要创新人才的培养方式,"要学习马克思列宁主义、毛泽东思想,内容多极了"③。通过各种途径培养出"有理想、有道德、有文化、有纪律"的"四有"优秀干部。

---

① 邓小平文选:第1卷[M].北京:人民出版社,1994:209.
② 邓小平文选:第3卷[M].北京:人民出版社,1993:5.
③ 邓小平文选:第1卷[M].北京:人民出版社,1994:332.

三、江泽民对马克思恩格斯教育理论中国化的重要贡献

20 世纪末到 21 世纪初,在世界政治多极化和经济全球化的浪潮下,各国已经意识到了科学技术在经济发展中的作用,争相发展教育以培养高新技术人才,而中国也通过改革开放积累了丰厚的物质财富,亟需物质文明与精神文明和谐发展。在这样的国内外局势下,江泽民当机立断地指出"人才资源是第一资源"①,将教育摆在优先发展的战略地位,提出了一系列教育发展的精辟论述。

江泽民深刻认识到了教育工作在推进我国现代化建设中的重要作用,他根据我国当时的教育工作实际,提出了一系列富有创新的教育理念。其一,确立了教育目标,提出优先发展基础教育、推动高等教育跨越式发展等理论。基础教育是人们成长过程中的第一段教育,对于个人的全面发展、社会的和谐稳定具有重要意义,也是提高全民素质的基础。为此。以江泽民为核心的党的领导集体非常重视我国基础教育的发展,先后颁布《中国教育改革和发展纲要》《面向 21 世纪教育振兴行动计划》《中共中央国务院关于深化教育改革 全面推进素质教育的决定》等文件,对我国基础教育工作做出了全面规定。由于青少年可塑性强、正处于世界观、人生观和价值观形成的关键时期,江泽民提出要基本普及以学生全面发展为目标的九年义务教育,培养学生思维能力、创新能力、沟通能力、抗压能力等基本素养,为学生的终身发展奠定基础。江泽民敏锐地认识到文盲问题是当时我国面临的一个重要挑战,在他的组织领导下,中国开展了一系列的扫除文盲的工作,通过开设扫盲班、提供免费教育、强化成人教育等举措,使更多人获得了生活

---

① 徐永军.江泽民"人才是第一资源"思想的提出及意义[J].党的文献,2016(2):65-71.

和工作的知识和技能。在高等教育领域,以江泽民为核心的领导集体,面对我国高等教育与发达国家存在差距的现象,为了提高我国高等教育的国际影响力,先后提出"211工程"和"985工程"等项目,旨在通过打造世界一流的高水平大学和科研机构,增加我国在学术领域的影响力,提高我国高等教育的整体水平。

其二,在江泽民的带领下,党中央和国务院开始了大刀阔斧的教育改革。我国国土面积广阔,自然资源丰富,催生了多样的地形和环境,形成了多元文化,但这同时也使得我国的教育资源发展不平衡、不合理。为了缩小教育差距,促进教育均衡发展,中央加大了对贫困地区、西部地区以及乡村地区在政策、资金上的扶持力度,以促进教育积极健康发展。

除此之外,面对国内外形势变化,江泽民提出建设高素质干部队伍的目标,而干部教育则是建设高素质干部的关键环节,因此,江泽民提出,要"学习、学习、再学习"。首先,江泽民十分重视干部队伍的政治教育问题,他认为,改革开放促进了我国经济的快速增长,但与此同时也使得各种思潮涌入,给中国带来思想上的混乱,进而影响到干部队伍建设,而出现这种混乱的根源在于马克思主义理论教育荒疏。为此,江泽民强调对干部队伍的教育培训要着眼于我国改革开放和现代化建设的实际,通过开设马克思主义理论研修班,将马克思主义与现实生活中的生动发展紧密结合,提高其科学性,加强党员干部的理论武装。

其次,江泽民反复强调要加强对干部队伍的本职工作教育。江泽民认为,中国共产党作为领导国家和人民进行社会主义现代化建设的执政党,应当先是有知识、懂业务、能够胜任本职工作的内行,他提出"必须清醒地看到,现代科学技术突飞猛进,社会主义市场经济不断发展,我们不懂得、不熟悉的东西很多"①,全党同志不仅要学习政治和业务,更要将其作为长期执行的任务。干部队伍的本职工作培训还包括了提升干部解决重大实际问题的能力,对此,江泽民提出开设针对重大现实问题的专题研修班,从理论到实践弄懂关涉党和国家发展全局的现实问题。2000年中央印发《中共中央关于面向21世纪加强和改进党校工作的决定》,确立了定期举办干部专题教育研修班的制度,随后,全国各地区纷纷效仿。

最后,江泽民进一步丰富了干部队伍德育教育的内涵。江泽民充分总结了在发展社会主义市场经济过程中,我国一段时间过度重视物质文明而忽略精神文明的经验教训,指出"精神文明建设必须常抓不懈"②,只有加强党自身的精神文明建设,才能在改革开放中保持党员干部的定力,抵御资产阶级自由化思潮和腐败思潮的侵害。在干部队伍的德育工作中,江泽民主张把反腐败的作风教育作为重点来抓,"惩治腐败,要作为一个系统工程来抓,标本兼治,综合治理,持之以恒。最基本的,要靠教育,靠法制"③。此外,还应将惩治腐败与表扬廉洁奉公相结合,形成举国上下艰苦奋斗、甘于奉献的新风尚。

四、胡锦涛对马克思恩格斯教育理论的完善

党的十六大以来,以胡锦涛同志为核心的党中央,在坚持马克思恩格斯教育理论以及列宁的教育理论的基础上,继承了以毛泽东、邓小平、江泽民为核心的三届领导集体的教育理论,面对当时我国教育理论的现实问题,胡锦涛审时度势,在教育领域提出"以人为本"、全面、协调、可持续的发展理

---

① 江泽民文选:第1卷[M].北京:人民出版社,2006:247.
② 中共中央文献研究室.十四大以来重要文献选编[下].人民出版社,1999:2049.
③ 中共中央文献研究室.十四大以来重要文献选编[上].人民出版社,1996:410.

念,为推动国家和社会的发展做出了重要贡献。

在世界上各国综合国力竞争日益激烈、人才成为推动经济建设发展的战略性资源的背景之下,胡锦涛提出要将教育摆在优先发展的重要战略位置。我国是一个人口大国,自然资源分布不均,在中国经济发展的早期阶段,靠粗放型的生产方式虽然在短期内实现了经济的快速增长,但是也导致了环境污染和资源浪费等问题的加剧,不利于可持续发展。因此,要满足一个人口大国日益增长的物质文化需要,就必须依靠科技和知识,致力于发展提高生产效率和减少资源浪费的经济,这就需要通过教育培养源源不断的高素质人才和拔尖人才,"坚持把教育摆在优先发展的战略地位"[1],从而将我国的人口压力转变为人力资源优势。

为了推动我国教育事业的发展,促进教育公平,以胡锦涛为核心的党中央领导集体积极深化教育体制改革,针对我国教育资源分布不均的情况,于2006年修订《义务教育法》,确立义务教育经费保障机制,2008年实现城乡义务教育阶段全部免除学杂费,2011年,提出了针对贫困地区的营养改善计划,推动地区教育协调发展。此外,中央不断增加了教育领域的财政支出,以投入更多的资源用于教育事业的建设和发展,2013年,教育投入首次达到全国 GDP 的 4%,开辟了我国教育事业发展的新境界。

第三节　习近平对马克思恩格斯教育理论的新时代解读

习近平继承了马克思恩格斯教育理论,吸收了中华民族传统文化中优

---

① 中共中央文献研究室.十六大以来重要文献选编[下].中央文献出版社,2008:615.

秀的教育理论及中国共产党领导人的教育理论,将教育摆在了中国发展的重要位置,为中国的教育事业做出了重要贡献。

一、明确教育发展方向和目标

习近平高度重视教育的发展,指出"教育兴则国兴,教育强则国强",并且明确提出教育发展的方向和目标就是要努力把我国的教育打造成为具有中国特色的,并且要具有世界水平的特色教育。

其一,办好中国特色,世界水平的教育需要结合中国国情,根植于中国。教育事业蓬勃发展过程中,教育的普及程度逐渐提高,人们的受教育水平逐步提升,我国成为了世界的教育大国,教育方面具备了较强的硬实力,但是我国不仅要成为教育大国,而且要努力成为教育强国。近年来,党中央、国务院根据我国教育事业的国情,采取了一系列的措施以促进教育事业的发展,提高教育质量。

其二,办好中国特色,世界水平的教育需要有国际视野,秉承开放的思想。2013 年习近平提出"中国将加强同世界各国的教育交流,扩大教育对外开放。"[1]在吸引世界更多一流专家和学者来华从事教学工作的同时,鼓励我国的留学生出国留学,鼓励来去自由并积极地发挥作用,努力加强中国优秀传统文化的传播。为提高我国的教育质量,在继承中国优秀教育传统思想的基础上,需要不断的加强同世界各国的教育文化交流,相互借鉴,取长补短。

---

① 姜萍萍,秦华.习近平主席在联合国"教育第一"全球倡议行动一周年纪念活动上发表视频贺词[N].人民日报,2013-09-27(03).

二、确立教育根本任务

"教育事业必须以培养有高尚道德品质的人为根本价值旨归。"①习近平在十九大中指出"要全面贯彻党的教育方针,落实立德树人根本任务"②。立德树人是我国教育事业中的一项根本任务。在人的全面发展中,德育为先,突出强调立德的重要性。立德成为教育事业培养人的重要目标,而青年又是国家社会发展进步的重要力量,为此,需要明确立德树人的根本任务。

其一,加强社会主义核心价值观教育。一个人,一个国家把握好自己的关键之处在于认真努力地践行社会主义核心价值观。社会主义核心价值观能帮助青年形成更好的历史观、民族观、国家观和文化观,为青年提供精神的指引。青年处于价值形成的关键期,正如习近平强调的要扣好人生的第一粒扣子,第一粒扣子起着非常重要的作用,如果扣不好,后面的扣子就会全扣错。因此,高校需要做好德育工作,在使受教育者智力发展的同时,加强道德的修养,提升他们的综合素质。帮助受教育者实现德育、智育、体育、美育和劳动教育全面发展,更好的满足社会的需要。

其二,强调理想信念教育。理想信念是人们向目标前进的动力,是人生力量的源泉。青年一代有崇高的理想和责任意识,国家和民族就会有发展的前途和希望。今天,中国特色社会主义进入了新时代,习近平提出要通过理想信念教育,帮助青年抵制各种腐朽思想的诱惑,坚定共产主义信念。

① 王磊,肖宝安.新形势下我国教育事业改革发展的科学指南——习近平教育思想管窥[J].广西社会科学.2016(3):216-220.
② 习近平.决胜全面建成小康社会 夺取新时代中国特色社会主义伟大胜利——在中国共产党第十九次全国代表大会上的报告[M].北京:人民出版社,2017:45.

三、强调深化教育改革

改革开放以来,我国教育规模不断扩大,成为世界教育大国,我国教育国际影响力逐渐增强,教育的总体水平进入了世界中上行列。但是我国的教育体制机制不够健全,教育质量有待进一步提升,需要进一步加强教育改革。随着我国教育改革进入"深水区",要敢于啃硬骨头。

其一,深化教育改革,需要坚定文化自信。文化自信作为"四个自信"的重要内容,对于国家的发展起着非常重要的作用。中国历史文化底蕴深厚,教育经验丰富,我们对于好的文化要坚持,教育改革要根植于我国的优秀传统文化,立足我国国情,根据不同时期的实际解决相应的教育问题,同时要补齐教育不足之处。文化自信还体现在能大胆的学习和借鉴别国先进的文化教育方式,不同文化间相互交流与学习,取其精华去其糟粕,帮助解决我国教育中的实际问题。

其二,深化教育改革,需要追求内涵式发展。"深化教育改革必须把工作的着力点切实转到提高发展质量和效益上来。"[①]随着中国特色社会主义进入新时代,努力提高教育质量,教育的发展道路坚持以提高质量为核心显得尤为重要。提高教育质量需要加强教育领域的改革,需要加大对优质资源投入的同时进行科学的配置。例如,对于优质的学校,需要起到引领和带头作用,以强带弱,努力加强资源的优势互补,提升整体教学质量。

---

① 陈子季.努力办好人民满意的更高质量 更加公平社会主义现代化教育——论习近平总书记教育思想的三个维度[J].国家教育行政学院学报,2017(2):3-9.

四、提出促进教育公平

教育公平作为社会公平的重要基础,影响着国家的发展和社会的稳定。习近平强调要努力营造"人人皆可成才,人人尽展其才的良好环境。"①党的十九大报告中指出我国社会的主要矛盾发生了变化,这一主要矛盾的变化,在教育方面则表现为我国教育事业在发展过程中仍然存在着不平衡、不充分的问题。为此,需要进一步加强教育公平,促进教育均衡发展。

其一,优化配置资源,推进教育精准脱贫。习近平十分重视发展滞后的农村、偏远地区的教育公平问题。为了缩小地区间、城乡间以及学校间的教育水平差距,国家出台了中西部高等教育振兴计划、直属高校定点扶贫等政策措施。例如,2010创办的"国培计划",通过中小学教师示范性培训和中西部农村骨干教师培训这两个项目,来进一步提高教师队伍素质,尤其是农村教师队伍的素质。"国培计划"培养的高素质人才队伍,能够帮助贫困地区的孩子得到良好的教育,进一步提升农村的教育质量。

其二,办好基础教育,促进教育公平。当前我国出现一些"入学难"、"入学贵"、"择校热"的现象,为了解决教育中出现的此类问题,国家制定了相应的政策措施。在学前教育方面,国家采取的教育资助政策,从2011年秋季学期开始就建立起了学前教育政策资助体系,帮助贫困学生享有更好的受教育机会,同时对于义务教育阶段,要实现均衡发展、标准化发展、一体化发展。在十九大新闻中心记者招待会上,教育部部长指出"义务教育阶段,到2020年大班额完全消除。"这一教育目标有利于使学生享受更好的教育资源

---

① 程宏毅,常雪梅.习近平就加快职业教育发展作出的指示[EB/OL].(2014-06-24)[2017-10-25].http://cpc.people.com.cn/n/2014/0624/c64094-25189804.html.

和教育环境,同时有助于解决"择校热"的问题。

五、重视教师队伍建设

"教师和学生是教育的主体,学校承担教育的主要责任,关键是充分发挥教师教书育人的作用。"[1]对于人才的培养离不开一批高素质的教师队伍。

其一,改善教师待遇。教师在人类文化的传播方面扮演着重要角色。国家和社会需要重视教师的作用和地位,努力改善教师的待遇。为了改善教师待遇,国家规定保证教师平均工资水平不低于或者高于当地公务员的平均工资水平,同时,对于贫困地区的乡村教师,教育部从生活补贴、编制落实、荣誉授予等多个方面进一步改善教师待遇,提升教师地位。改善教师待遇有利于进一步调动教师的积极性。

其二,努力争做"四有教师"。打铁必须自身硬,教师队伍要提高自身素质,需要坚定理想信念。教师主要是传道授业解惑,在"授业""解惑"的过程中需要"传道",需要有正确的观念和立场,以正确的观念来解释现实世界中的问题,教师需要坚定中国特色社会主义信念、积极的弘扬社会主义核心价值观;需要有道德情操和仁爱之心。教师教书育人,在系统传授知识的同时,教育者要以德立身、以德立学、以德施教,以良好的个人品质和综合素质,通过潜移默化的方式影响受教育者,帮助提升受教育者的综合素质;需要有扎实的学识。教育者要给学生一杯水,自己必须要有一桶水。教师如果缺乏系统扎实的理论知识,就会影响学生对知识的理解,教师和学生两者间容易产生矛盾。

---

① 薛二勇,刘爱玲.习近平教育思想:中国教育改革的旗帜与方向[J].中国教育学刊.2017
(05):9-16.

其三,积极倡导尊师重教的风尚。尊师重教一直是中华民族优秀的传统文化,社会需要努力营造尊师重教的良好风尚,重视教师的地位和作用。

六、部署干部教育培训工作

新时代以来,以习近平同志为核心的党中央站在全局的高度,面对我国经济社会发展的实际以及干部队伍的现状,就增强和改进干部教育培训工作提出了一系列新思想、新看法,对于实现中华民族伟大复兴的中国梦具有重要意义。

在习近平看来,干部教育应遵循理论知识和党性教育相结合的原则。其中,理论教育是干部教育的首要任务,干部只有具备了丰富的理论知识和辩证的思维方式,才能更好地理解党和国家作出的各种方针政策,以带领人民群众更好地开展工作,习近平认为干部的理论教育内容应包括马克思主义理论、中国特色社会主义理论体系和马列主义经典著作,干部学习和掌握这些理论,目的是旨在提高干部的政治敏锐性、分析问题的能力和解决问题的能力。党性教育是干部教育的核心任务,正如习近平所说:"党性教育是共产党人修身养性的必修课,也是共产党人的'心学'"①,作为共产党员和干部,必须始终坚持党的理论和路线方针政策,增强党性修养,坚守党的宗旨和提高宗旨意识,加强党员和干部的理想信念、政治觉悟和党性修养,铸造一支忠诚、纪律、担当的干部队伍。

不仅如此,习近平还强调要将理论教育和党性教育与实践能力的培养相结合。他认为,干部教育既要注重理论学习和思想教育,也要注重培养干部的实际工作能力和解决问题的能力。只有理论知识与实践能力相结合,

---

① 习近平.在全国党校工作会议上的讲话[M].北京:人民出版社,2016:17.

才能更好地指导实践,推动工作落地。2023 年 8 月 31 日,习近平在中共中央政治局会议上提出,"以坚定理想信念宗旨为根本,以全面争抢执政本领为重点,培养造就政治过硬、适应新时代要求、具备领导社会主义现代化建设能力的高素质干部队伍"①,这为新时代干部队伍的教育培训工作提供了正确的方向和根本的理论遵循。

---

① 中共中央政治局召开会议审议《干部教育培训工作条例》《全国干部教育培训规划(二〇二三—二〇二七年)》中共中央总书记习近平主持会议[N].人民日报,2023-09-01(001).

第五章
新时代教育系统干部教师教育培训的现实背景

　　研究新时代教育系统干部教师教育培训的首要前提是必须正确认清新时代发展现实状况,把教育系统干部教师教育培训积极融进新时代发展潮流。新时代教育系统干部教师教育培训具有明确而充分的政策依据,这为新时代教育系统干部教师教育培训提供了极为坚实的政策保障。新时代教育系统干部教师教育培训取得了一定成绩,同时面临诸多难题,需要坚持问题意识,以问题为导向推进新时代教育系统干部教师教育培训向前发展。

第一节　时代背景:认清新时代现实状况

　　进行新时代教育系统干部教师教育培训研究不是一时冲动、不是心血来潮,而是立足于新时代发展状况,是以新时代发展状况为研究起点的。新时代发展状况这一十分鲜明的时代背景,为认识和理解新时代教育系统干部教师教育培训提供了一个整体的维度,即新时代教育系统干部教师教育培训研究必须要站在新时代这一时代境况中,包括理论的、实践的、话语的、思维的、观念的、行动的等方面的境况,切实做到紧贴新时代实际发展,紧跟新时代发展步伐。新时代发展状况是宏大的、深层次的、繁杂的,要在这样的状况下找到研究的出发点和着力点需要以社会发展为根本导向,即要以国内外社会发展作为研究的指向,以实现研究的有根性和现实性,这样才能够避免研究的空泛性和虚幻性,即以唯物史观理论为观照来研究新时代教育系统干部教师教育培训这一主题,而新时代发展状况的最大特征就是抓住主要矛盾,就是统观全局发展,因此,在这里需要强调的是与新时代密不可分的"社会主要矛盾的变化"和"两个大局"中关键的两个方面,这两个方面正是新时代教育系统干部教师教育培训研究的立根基点和根本导向,也就是说,要把扎根中国大地与放眼全球发展有机结合起来,只有从这一时代大背景下思考和探究新时代教育系统干部教师教育培训,才能够做到不忘根本,才能够做到实事求是,才能够做到奋力前进。

新时代发展状况要求必须要认清"社会主要矛盾的变化",必须要认清"战略全局"和"百年变局"这"两个大局"。在这个时代发展状况下,认识和理解新时代教育系统干部教师教育培训所处的时代方位,进而明确研究定位,这是开展新时代教育系统干部教师教育培训研究的一个十分重要的前提。

一、认清"社会主要矛盾的变化"

2017年10月18日,习近平在中国共产党第十九次全国代表大会上的报告中指出:"中国特色社会主义进入新时代,我国社会主要矛盾已经转化为人民日益增长的美好生活需要""必须认识到,我国社会主要矛盾的变化是关系全局的历史性变化,对党和国家工作提出了许多新要求。"①这里提出了一个十分重大的时代命题——社会主要矛盾的变化。社会主要矛盾的变化的这一重大时代命题具有两方面的重大意义:一是关系到全局,就是说关系到社会主义发展的全局,是一个必须要从全局进行战略考量的全局性命题。二是历史性变化,就是说这一重大时代命题带来的是历史性变化,是一个必须从历史发展的大视野中进行大历史观考量的历史性命题。社会主要矛盾的变化这一重大时代命题已经为新时代教育系统干部教师教育培训带来了全新的命题,提出了全新的要求,换句话说,"社会主要矛盾的变化"为新时代教育系统干部教师教育培训的发展提出了更新的、更高的要求,因此,必须要正确弄清楚"社会主要矛盾的变化"与新时代教育系统干部教师教育培训的关系问题,这也是进行新时代教育系统干部教师教育培训研究的一个十分重要的前提性准备工作。

首先,"社会主要矛盾的变化"与"人民日益增长的美好生活需要"紧紧相联。"社会主要矛盾的变化"带来了教育系统干部教师教育培训的新变化,这种新变化包括对教育系统干部教师教育培训的整体谋划布局提出了新要求,对教育系统干部教师教育培训的专业化发展、内涵式发展、高质量发展及创新发展等重大问题提出了新要求,对教育系统干部教师教育培训的高素质人才队伍建设提出了新要求,等等,这都极大促使新时代教育系统干部教师教育培训要主动以社会主要矛盾的变化为战略考量点。就社会主要矛盾的变化带来的直接影响而言,社会主要矛盾的变化带来了社会成员需要的变化,即"人民日益增长的美好生活需要"——"人民美好生活需要日益广泛,不仅对物质文化生活提出了更高要求,而且在民主、法治、公平、正

---

① 习近平.决胜全面建成小康社会 夺取新时代中国特色社会主义伟大胜利[N].人民日报,2017-10-28(001).

义、安全、环境等方面的要求日益增长""更好满足人民在经济、政治、文化、社会、生态等方面日益增长的需要"①。"人民日益增长的美好生活需要"给教育系统干部教师教育培训提出了要对人民的美好生活需要予以关注和重视的重大任务,教育培训作为一项重要的民生工程,是人民的美好生活需要的重要组成部分,如何满足人民群众对于教育培训的美好需要,即如何为人民群众提供高质量的教育培训,这是必须要回答的迫切问题。其次,"社会主要矛盾的变化"与"人民群众最关心的事情"紧紧相联。习近平指出:"人民群众最关心的就是教育、就业、收入、社保、医疗、养老、居住、环境等方面的事情"②。教育培训就是人民群众最关心的事情之一,关系到人民群众的就业和收入等切身利益,地位和作用十分重要,"人民群众最关心的事情"也是教育系统干部教师教育培训需要认真研究的事情,要把新时代教育系统干部教师教育培训作为解决"人民群众最关心的事情"的一大突破口,这也是满足人民日益增长的美好需要的一大突破口,从促进教育系统干部教师教育培训的高质量发展来为"人民群众最关心的事情"和"人民日益增长的美好生活需要"提供教育培训的坚实保障,发挥教育培训为人民服务的积极作用。最后,"社会主要矛盾的变化"对新时代人才强国战略也产生了巨大影响。新时代人才强国战略的有效推进离不开新时代教育系统干部教师教育培训所培养的高素质人才的强大支持,"甘为人梯、奖掖后学的育人精神,教育引导各类人才矢志爱国奋斗、锐意开拓创新"③,教育培训就是为党育人、为国育才的,担负着为党、为国培养造就高素质干部教师的职责使命。教育系统大规模的干部教师教育培训能够培养造就大规模的高素质人才队

---

① 习近平.决胜全面建成小康社会 夺取新时代中国特色社会主义伟大胜利[N].人民日报,2017-10-28(001).

② 国家主席习近平发表二〇一八年新年贺词[J].思想政治工作研究,2018(01):2+1.

③ 习近平.深入实施新时代人才强国战略 加快建设世界重要人才中心和创新高地[N].人民日报,2021-09-29(001).

伍,是推进科教兴国战略、人才强国战略、创新驱动发展战略等重大战略的重要推动力。中国特色社会主义事业的发展离不开各类德才兼备的人才,培养德才兼备的人才离不开教育培训的助推,需要发挥教育培训在育人育才方面的强大功能。从人才培养的角度来讲,教育系统干部教师的数量是庞大的,"全国共有各级各类学校 52.93 万所,各级各类学历教育在校生 2.91 亿人,专任教师 1844.37 万人。"①幼儿园园长和义务教育阶段学校校长50 多万人。当然,干部教师教育培训也面临着巨大的任务,人才强国战略的不断推进强烈呼吁着新时代教育系统干部教师教育培训要主动发挥培育人才的功能,积极引导人才自觉树立积极创新、为国奉献的远大志向,这也是解决人民群众最关心的事情和满足人民群众对高质量教育培训需要的一个有力助推器。

二、认清"战略全局"和"百年变局"这"两个大局"

2019 年 5 月,习近平在江西考察时指出:"领导干部要胸怀两个大局,一个是中华民族伟大复兴的战略全局,一个是世界百年未有之大变局,这是我们谋划工作的基本出发点。"②新时代教育系统干部教师教育培训也必须要将"两个大局"作为基本出发点。

一是关于"世界百年未有之大变局"。2017 年 12 月 28 日,习近平在人民大会堂接见回国参加 2017 年度驻外使节工作会议的全体使节的讲话中指出:"正确认识当今时代潮流和国际大势。放眼世界,我们面对的是百年未

---

① 教育部官网.2021 年全国教育事业发展统计公报[EB/OL].http://www.moe.gov.cn/jyb_sjzl/sjzl_fztjgb/202209/t20220914_660850.html.

② 习近平总书记江西考察并主持召开座谈会微镜头[N].人民日报,2019 - 05 - 23(002).

有之大变局。"①"百年未有之大变局"的提出不仅深刻反映了我国历史发展过程的漫长性,将之置于中国历史发展长河中,而且更为重要的是将中国的发展与世界的发展有机融合起来,纳入人类社会发展总过程,这突出强调了人类社会发展的共同发展的特质。

首先,"百年未有之大变局"是从我国所处新时代的世界方位来考量的,是我国面向世界,走向全球,在人类社会和平发展过程中发挥积极引领作用的一次深刻的战略性、全局性统观和思考,"百年未有之大变局"为我国的发展带来了机遇和挑战并存的新形势、新任务,在这样的新形势、新任务的环境中,新时代教育系统干部教师教育培训也必须要主动适变、主动谋变,为更好推进我国教育事业的现代化发展提供动能。

其次,"百年未有之大变局"是基于全球化发展大背景大环境下的一种认知,这种认知的产生当然离不开所处时代发展状况,同时也是对全球化发展现实状况和未来走向的一种预测,而事实说明,"百年未有之大变局"的确极大影响了人们对社会发展的认识,人们更加主动地去关注世事、国事、时事的发展。

最后,"百年未有之大变局"促使了"人类命运共同体"理念的问世,"探讨构建人类命运共同体这一时代命题""人类正处在大发展大变革大调整时期。""同时,人类也正处在一个挑战层出不穷、风险日益增多的时代"②"人类命运共同体"是时代的一项十分重要的命题,是人类社会处在"大发展大变革大调整"的重大时期,是人类社会处在"挑战层出不穷、风险日益增多"的重大时代,这都说明了"人类命运共同体"的时代背景对新时代教育系统干部教师教育培训应对时代形势发展所需要的思维、能力、创造性活动等提

---

① 习近平.接见2017年度驻外使节工作会议与会使节,并发表重要讲话[J].世界知识,2018(02):6.

② 习近平.共同构建人类命运共同体[N].人民日报,2017-01-20(002).

出了新要求。

二是关于"中华民族伟大复兴的战略全局"。2016年4月19日，习近平在网络安全和信息化工作座谈会上的讲话中指出："建设富强民主文明和谐的社会主义现代化国家，实现中华民族伟大复兴，是鸦片战争以来中国人民最伟大的梦想，是中华民族的最高利益和根本利益。今天，我们13亿多人的一切奋斗归根到底都是为了实现这一伟大目标。"[①]实现中华民族伟大复兴与建设社会主义现代化强国是全体中国人民的共同意志和伟大梦想，其中实现中华民族伟大复兴是对中国人民所遭受的，自鸦片战争至中华人民共和国成立之前的各种屈辱的彻底洗刷，是对中国人民自强不息和厚德载物的民族精神的鲜明彰显，只有在中国共产党的坚强领导下才能够实现。

首先，鸦片战争给中国人民带来了沉重灾难，置中国人民于水深火热之中，从政治、经济、文化、社会、生态、外交等几乎全方位掠夺中国的财富，对中国人民进行政治奴役、经济剥削、文化摧残、社会压制、生态破坏、外交干涉等，造成了中国社会发展的严重倒退，中国从世界强国沦为世界弱国，从世界中央走向世界边缘，这是中国人民永远难以忘却的伤痛。

其次，中国共产党的成立给中华民族伟大复兴带来了希望和光明，成为实现中华民族伟大复兴的领导核心和中流砥柱。1915年新文化运动爆发，1917年俄国十月革命爆发，1919年五四运动爆发，直至1921年中国共产党的成立，这些重大历史事件催生了中国人民共同抗击外敌欺辱的一场场英勇斗争，谱写了一曲曲波澜壮阔的英雄赞歌，中国自从有了中国共产党，中国人民就有了主心骨，中华大地的万物革新新气象蓬勃发展起来。

最后，1949年中华人民共和国成立，彻底结束了中国人民被压迫被奴役的悲惨命运，中国人民在中国共产党的坚强领导下，下定决心，排除万难，争

---

① 习近平.在网络安全和信息化工作座谈会上的讲话[N].人民日报，2016-04-26(002).

取一个又一个胜利。从建国初期抗美援朝,保家卫国,到万隆会议五项基本原则提出,到三个世界重大思想问世,维护世界和平与发展,到加入世界贸易组织,融入全球化发展潮流,到改革开放后中国进入发展新时期,发展进入快车道,到中国特色社会主义进入新时代,全面小康社会顺利建成,中国社会发展进入全面发展阶段,举国上下,同心同德,共同建设富强民主文明和谐美丽的社会主义现代化强国,共同实现中华民族伟大复兴中国梦。

第二节 政策背景:主要政策依据简述

党和国家高度重视干部教师教育培训工作,出台了一系列干部教师教育培训工作相关政策。进入新时代,有《干部教育培训工作条例》《2013—2017 年全国干部教育培训规划》《2018—2022 年全国干部教育培训规划》《全国教育系统干部培训规划(2013—2017 年)》《中共中央 国务院关于全面深化新时代教师队伍建设改革的意见》《中国教育现代化 2035》等政策出台,为新时代干部教师教育培训工作和干部教师教育培训研究提供了强有力的政策支持,这些政策也是教育系统干部教师教育培训不容忽视的主要政策。《中国教育现代化 2035》明确强调:"建设高素质专业化创新型教师队伍""建设高素质专业化教育系统干部队伍"[①]。由上可知,这些政策不仅是教育系统干部教师教育培训工作的依据所在,而且也是教育系统干部教师教育培训研究的依据所在。从我国教育系统干部教师教育培训政策文件来看,级别高、数量多、类型细是其主要特点,为保证教育系统干部教师教育培训研究的针对性,需要择取主要政策进行认真细致研究,由此梳理出较有代表

---

① 中共中央国务院印发《中国教育现代化 2035》[N].人民日报,2019 - 02 - 24(001).

性的主要政策依据,并对这些主要政策依据进行简要阐述。

一、教育系统干部教育培训的主要政策依据

从现有教育系统干部教育培训政策来看,干部教育培训政策侧重于提升干部总览全局和把握战略的领导能力和决策能力。其中,宏观总览性政策处于主导地位,微观操作性政策只是对宏观总览性政策的进一步细化,主要表现为干部教育培训的规划性政策居多,如《全国教育系统干部培训规划(2013—2017年)》《全国教育系统财务管理干部培训实施方案(2014—2017年)》等,专题培训类政策指向干部具体业务工作,如教育信息化、信息技术安全、媒介素养等方面履职尽责能力方面的专业化培训,对于提升干部适应教育信息化发展需要的综合能力具有十分重要的推动作用。

教育系统干部教育培训主要政策具有以下几个特征。

一是高度重视干部教育培训理论研究。《干部教育培训工作条例》指出:"加强干部教育培训理论研究。"①《2013—2017年全国干部教育培训规划》指出:"(七)理论研究。加强干部教育培训理论研究,不断深化对干部成长规律和干部教育培训规律的认识。建立理论研究交流平台。"②《2018—2022年全国干部教育培训规划》指出:"(八)理论研究。加强干部教育培训重大理论和现实问题研究,深入把握干部成长规律和干部教育培训规律。"③"理论研究""干部教育培训理论研究"始终是干部教育培训工作的先导性、基础性、战略性、前提性工作。理论不牢,地动山摇,理论不清,行动迷茫。一方面要加强干部教育培训基础理论研究,包括干部教育培训的哲学基础

---

① 干部教育培训工作条例[N].光明日报,2015-10-19(010).
② 2013—2017年全国干部教育培训规划[N].人民日报,2013-09-29(008).
③ 2018—2022年全国干部教育培训规划[N].人民日报,2018-11-02(005).

理论、教育学基础理论、管理学基础理论、人才学基础理论、培训学基础理论等方面研究。这些基础理论研究必须要坚持马克思主义为根本指导,运用马克思主义立场观点及方法来指导干部教育培训基础理论研究,在当前必须要坚持以习近平新时代中国特色社会主义思想为指导,保证干部教育培训基础理论研究的科学性和与时俱进性,切实夯实构建新时代中国特色干部教育学的理论根基。一方面要加强干部成长规律和干部教育培训规律研究,包括干部成长的理想信念和道德素质、知识观、能力观、价值观、职业观、政绩观、事业观等方面规律的研究,还包括干部教育培训的唯物史观、科学技术观、价值观、利益观、发展观等方面规律的研究。在研究基础理论和具体规律方面要将两者有机结合起来,将干部成才规律与干部教育规律作为干部教育培训理论研究的"两翼"和"两轮",绝不能孤立割裂开来。因此,高度重视干部教育培训工作的"理论研究",加强"干部教育培训理论研究",建立"理论研究交流平台",大力促进理论研究和交流的充分互动,无疑是构建新时代中国特色干部教育学的重要任务。

二是重视干部教育培训现实问题研究。《2018—2022 年全国干部教育培训规划》指出:"加强干部教育培训重大理论和现实问题研究,深入把握干部成长规律和干部教育培训规律。""现实问题"是干部教育培训研究不可或缺的内容,是助推干部教育培训理论研究的源动力。在干部教育培训工作中要坚持立足现实,要坚持问题意识。一方面要扎根中国大地办社会主义干部教育培训事业,始终以中国特色社会主义实践为干部教育培训工作的立足点,要高度关注政治、经济、文化、社会、生态等方面的鲜活而生动的实践,高度关注人民群众最关心的事情和人民群众的美好生活需要。干部教育培训理论研究是为干部教育培训工作服务的,是为干部健康成长和培养新时代的"好干部"服务的,是为人民服务的,这些都是中国特色社会主义实践中的必要内容,这是干部教育培训理论研究的源头活水。一方面要正视干部教育培训工作中的问题,如《关于在干部教育培训中进一步加强和改进党性教育的意见》指出:"但与时代发展的需要相比,与建设高素质执政骨干队伍的要求相比,党性教育还存在一些不适应的地方。"《关于在干部教育培训中加强理想信念和道德品行教育的通知》指出:"同时也要看到,在干部队伍中,理想信念缺失、道德品行不佳是一个需要引起高度重视的问题。"这些现实问题需要引起干部教育培训工作者的高度重视,并加大对这些现实问题的研究力度,找出有效性解决方案,推动干部教育培训工作更好为高素质干部队伍建设提供动能。因此,要敢于直面问题,敢于研究问题,敢于解决问题,以问题为引擎,形成干部教育培训研究的"问题域",以有效解决"问题域"来带动干部教育培训理论研究和干部教育学学科建设。三是提高建设干部教育学学科自觉性。《2013—2017 年全国干部教育培训规划》指出:"推动干部教育学学科建设。"《2018—2022 年全国干部教育培训规划》指出:"推动设立干部教育学二级学科。办好干部教育培训专业期刊,搭建研究交流平台,促进成果转化应用。""干部教育学""干部教育学二级学科"都是归属于干部教育培训理论研究范畴的。构建新时代中国特色干部教育学在重视理论研究和现实问题研究紧抓不懈的基础上,要加快学科建设步伐。首先,学科自觉。要有构建新时代中国特色干部教育学的学科自觉意识。干部教育培训工作是一项专业性十分强的创造性活动,需要有高度专业性的学科来支撑,这就需要有以干部教育学或干部教育培训学为专门学科来为干部教育培训工作提供专业指导,包括学科专业、人才培养、师资队伍等,这些都是以干部教育学学科意识为统领下的一系列专业事务。也就是说要有专业的队伍来做专业的事务,专业的队伍离不开专业的学习和训练,设立"干部教育学学科""干部教育学二级学科"担负着培养干部教育培训专业队伍的重大职责,这是影响干部教育培训工作专业化的一项十分重要的奠基性工作。在干部教育培训学界,有学者呼吁要建立"培训学专业""培训学学科",培养"培训学教授""培训学学士、硕士、博士",来增强干部教育培训工作的专业性。其次,学术自觉。要有构建新时代中国特色干部教育学的学术自觉意识。干部教育培训工作需要一大批高素质专业化创新性的学术研究队伍来开展和推动干部教育培训的学术研究工作。坦言之,当前还没有如《干部教育学研究》《干部教育培训学研究》《培训学研究》等以专门研究干部教育培训为主的学术专业期刊,这导致了干部教育培训工作虽然有强大的政策支持保障,却没有强大的学术支撑引领,这不利于干部教育培训工作朝着专业化学术性发展,也正是由于此原因,从国家层面提出了"干部教育学""干部教育学二级学科""干部教育培训专业期刊"等重大命题,这也为开展干部教育培训的学术研究提供了契机和方向。最后,协作自觉。要有构建新时代中国特色干部教育学的协作自觉意识。2018 年,中共教育部党组印发《关于贯彻落实〈2018—2022 年全国干部教育培训规划〉的实施意见》的通知,指出"推动有条件的高校和干部培训机构探索设立干部教育学二级学科"①。这为构建新时代中国特色干部教育学提供了新思路,指明了如何实现干部教育学落地的行动方向。学科自觉和学术自觉离不开人,离不开落地实施的主体。高校和干部培训机构是构建新时代中国特色干部教育学的主战场和主力军,有着巨大的学科优势、学术优势、人才优势、培训优势、信息化资源优势等独特优势。从干部教育培训学术研究成果来看,高校和干部培训机构已经产出了一系列关于干部教育培训、干部教育学、干部培训学、培训学等方面的研究成果,同时国家加大对高校和干部培训机构开展干部教育培训研究的扶持力度。不能忽视的是,高校和干部培训机构的协作研究还有待进一步加强,如组建"干部教育学协作研究共同体""干部教育

---

① 中共教育部党组印发《关于贯彻落实〈2018—2022 年全国干部教育培训规划〉的实施意见》的通知[J].中华人民共和国教育部公报,2019(04):2-8.

学研究协作机制"等协作研究平台,更好将各自优势形成统一的合力。因此,构建新时代中国特色干部教育学需要高校和干部培训机构具有高度的协作自觉意识,在协作研究共同体或协作研究机制中共同推进干部教育学学科建设。

二、教育系统教师教育培训的主要政策依据

教师教育培训政策十分丰富,现梳理主要政策,包括宏观总览性政策和微观操作性政策。宏观总览性政策包括中共中央、国务院及教育部等不同级别单位发布的政策,如《中共中央 国务院关于全面深化新时代教师队伍建设改革的意见》《教育部关于全面深化课程改革落实立德树人根本任务的意见》《教育部等五部门关于印发〈教师教育振兴行动计划(2018—2022 年)〉的通知》等。微观操作性政策包括教育部、教育部与其他部级单位联合下发的指向国培计划、乡村教师、师范生、思想政治理论课教师、"六卓越"、能力提升、培训课程标准等具体业务工作的政策,如《教育部 财政部关于改革实施中小学幼儿园教师国家级培训计划的通知》等。这些政策分类明确,指向性强,如针对学前教育的幼儿教师、义务教育的中小学教师、高中阶段教育的教师、职业教育的教师、高等教育的教师等各级各类学校教师的政策,重视教师专业发展,通过提升教师专业发展能力,来发挥教师在落实立德树人根本任务时的中坚作用,更好培养德智体美劳全面发展的社会主义建设者和接班人。

教育系统教师教育培训主要政策具有以下几个特征。

一是加强教师教育学科建设。《中共中央 国务院关于全面深化新时代教师队伍建设改革的意见》(2018 年 1 月 20 日)明确强调:"加强教师教育学科建设。"《教育部等五部门关于印发〈教师教育振兴行动计划(2018—2022

年)〉的通知》(2018年2月11日)明确提出:"(九)教师教育学科专业建设行动。建立健全教师教育本专科和研究生培养的学科专业体系。鼓励支持有条件的高校自主设置'教师教育学'二级学科,国家定期公布高校在教育学一级学科设立'教师教育学'二级学科情况,加强教师教育的学术研究和人才培养。"从上述政策文件可以看出,党和国家高度重视教师教育学建设工作,教育部等部门积极贯彻落实党和国家关于教师教育学建设的重大工作部署。一方面要加强"教师教育学科建设"。教师教育学科建设是新时代我国教师教育工作的新任务、新使命,直接从党和国家的层面规定了"教师教育学"学科建设的重要性和迫切性,即必须要站在党和国家教育事业发展的高度和全局来正确认识和深刻理解教师教育学科建设的极端重要性和形势紧迫性,要把教师教育学科建设作为新时代教师队伍建设改革的一项重要工作任务来抓,这为构建新时代中国特色教师教育学提供了指导方针和指明了努力方向。一方面要实施"教师教育学科专业建设行动"。教师教育学科建设需要采取与实际相适应的有效方法,而从"教师教育学科建设"到"教师教育学科专业建设行动",更加有力突出了实际"行动",同时明确了"行动"的可行举措,那就是要设置"教师教育学"二级学科,即依托和发挥高校教师教育优质资源优势,以高校为"行动"的落脚点和主力军,在教育学一级学科设立"教师教育学"二级学科,包括本、专、研一体化的"教师教育学"二级学科专业建设,同时从国家层面定期公布高校"教师教育学"二级学科的具体设立情况,这是从具体化和精细化的层面对"教师教育学"进行了直接规定,使得构建新时代中国特色教师教育学更加具有可操作性。

二是构建中国特色教师教育体系。《中国教育现代化 2035》(2019年中共中央 国务院印发)明确强调:"培养高素质教师队伍,健全以师范院校为主体、高水平非师范院校参与、优质中小学(幼儿园)为实践基地的开放、协同、联动的中国特色教师教育体系。"《中华人民共和国国民经济和社会发展第十四个五年规划和 2035 年远景目标纲要》(2021 年)明确强调:"建立高水平现代教师教育体系,加强师德师风建设,完善教师管理和发展政策体系,提升教师教书育人能力素质。"从上述政策文件可以看出,教师教育学科建设以培养高素质教师队伍和构建中国特色教师教育体系为目标,在具体实施过程中,要把系统性结构布局和能力建设有机结合起来。一是系统性结构布局。要构建以"师范院校"为主体、"高水平非师范院校"为参与者、"优质中小学(幼儿园)"为实践基地的"师范院校——高水平非师范院校——优质中小学(幼儿园)"三位一体的系统性结构,也就是说,要把大学与中小学(幼儿园)密切结合,把大学的学术研究与中小学(幼儿园)的实践工作密切结合,为教师教育学科建设提供规范化制度化的系统性结构支撑,实现"主体——参与者——实践基地"三者深度融通和优势互补,为培养高素质教师铺设便利通道。二是能力建设。要把"教师的师德师风""教师的管理发展""教师的教书育人"等直接关涉教师教育现实性工作抓实抓好,关键点是能力建设,"师德师风"需要常抓不懈、"管理发展"需要科学谋划、"教书育人"需要精益求精,师德师风能力、管理发展能力、教书育人能力等多种能力建设是教师教育学研究的重要内容。概言之,教师教育学科建设一刻也离不开能力建设,教师教育学需要关注教师教育工作中的教师能力问题并加强教师能力问题研究。总而言之,构建中国特色教师教育体系是构建以教师为中心的教育体系,是以构建培养高素质教师和发展高质量教育为导向的面向新时代中国教师教育具体实际的生动实践的体系。

三是推动教师教育振兴发展。《教育部等六部门关于加强新时代乡村教师队伍建设的意见》(2020 年 7 月 31 日)明确提出:"五、创新教师教育模式,培育符合新时代要求的高质量乡村教师"。《教育部等八部门关于印发〈新时代基础教育强师计划〉的通知》(2022 年 4 月 2 日)明确提出:"加强高水平教师教育体系建设""着力推动教师教育振兴发展"。从上述政策文件可以看出,从学科建设到体系健全都是对教师教育学进行较为宏观的指导性的安排,结合当前我国教师教育实际情况,特别是乡村教师、基础教育教师的实际情况,提出面向乡村教师的创新教师教育模式,推动基础教育领域的教师教育振兴发展的重大举措,是加强教师教育学科建设和健全中国特色教师教育体系的积极回应和深入落实,具有十分鲜明的现实意义。乡村教师队伍是国家教师队伍的重要组成部分,基础教育是国民教育体系的重要组成部分,在这里特别强调了乡村教师和基础教育的重要性。一方面要坚持创新。要积极探索教师教育新模式,积极培育高质量乡村教师。构建新时代中国特色教师教育学的关键一环就是重视对乡村教师教育学的理论研究和实践探索,其中"提升思想政治素质""厚植乡村教育情怀"是构建中国特色乡村教师教育学的重要动力,促进思想政治素质和乡村教育情怀的互通互进。一方面要推动发展。要把推动基础教育领域教师教育振兴作为教师教育学科建设的用力方向。其中"教师思想政治建设、师德师风建设、业务能力建设"是振兴基础教育领域教师教育的重要工作,这三者是相互促进的关系,构建新时代中国特色教师教育学离不开对基础教育领域教师教育研究的投入力度,尤需为构建中国特色教育体系打牢基础教育领域这一重要基础。简言之,把乡村教师和基础教育两者重视起来、建设起来,有助于新时代中国特色教师教育学为乡村教师和基础教育教师的共同发展提供更加有针对性的学科专业助力,为促进教育公平发展、教育均衡发展和教育高质量发展提供更多动能。加强教师教育学科建设是基础性奠基性工作,构建中国特色教师教育体系是教师教育学科建设走向体系化制度化的趋势和要求,推动教师教育振兴发展是培养高质量教师进而实现高质量教育发展的动力和保障,加强教师教育学科建设、构建中国特色教师教育体系、推动教师教育振兴发展三者实现了"学科化——体系化——发展化"的有机统一,共同融进教育现代化建设总过程之中,构建新时代中国特色教师教育学有了学科专业支撑、体系制度保障、教师教育振兴发展动力,因此,这为新时代中国特色教师教育学的最终建立提供了十分有利的前提条件。

值得一提的是,结合我国教育事业发展需要,教育系统干部教师教育政策在保持常规性的同时,进行了一系列开拓创新,打造了具有中国特色的干部教师教育培训政策,如教师国培计划、校长国培计划、名师名校长、乡村教师、乡村校园长等方面的特色政策。

教育部实施"校长国培计划",旨在发挥"雪中送炭"作用,为农村特别是边远贫困地区培养一批实施素质教育、推进基础教育改革发展的带头人;发挥高端引领作用,培养一批能够创新办学、治校实践、具有先进教育思想、社会影响较大的优秀校长,尤其是教育家型校长;发挥促进改革作用,着力推进中小学校长培训内容、方式、机制等方面改革,不断增强校长培训生机活力,提升校长培训质量;发挥示范带动作用,促进各地不断完善中小学校长培训体系,提高校长培训治理现代化水平,推动中小学校长队伍整体素质全面提升。

教育部实施"教师国培计划",是提高中小学教师特别是农村教师队伍整体素质的重要举措,对于推进义务教育均衡发展、促进基础教育改革,提高教育质量具有重要意义。通过实施"教师国培计划",培训一批"种子"教师,使他们在推进素质教育和教师培训方面发挥骨干示范作用;开发教师培训优质资源,创新教师培训模式和方法,推动全国大规模中小学教师培训的开展;重点支持中西部农村教师培训,引导和鼓励地方完善教师培训体系,加大农村教师培训力度,显著提高农村教师队伍素质;促进教师教育改革,推动高等师范院校面向基础教育,服务基础教育。推进"教师国培计划"改革创新,改进培训内容,贴近一线乡村教师实际需求;创新培训模式,推行集中面授、网络跟进研修与课堂现场实践相结合的混合式培训;加强培训者队伍建设,打造"干得好、用得上"的乡村教师培训团队;建立乡村教师专业发展支持服务体系,持续提升乡村教师能力素质;优化项目管理,整合高等学校、县级教师发展中心和中小学幼儿园优质资源,实施协同申报,探索教师培训选学和学分管理,形成乡村教师常态化培训机制。

2018年启动实施"国培计划"——中小学名师名校长领航工程(简称"双名工程")。实施"双名工程",帮助参训教师进一步凝练教育思想、提升教育教学创新能力,着力培养造就一批具有鲜明教育思想和教学模式、能够引领基础教育改革发展的教育家型卓越教师;帮助参训校长进一步凝练教育思想、提升实践创新能力,着力培养造就一批具有较大社会影响力和知名度、能够引领基础教育改革发展的教育家型卓越校长。同时,引导支持参训教师校长以深度贫困地区为重点开展教育扶贫,加强对口支援、协作帮扶等社会服务,辐射带动基础教育事业发展、质量提升。

2022年启动实施新时代中小学名师名校长培养计划(2022—2025,简称"双名计划")。"双名计划"旨在培养造就一批具有鲜明教育理念和成熟教学模式、能够引领基础教育改革发展的名师名校长,培养为学、为事、为人示范的新时代"大先生"。健全名师名校长遴选、培养、管理、使用一体化的培养体系和管理机制,营造教育家脱颖而出的环境,为全面落实立德树人根本任务、推动基础教育高质量发展提供有力支撑。

乡村教师培训指南、乡村校园长"三段式"培训指南是为了深入贯彻落实《国务院办公厅关于印发乡村教师支持计划(2015—2020年)的通知》(国办发〔2015〕43号)精神,推动各地变革乡村教师培训模式和乡村校园长培训模式,提升乡村教师培训实效,提升乡村校园长培训针对性和实效性,在总结各地培训经验基础上研究制定的,是为"国培计划"和乡村教师全员培训组织实施工作提供参考的。具有二大特色:一是培训经验的本土化。乡村教师和乡村校园长扎根乡村一线教书育人、办学治校,具有深厚的教育情怀和强烈的奉献精神以及积极的创新意识,这些都为培训指南的问世提供了宝贵经验。二是培训适用的全员性。培训指南的问世直接为教师国培计划和校长国培计划以及教师和校长的全员培训提供了方法论,具有普遍适用性,同时能够被参训者认同和接受,形成学习共同体。三是培训创新的持续性。培训经验的持续积累和升华,培训指南的持续改进和完善,这都为培训理念和培训模式的持续创新提供了强大动能,因此,扎根中国大地的乡村教师和乡村校园长培训定能够不断创新发展,为世界贡献中国培训智慧和方案。

第三节　实践背景:面临的问题与对策

如前所述,在新时代教育系统干部教师教育培训研究中要坚持问题意识。"现实问题"是新时代教育系统干部教师教育培训研究不可或缺的内容,是助推新时代教育系统干部教师教育培训研究的实践源动力。

一、要正视教育系统干部教师教育培训中的问题

一是干部教育培训工作存在的主要问题。如《关于在干部教育培训中进一步加强和改进党性教育的意见》(中组发〔2013〕21 号)指出:"但与时代发展的需要相比,与建设高素质执政骨干队伍的要求相比,党性教育还存在一些不适应的地方。"党性教育与时代发展需要和高素质干部队伍建设还有一定差距。《关于在干部教育培训中加强理想信念和道德品行教育的通知》(2014 年)指出:"同时也要看到,在干部队伍中,理想信念缺失、道德品行不佳是一个需要引起高度重视的问题。"干部的理论信念和道德品行还有待提升。《关于贯彻落实〈2018—2022 年全国干部教育培训规划〉的实施意见》

指出:"避免多头培训、重复培训、长期不训等问题"。培训的多头性、重复性、缺失性等不容忽视。干部教育培训工作中存在着党性教育重视度不足与理想信念教育、道德品行教育重视度不足及多头培训、重复培训、长期不训等现实问题,这是干部教育培训工作需要予以高度重视的问题。

二是教师教育培训工作存在的主要问题。如《国务院办公厅关于印发乡村教师支持计划(2015—2020年)的通知》指出:"当前乡村教师队伍仍面临职业吸引力不强、补充渠道不畅、优质资源配置不足、结构不尽合理、整体素质不高等突出问题,制约了乡村教育持续健康发展。"《教育部关于深化中小学教师培训模式改革全面提升培训质量的指导意见》指出:"教师培训工作取得明显进展,但也存在着针对性不强、内容泛化、方式单一、质量监控薄弱等突出问题。"《教育部关于实施卓越教师培养计划的意见》指出:"教师培养质量和水平得到提高,但也存在着教师培养的适应性和针对性不强、课程教学内容和教学方法相对陈旧、教育实践质量不高、教师教育师资队伍薄弱等突出问题。"《国家教育事业发展"十三五"规划》指出:"教师队伍素质和结构不能适应提升质量与促进公平的新要求。"教师教育培训在针对性、内容和方式、质量、师资队伍等方面问题比较突出,这些突出问题需要加以重视。

上述关于干部教师教育培训中的突出问题,具体问题主要包括以下五个方面:一是干部教师教育培训中的党性教育只能加强而不能削弱,二是教育培训的教学课程的针对性需要精准化,三是教育培训的理念和模式需要创新,四是教育培训的理论研究需要加强,五是教育培训的队伍专业化建设需要强化。

二、以健全中国特色干部教师教育培训体系为应对措施

需要把如何不断提高新时代教育系统干部教师教育培训的整体质量水平作为问题主线,积极构建中国特色干部教师教育培训体系。如《2013—2017年全国干部教育培训规划》指出:"进一步推进干部教育培训改革创新,努力形成更加开放、更具活力、更有实效的中国特色干部教育培训体系,提高干部教育培训科学化水平。"《2018—2022年全国干部教育培训规划》明确提出:"干部教育培训体系改革更加深化,干部素质培养的系统性、持续性、针对性、有效性不断增强,具有先进培训理念、科学内容体系、健全组织架构、高效运行机制的新时代中国特色社会主义干部教育培训体系不断完善。"《中国教育现代化2035》(2019年中共中央 国务院印发)明确强调:"培养高素质教师队伍,健全以师范院校为主体、高水平非师范院校参与、优质中小学(幼儿园)为实践基地的开放、协同、联动的中国特色教师教育体系。"

上述政策文件中已经提到干部教师教育培训体系建设的重要性和紧迫性,构建中国特色干部教师教育培训体系需要从以下方面着手:一是建立兼容、开放、共享、规范的干部教师教育培训网络培训体系,二是构建分工明确、优势互补、布局合理、竞争有序的干部教师教育培训机构体系,三是逐步建立符合干部教师教育培训特点的师资队伍考核评价体系,四是构建富有时代特征和实践特色、务实管用的干部教师教育培训课程体系,五是逐步建立开放的、形式多样的、具有时代特色的干部教师教育培训教材体系。把构建干部教师教育培训体系作为教育培训的一项价值目标。教育系统干部教师教育培训体系已经引起教育培训界的广泛重视,也展开了一系列研究,由于构建干部教师教育培训体系涉及到时代需要、政策依据、理论支撑、实践诉求等诸多关联因素,是一项复杂的系统工程,而干部教师教育培训体系也

面临学科专业建设、人才队伍建设、优质资源建设、学术期刊建设等诸多亟待回应的现实性问题,这就为构建干部教师教育培训体系带来了需要集思广益的合作发展契机。

需要指出的是,就干部教师教育培训的实践问题而言,应对干部教师教育培训的现实问题应把能力建设摆在重要位置,提高干部教师教育培训的理论研究能力和实践应用能力,现实问题为干部教师教育培训提供了研究命题,为强化干部教师教育培训研究者的能力意识提供了外部驱动力,也为转化为内驱力提供了可能。如 2017 年中组部分别会同中宣部、教育部、科技部、国家卫生计生委,印发《宣传思想文化系统事业单位领导人员管理暂行办法》《高等学校领导人员管理暂行办法》《中小学校领导人员管理暂行办法》《科研事业单位领导人员管理暂行办法》《公立医院领导人员管理暂行办法》(以下简称 5 个办法),对这些行业事业单位领导人员选育管用各个环节作出具体规定,为建设符合好干部标准的高素质事业单位领导人员队伍提供制度支撑。制定"教师教育国家级精品资源共享课建设计划""卓越教师培养计划""教师教育振兴行动计划(2018—2022 年)""全国中小学教师信息技术应用能力提升工程""新时代基础教育强师计划"等教师教育培训计划。就干部教师教育培训的理论研究而言,干部教师教育培训相关政策明确强调加强干部教师教育培训理论研究,具有三个方面导向意义:一是增强干部教师教育培训理论研究的自觉意识。针对干部教师教育培训理论研究的重视度不够和成果尚少,根据经验来实施干部教师教育培训的情况还是普遍存在,这从长远来看,不利于干部教师教育培训的健康发展,特别是专业化发展的缺失带来的干部教师教育培训的专业化程度不高,这要求必须要增强干部教师教育培训理论研究的自觉意识。二是增强干部教师教育培训理论研究的问题意识。干部教师教育培训理论研究的成果尚少给加强干部教师教育培训理论研究提供了机遇和挑战,针对干部教师教育培训中的问题,坚持以问题为中心,以解决干部教师教育培训中的重大理论问题和现实问题为主攻领域,集中一批优质队伍进行团队攻关,产出一批有效解决实际问题的研究成果极为迫切。三是增强干部教师教育培训理论研究的开放意识。干部教师教育培训理论研究不是单独闭门造车,而是需要开放的精神学习借鉴各方理论研究有益成果,通过广泛性研讨交流和互学互鉴,提高理论研究的开门研究和合作研究,实现理论研究的思想共享、资源共享和成果共享,实现理论研究成果的最大效益。

综上所述,干部教师教育培训存在着亟待回答的重大问题,对这些问题的深入研究,也是立足于干部教师教育培训具体实践,找寻解决问题和促进发展的对策,这为干部教师教育培训研究提供了许多重要关注点和着力点。一是重视干部教师教育培训工作,把干部教师教育培训作为先导性、基础性、战略性工程来抓,统一规划和布局,特别是以"规划"的形式来规定干部教师教育培训的重大任务,保证了干部教师教育培训的有规可循,确保干部教师教育培训的权威性和制度规范化。二是重视干部教师教育培训研究,包括理论的和实践的双重研究,理论的研究是为了更好推动实际工作,实践的研究是为更好上升为理论,以更好指导实际工作,把理论的和实践的双重研究紧密结合,有效地促进了干部教师教育培训的科学性和精准性,一方面在科学理论指导下开展教育培训,一方面想方设法保证教育培训取得成效。三是将干部教师教育培训研究的成果作为制定干部教师教育培训工作政策的咨询参考。我国教育系统干部教师教育培训界积极发挥研究优势和主动作为精神,形成了聚焦干部教师教育培训研究的学术共同体,如成立干部教育培训研究中心、教师教育培训研究中心、干训师训中心等干部教师教育培训专门性研究机构,还创办了干部教师教育培训专业期刊,如《中国党政干部论坛》《中国井冈山干部学院学报》《中国浦东干部学院学报》《中国延安干部学院学报》《党政干部学刊》《党政干部论坛》《党政干部参考》《教师教育研究》《教师教育学报》《教师教育论坛》《中小学教师培训》等致力于干部教师教育培训领域研究的学术期刊,为党和国家的干部教师教育培训政策制定提供咨询参考,发挥学术期刊的智库性决策咨询作用。总之,新时代教育系统干部教师教育培训要直面现实,从干部教师教育培训的具体实践中发现问题、分析问题、解决问题,为干部教师教育培训提供有益性的研究成果和创造可持续研究的条件环境发挥理论研究助推实践的积极作用。

第四节　科技背景:关注人工智能发展

一、智能思想的东西方历史渊源

人类自创建之始,就开始思索智能、智慧之义,探索创造智能之物,为孕育人工智能奠定了理论基础。关于智能的概念,《现代汉语词典》中智能①有两个意思,一是智慧与能力,二是具有人的某些智慧与能力的,比如智能机器。智能从现代汉语的日常用语演变为科学语境的智能名词,这也反映了人工智能领域的快速发展和我国对人工智能领域的重视。智能的英文是 intelligence,《韦氏大词典》中指"理解和各种适应性行为的能力"②;《牛津词典》中指"观察、学习、理解和认知的能力"③。尽管东西方文化差异巨大,但是对智能的理解都包含了"能力"一词,能力是以现实的人的实践活动为前

---

① 现代汉语词典(修订本)[M].北京:商务印书馆,1996:1625.

② 诺亚·韦伯斯特.韦氏大学英语词典[M].Merriam—Webster Collegiate Dictionary,梅里亚姆·韦伯斯特公司出版,2014.

③ A S Hornby(霍恩比).牛津高阶英汉双解词典[M].王玉章,赵翠莲,邹晓玲等译.Oxford Advanced Learner's English—Chinese Dictionary (8th edition).北京:商务印书馆,2010(08).

提的,现实的人是有目的、有意识地从事实践活动且具有一定实践经验的人。因此,一定意义上,智能也可以理解为现实的人通过实践活动和思维,在认识和改造自然过程中获取知识和经验的能力。智能内在的包含了人与自然、人与人、人与社会之间的关系,与人的劳动能力和思维能力密切相关,这为我们研究人工智能的发展提供了思想来源和启示。

(一) 东方智能思想的渊源

在人类文明史上,中华文明是唯一没有断裂、延绵至今的灿烂文明。中华文明从肇始之初就从"人—自然—社会"整体意义上认知和思考人与自然、人与人、人与社会之间的关系,倡导"天人合一""道法自然"的生态化思维方式,且具有朴素的辩证法思维。中华文明孕育了东方智能思想,为科学技术和人工智能的发展提供了思维方法、解决方案。李约瑟曾说过:"中国文明在科学技术史中曾起过从来没有被认识到的巨大作用。"[1]东方智能思想从《易经》《道德经》《论语》等著作中的文化宝库中得以窥视。《易经》蕴含着人与环境之间如何和谐,人与人之间如何融洽,天、地、人之间如何共生的问题。《道德经》蕴含着人与自然和谐的法则。《论语》蕴含着包含了哲学思想、伦理道德、政治主张、教育原则等。此外,中国古代数学领域也出现了对智能的初探,中国神话故事中也蕴含了对智能的理解。

智能,究其根本是一个哲学问题。中国哲学关于天与人、天道与人道的争辩从先秦开始贯穿整个封建社会,其主流强调"天人合一",中国儒释道思想都有关于"天人合一"的论述,以"天人合一"哲学命题为核心的中国古代自然观滋养了古人朴素的环保意识,也成为今人处理人与自然关系的价值尺度。《易经》奠定了东方智能思想的哲学基础。《易经》主要由三位历史人

---

① [英]李约瑟.中华科学文明史[M].上海:上海人民出版社,2014.

物撰写而成,第一位是伏羲氏,伏羲观日月星辰之变化,白天和黑夜的轮转,发现了易,提出大自然的变化和规律,确立了易学的理论基础,是中华文明的源头活水。第二位是周文王,周文王认真反思了社会管理方面的一些问题,融入了《易经》,实现了自然界与人类社会统一的易学理论,形成了《周易》,《周易》是古人用以"太极""阴阳""四象""八卦"的符号系统和数理逻辑组成的"六十四卦"认知世界的思维方式和方法,不仅包括形式思维、辩证思维、整体思维,还包括直观思维、现象思维、类比思维等。第三位是中老年时期的孔子,孔子在《周易》的基础上,将易学与人伦结合,从自然现象到社会人伦现象,实现了人与自然、人与社会、人与自身关系的统一,成为中国哲学思维的典范。从《易经》的发展脉络来看,伴随着生产力的发展,人们逐渐认识到人与自然、人与人、人与社会之间的辩证统一的关系。此外,《易经》包含了八卦符号系统和数理推理,这是东方智能思想的原初状态,与人工智能的符号主义学派具有相通之处。符号主义(Symbolicism)学派,又称为逻辑主义(Logicism)学派,这一学派认为人工智能源于数理逻辑。

《道德经》一方面继承了《周易》等著作的朴素辩证法思想,老子哲学思想强调世界上的事物都是由道生成的。"道生一,一生二,二生三,三生万物。"①道是万物之宗、万物之始、万象之源。"人法地,地法天,天法道,道法自然"②,反映了人、地、天和道之间的自然生态平衡关系。《道德经》认为人与自然万物同生共运,人依赖自然而存在,宇宙自然之中蕴含着规律性,因此人必须顺应自然规律,遵循客观规律。《道德经》另一方面隐藏了人工智能的秘密。《道德经》"道可道,非常道;名可名,非常名"③中的"道"包含了算法,指单纯的数学计算方法与人特有的直觉性的感知即人非逻辑性的算

---

① 陈鼓应.老子注译及评介[M].北京:中华书局,1984:232.
② 王弼.老子道德经注[M].北京:中华书局,2011:65 - 66.
③ 王弼.老子道德经注[M].北京:中华书局,2011:1.

计之法的统一,"名"涉及到智能的第一阶段——输入表征阶段,就是表达、表示的意思。

智能的起源和伦理的起源是相通的。儒家文明是人与人关系的人伦道德凸显,孔子倡导的是伦理道德。道德最初的含义,就是沿着正确的道路去获得想要的东西,后来引申到伦理方面。伦理道德的意思,就是通过正确的方式获取想要的东西。中国传统伦理道德主张以道驭技,"志于道,据于德,依于仁,游于艺"①,认为要用仁德来驾驭技艺,技术应用过程要始终遵守道德取向。孟子提出"是非之心,智也。"(《孟子·告子上》)意思是人一旦有了是非之心,就有了明辨是非的能力,这里的明辨是非就是智慧、智能。智能在东方叫做是非之心,伦理的伦在希腊里面是分类的意思,也是明辨是非的意思。因此可以认为,智能的起源,在东方和西方的发展脉络中,伦理道德方面是相似的。现在和将来,人工智能能否实现向善,造福人类,如何形成一个良好的人伦道德和高新技术的融合,这些问题是东西方同时存在的疑问,也是连接东西方很重要的纽带。

古代"智能"思想在表示智者、智慧意思方面,有诸多论述。儒家五常"仁义礼智信"是儒家提倡的道德准则。春秋孔子将仁与知(智)并提"知(智)者利仁"(《论语·公冶长》)强调仁、智的统一。孟子以"仁且智,夫子既圣矣。"(《孟子·告子上》)称赞孔子既是仁者也是智者的高尚人格。《荀子·正名篇》有"所以知之在人者谓之知,知有所合谓之智。所以能之在人者谓之能,能有所合谓之能"。其中,"智"侧重于认识活动的心理特征,"能"侧重于在实际活动的心理特征,"智能"就是指在认识和实践活动中的心理特征。此外,不少思想家把二者结合起来作为一个整体看待。东汉王充提出了"智能之士"的概念,《论衡·实知篇》中指出:"故智能之士,不学

---

① 朱熹.论语·大学·中庸[M].上海:古籍出版社,2013:83.

不成,不问不知","人才有高下,知物由学,学之乃知,不问不识。"他把"人才"和"智能之士"相提并论,认为人才就是具有一定智能水平的人,其实质就在于把智与能结合起来作为考察人的标准。

另外,中国古代到近现代数学的发展也蕴含着"智能"的思想。古代数学家刘徽最早明确主张用逻辑推理的方式来论证数学命题,其传世著作《九章算数注》显示出刘徽的程序化思想,被认为是以机械化算法体系为主的东方数学代表作。刘徽的程序思想、推理思想、演绎思想等与欧洲的、西方的数学思想慢慢融合,是数学逻辑智能思想的来源。一代逻辑学大师金岳霖擅长数理逻辑,他把西方现代逻辑知识和传统逻辑演绎推理首次引入中国。中国计算之父华罗庚,发起、成立中科院计算机技术研究所,把中国的计算机事业推向高潮。中国社会科学院一些老先生一直在追踪前苏联和欧美维纳控制论思想,点燃了中国人工智能的星星之火。

在古代流传的神话故事中,也出现了很多会思考、会帮助人类工作的"机器人"。战国时期编著的《列子·汤问》中,就描写了偃师用木头、皮革、胶漆、丹青等制作出精美绝伦的人偶,能够达到以假乱真的程度。以至穆王叹曰:"人之巧乃可与造化者同功乎?"更为中国人熟知的古代"机器人",是三国时期诸葛亮设计的"木牛流马"。两百年后的《南齐书·祖冲之传》高度概括了其特点:"以诸葛亮有木牛流马,乃造一器,不因风水,施机自运,不劳人力。"

东方智能思想博大精深、影响深远,不仅为人工智能发展提供了哲学思维,还为未来人工智能的发展提供了东方智慧。

(二)西方智能思想的渊源

人工智能的两大关键要素——算法和硬件,都离不开近现代科学的发展。其中,算法得以发展的前提是逻辑学和数学的创建,硬件的发展则离不开计算机工程学和神经科学的出现。这些近现代学科不断分化、成熟，数学、哲学、心理学和经济学等纷纷成为独立的学科，为人工智能的孕育和诞生提供了直接的养分。此后，神经科学、认知心理学和计算机工程学等现代学科的发展，更是为人工智能的物理实现提供了可能。17世纪，德国数理逻辑先驱威廉·莱布尼茨第一次用数学的方法研究逻辑，指出"通用科学语言"或"逻辑演算"能够解决所有的逻辑论证问题，这是逻辑学领域的又一伟大创举，标志着传统逻辑向现代逻辑的转折，奠定了近代西方逻辑学的基础。19世纪，英国数学家乔治·布尔从莱布尼茨的思想里面演化出布尔代数，建立了"布尔逻辑"，创造出一套符号系统，并利用符号来表示逻辑中的各种概念，这奠定了计算机科学的基础。后来，德国数学家高特洛布·弗雷格扩展了"布尔逻辑"，使得数理逻辑的符号系统更加完备，数理逻辑的快速发展，直接奠定了人工智能符号主义的理论基础。1931年，美国数学家库尔特·哥德尔提出"不完备定理"，即任何数学系统中总是会存在不能被证明的命题。这一定理成为数学和逻辑发展史中划时代的里程碑。受哥德尔的影响，1935—1936年，英国数学家阿兰·图灵提出"图灵机"的概念，他的《论可计算的数》奠定了计算机科学的实践基础，也把相关的哲学思考推进了一大步，激发了人们探索机器智能的热情。

1943—1955年间，许多与人工智能领域相关的早期工作出现了。美国心理学家沃伦·麦卡洛克和数理逻辑学家沃尔特·皮茨于1943年提出了著名的M-P模型，该模型的意义在于开创了人工神经网络的研究。1949年，唐纳德·赫布提出学习模型，大体观点为，如果在突触前后的两个神经元被同步激活，那么这个突触连接增强。M-P模型与赫布学习规则的确立为后期的联结主义奠定了基础。在计算机领域，"现代计算机之父"冯·诺依曼于1945年提出了后来被称为冯·诺依曼结构的计算机体系结构，并被沿用至今。1948年，诺伯特·维纳指出了神经系统与计算机工作的相似性，找到了它们之间的内在联系,将自动控制的研究提到了一个新的高度,对后期人工智能学科的创立产生了巨大的影响。1950年,阿兰·图灵先后提出图灵测试的概念,旨在弄清楚计算机能做什么、如何定义智能等关键问题,他的《计算机与智能》一文中提出图灵测试的构想:如果一台机器能够与人类展开对话而不能被辨别出其机器身份,那么就称这台机器具有智能。路德维希·维特根斯坦是图灵的老师和朋友,他在《逻辑哲学》中提出语言的人工性,所谓人工性的语言就是标准化的语言、格式化的语言、流程性的程序化的语言;他在《哲学研究》中否定的继承了《逻辑哲学》的思想,认为真正了解人类智能最重要的切入点是自然化和生活化的语言,机器肯定不能思维。这两本书就是弱人工智能和强人工智能的哲学基础,《逻辑哲学》有关逻辑哲学论,《哲学研究》则涉及哲学研究。1950年,马文·明斯基和迪恩·埃德蒙兹建造出第一台名为"SNARC"的神经网络计算机。这些早期工作为人工智能的诞生奠定了坚实的基础。

古代西方也不乏对"人工智能"的想象。在古希腊神话中,就有非常多关于"机器人"的素材。例如古希腊神话中的塞浦路斯国王皮格马利翁酷爱雕刻,并疯狂的爱上了自己的雕刻作品,爱神被他感动,赐予雕塑生命,并让他们结成夫妻。再如,古希腊神话中的火神制作的青铜巨人,负责守护克里特岛的欧罗巴。此外,神话机器人还出现在美狄亚、代达罗斯、普罗米修斯、潘多拉及关于阿尔戈英雄的故事中。①

东西方智能思想历史悠久,饱含古代到近现代以来的中华文明和西方文明的思想精华和人类智慧,为今天人类重新审视人工智能的利弊,关照现代人工智能的发展指引了方向。

---

① 艾德丽安·马约尔.机器与神:神话、机器和古代技术梦想[M].普林斯顿大学出版社,2018:39.

二、人工智能及其发展历程

1956 年，在达特茅斯会议中，约翰·麦卡锡（John McCarthy）介绍了"人工智能"（Artificial Intelligence）一词，这被广泛认为是人工智能诞生的标志。作为一门前沿交叉和综合性的学科，人工智能至今尚无一个准确而统一的定义。人工智能可以分为符号主义学派、联结主义学派、行为主义学派。这三大学派分别从思维、脑、身体三个方面对人工智能进行了阐述，目标都是创造出一个可以像人类一样具有智慧、能够自动适应环境的智能体。中国《人工智能标准化白皮书（2018 版）》定义："人工智能是利用数字计算机或者数字计算机控制的机器模拟、延伸和扩展人的智能，感知环境、获取知识并使用知识获得最佳结果的理论、方法、技术及应用系统。"[1]虽然国内外学者对人工智能的定义和理解不尽相同，但是这些定义都反映出了人工智能的核心内容，即人工智能主要是研究人的智能活动的规律，并模拟和实现人类智能行为的一门科学。因此，我们可以将人工智能简单地归纳为对人类的能力、认知、感知的模拟、延伸和拓展的应用系统。人工智能的发展经历了多次高潮和低谷，可分为三个阶段，即第一轮繁荣期与寒冬期、第二轮繁荣期与寒冬期、第三轮爆发性发展阶段，按照各个时期的成就来划分，相应的可以分为逻辑推理时代、知识工程时代、机器学习时代。

（一）第一轮繁荣期与寒冬期（1956—1976）：逻辑推理时代

1956 年达特茅斯会议首次提出人工智能并确定了人工智能的发展目

---

① 中国电子技术标准化研究院编.人工智能标准化白皮书(2018 版)[R].2018-01-24.
http://www.cesi.ac.cn/201801/3545.html.

标,同时期,IBM 公司科学家亚瑟·塞缪尔(Arthur Samuel)在电视上首次展示了会下西洋跳棋的人工智能程序,这或许是人工智能应用第一次进入大众的视野,它的基本原理是"搜索式推理"算法,这种"搜索式推理"系统隐约具备了人工智能的雏形;1957 年,罗森布拉特模拟实现了神经网络"感知机";1958 年,约翰·麦卡锡成立了世界上第一个"人工智能"研究团队,他们发明了一种逻辑推理语言 Lisp 语言,至今仍在沿用;1962 年,阿瑟·塞缪尔在 IBM7090 晶体管计算机上研制出了西洋跳棋 AI 程序,并击败了当时全美最强的西洋棋选手之一的罗伯特尼雷。阿瑟·塞缪尔在 AI 程序研制过程中,第一次提出了"机器学习"的概念,即不需要显式的编程,让机器具有学习的能力,标志着人工智能进入了第一次繁荣期。20 世纪 60 年代中期,美国创办了一批计算机相关的系科。美国政府资金支持计算机和信息科学领域,使人工智能迎来了第一个短暂的春天。1973 年,Prolog 语言问世,这是继 Lisp 语言之后的又一人工智能逻辑式编程语言。在这一时期,逻辑演算和推理证明是人工智能初探时期的主旋律,科学家倾向于将所有自然科学范畴的问题都转换为二进制推理,如最初的符号积分系统 SAINT 的诞生,以及用编程的手段实现过去只能用数学语言才能实现的罗素定理的证明……种种成果的涌现使科学界对机器自动模拟人类智能的前景充满希望。

总之,在这一时期,推理和搜索成为人们的主要研究对象,启发式搜索、知识表示和机器翻译等技术获得了很大的发展,符号主义几乎主导了人工智能领域的研究。但是,由于此时计算机计算效率低下,在解决实际问题时存在诸多困境。人工智能主要解决走迷宫、下跳棋等简单问题,并没有太多商业化的空间。短期内,美国政府与相关基金会针对人工智能的资助几乎全都消失不见,这就是所谓的第一轮人工智能寒冬。

（二）第二轮繁荣期与寒冬期（1977—2006）：知识工程时代

人工智能第二次发展浪潮的代表成果之一是知识工程，知识工程的典型应用就是各种专家系统，比如医学专家系统、工程学专家系统。20 世纪 70—80 年代末，专家系统实现了人工智能从理论研究走向实际应用，从一般思维规律探索走向专门知识应用的重大突破。专家系统就是运用某个领域大量专家水平的知识或经验，推理和判断这个领域中普遍存在的或者是困难的问题，从而做出媲美人类专家的决策。由于专家系统的商业价值，专家系统得到了产业界的广泛关注，很快就实现了商业化。随后，专家系统被应用到医学、工程和国防等部门。1980 年，卡内基梅隆大学设计了一套名为 XCON 的专家系统，能够根据客户的要求对零部件进行最优筛选和组配，从而协助装配人员完成零部件的组装，这一任务的实现使得专家系统产业变得炙手可热，创造了大量财富价值。专家系统的发展使知识工程得以兴起，"知识"成为了这一时期人工智能发展的核心。1981 年底，日本宣布开启第五代计算机工程，这一工程主要面对知识的获取和处理，最终实现人机信息交流。由于商业化的快速发展，人工智能开始变得非常热门。从 1980 年到 1988 年的短短数年，人工智能产业价值就暴增了上千倍，达到了数十亿美元，包括几百家公司研发专家系统、视觉系统、机器人以及服务这些系统的专门软件和硬件。[①]

1997 年，IBM 的深蓝战胜国际象棋世界冠军 Kasparov，深蓝在软件设计上采用了知识库结合搜索的方法，深蓝国际象棋 AI 程序汇聚了诸多人类国际象棋大师的知识与智慧，因此可以被认为是知识工程在计算机棋类博弈

---

① Stuart Russell, Peter Norvig.人工智能：一种现代的方法（第 3 版）[M].北京：清华大学出版社,2011.

的经典应用,这认为是人工智能发展史上的又一个里程碑。人工智能的发展看似又重新回到了巅峰。然而,由于专家系统是建立在知识库和推理机上的,而知识库本身的设定无法避免知识的遗漏,与千变万化的现实情况具有一定的割裂和滞后,通用性比较差。第二轮"人工智能寒冬"随之降临,主要表现在:一是,苹果 APPLE II 和 IBM 台式机的高性能以及互联网公司的崛起使运行 Lisp 语言的机器失去了存在的价值;二是,专家系统难以升级维护,系统自身存在的处理能力较弱、实用性仅仅局限于某些特定领域;三是,日本第五代计算机计划失败,人们已经意识到理想与现实的巨大差距。自此,专家系统一时无法攻克的短板使得人们对人工智能再次大失所望,政府停止对相关计划的投资,人工智能领域的研究经费大幅缩水,甚至"人工智能"一词本身都成了社会讨论的禁忌。

(三)第三轮爆发性发展时期(2007—至今):机器学习时代

深度学习是机器学习领域中相对更接近人工智能目标的先进算法,包括卷积神经网络(CNN)和深度置信网络(DBN)等特征学习方法,成为人工智能第三波浪潮中里程碑式的存在。深度学习使得计算机具备优于以往的模仿分析能力,在大数据、算法演进、网络和传感器普及与处理器升级的作用下,深度学习为人工智能技术下沉提供了前所未有的卓越条件。21 世纪初,Hinton 团队在探索 ANN 的基础上,于 2007 年实现了多层神经网络技术的突破,构建了深度学习算法,大大提高了计算机处理复杂活动的能力,深度学习也开始受关注;紧接着,得益于大数据技术的发展和应用——机器运算能力和数据处理能力的提升,人工智能进入新的爆发期。2012 年,辛顿和学生们首次参加 ImageNet 图像识别比赛,他们凭借深度 CNN 网络 AlexNet 一举夺得冠军,这一结果彻底点燃了人们对神经网络和深度学习的兴趣,深度学习也迅速实现了商业化。截至目前,胶囊网络、元学习等新概念接连被提出,神经网络和深度学习仍然在迅猛发展,人工智能的商业化达到了前所未有的高度,全面渗透至人类生产生活的各个环节。2016 年,谷歌 Deep Mind 公司研发的智能围棋程序 AlphaGo 战胜了世界围棋冠军李世石,震惊世界,AlphaGo 围棋的核心技术就是深度学习。

近年来,世界各国都开始重视人工智能的发展并将人工智能发展上升为国家战略。2015 年我国就将智能制造、人工智能纳入发展计划,2017 年,人工智能正式出现在政府工作报告中,我国发布《新一代人工智能发展规划》。2018 年,习近平强调:"人工智能是新一轮科技革命和产业变革的重要驱动力量,加快发展新一代人工智能是事关我国能否抓住新一轮科技革命和产业变革机遇的战略问题。"①2022 年,习近平在二十大报告中指出:"构建新一代信息技术、人工智能等一批新的增长引擎。"②此外,美国发布了《国家人工智能研究和发展战略计划》(2016);英国发布《人工智能:未来决策制定的机遇和影响》(2016);法国发布《人工智能战略》白皮书(2017);日本发布《下一代人工智能推进战略》(2017)。

在人工智能发展历史上,迄今为止,真正具有划时代意义的产品,一是谷歌的 AlphaGo 围棋程序,二是近来横空出世的 ChatGPT。如果说 AlphaGo 标志着狭义人工智能达到和超越了人类在专业领域的能力,那么 ChatGPT 则开启了通用人工智能时代,也就是人工智能具有广泛的学习能力并在大多数领域达到或超过普通人类的能力。ChatGPT 极大的冲击了教育行业,促使教育培训工作改革创新。

① 习近平.加强领导做好规划明确任务夯实基础 推动我国新一代人工智能健康发展[N].人民日报,2018-11-01(001).
② 习近平.高举中国特色社会主义伟大旗帜 为全面建设社会主义现代化国家而团结奋斗——在中国共产党第二十次全国代表大会上的报告[N].人民日报,2022-10-26(001).

三、人工智能发展要求教育培训变革

建设教育强国、科技强国、人才强国具有内在的统一性和相互的支撑性。审视教育的发展历史、科技革命对教育的变革影响巨大。当今,我们已经迈入人工智能时代,以人工智能为核心的科技革命正在引领第四次工业革命,将在教育现代化中发挥积极作用。习近平洞察到人工智能时代的新发展新变化,高度重视人工智能时代教育变革问题,2018 年 9 月全国教育大会上,习近平在讲话中指出:"教育对实现中华民族伟大复兴具有决定性意义""培养什么人是教育的首要问题""要积极投身实施创新驱动发展战略"。2019 年 5 月,习近平向国际人工智能与教育大会致贺信中指出,人工智能是引领新一轮科技革命和产业变革的重要驱动力,正深刻改变着人们的生产、生活、学习方式,推动人类社会迎来人机协同、跨界融合、共创分享的智能时代。把握全球人工智能发展态势,找准突破口和主攻方向,培养大批具有创新能力和合作精神的人工智能高端人才,是教育的重要使命。习近平强调,中国高度重视人工智能对教育的深刻影响,积极推动人工智能和教育深度融合,促进教育变革创新,充分发挥人工智能优势,加快发展伴随每个人一生的教育、平等面向每个人的教育、适合每个人的教育、更加开放灵活的教育。中国愿同世界各国一道,聚焦人工智能发展前沿问题,深入探讨人工智能快速发展条件下教育发展创新的思路和举措,凝聚共识、深化合作、扩大共享,携手推动构建人类命运共同体。人工智能时代的教育变革,需要教育工作者的思想和身体都进入到人工智能时代,充分利用最新的科学技术手段,思考、研究和回答"怎样培养人"这一重要问题,贡献中国智慧和方案,引领全球教育改革。

党的十八大以来,国家对新一代人工智能发展的重视程度前所未有,制定了人工智能与教育融合发展的整体性规划。《互联网＋人工智能三年行动实施方案》《促进大数据发展行动纲要》《新一代人工智能发展规划》《促进新一代人工智能产业发展三年行动计划(2018—2020年)》等有关规划密集出台。国家教育部门积极行动,制定了《高等学校人工智能创新行动计划》,推动教育机构科技创新与人才培养工作的融合,展开人工智能助推教师队伍建设行动试点等工作。人工智能对教育的革命性影响也已显现,不仅改变了教学的方式,还渗透到教育的理念、文化和生态方面,推进了人工智能在教育领域的创新发展。同时,国家重视教育大数据建设,制定《促进大数据发展行动纲要》,建设有利于教育与人工智能融合发展的基础设施。

在信息技术发展持续推动下,较之20世纪50年代末和80年代初先后经历的两次人工智能发展的小高潮,人工智能发展环境发生巨变,与以往工业革命主要替代人的体力劳动不同,新一代人工智能越来越多地替代人的脑力劳动,尤其在一些知识经验密集型行业,如教育、医疗、金融等行业。因为行业的特殊属性,教育成为新一代人工智能的重要创新应用领域。据不同统计口径和分析报告显示,我国教育行业市场总规模已达数万亿至十万亿元且还在持续快速增长之中,这吸引了大量资本的投资,带动了新一代人工智能在教育领域的应用开发。

人工智能广泛应用也对干部教师教育培训提出了新的要求。面对智能时代的海量信息,如果不能适应智能时代的要求,在教学过程中就会出现信息不对称的问题。《2018—2022年全国干部教育培训规划》中要求"开展人工智能、大数据互联网等新知识新技能学习培训,帮助干部完善履行岗位职责必备的基础知识体系,提高科学人文素养",为开展干部教育培训提供了方向和指南。基于此,一是要加强干部教师的人工智能技术的培养,培养干部教师综合运用各种媒体与技术工具、掌握新技术原理的能力,转变传统教学方式,提高教学质量。二是培养干部教师的创新思维能力,人工智能特别是生成式人工智能如 ChatGPT 的发展,以其拥有海量数据、人类反馈强化学习技术等特点,对重复性、刻板性、大量数据沉积的教学方法带来了极大的冲击,而只有超越传统思维的惯性束缚,培养创新思维,才能够使自己在人工智能发展的浪潮中不被淘汰。正如习近平所说:"教育、科技、人才是全面建设社会主义现代化国家的基础性、战略性支撑。"①要推动教育革新与人工智能发展相互促进,加强人工智能与教育的融合,"培养大批具有创新能力和合作精神的人工智能高端人才"②。

四、人工智能赋能干部教师教育培训的现实挑战

人工智能赋能干部教师教育培训是提升教学效果的有效保障,但目前人工智能在教育的应用中尚处于探索阶段,在具体实践中存在一定现实挑战。

(一)人机界限模糊弱化了培训教师的主导性

将人工智能应用于干部教师教育培训能有效扩展教学空间,但是人工智能也以强大的技术优势在某种程度上弱化培训教师在知识权威方面的传统地位,影响着教师传统的教学范式。

首先,培训教师面临主导权丧失的风险。受人工智能技术的影响,培训教师过度依赖技术红利进行教育教学。在人机协同的混合式教育培训中,由于培训教师过渡依赖人工智能技术,"成为了没有判断力与否定能力的

---

① 习近平.高举中国特色社会主义伟大旗帜 为全面建设社会主义现代化国家而团结奋斗——在中国共产党第二十次全国代表大会上的报告[M].北京:人民出版社,2022:33.
② 习近平.向国际人工智能与教育大会致贺信[N].光明日报,2019-5-17(001).

'单向度的人'①,使得他们在教学中逐渐失去了认知、判断和创造力。部分培训教师经常使用能增强培训对象感官刺激的教学方式方法来迎合他们泛娱乐化的需求,提高培训中的"抬头率",但这样极易使培训教师在人工智能技术的裹挟下,不注重自身在教学中的主观能动性的发挥,冲击着干部教师教育培训的思想性和严肃性,影响了培训对象的思考能力和判断能力。

其次,"师生关系"被"人机关系"替代。在干部教师教育培训中当人工智能成为了培训教师和培训对象之间交流沟通的中介,有可能原本的"师生关系"会最终被人工智能异化。在教学活动中依靠虚实结合的场景开展互动,师生关系变成了"培训教师—人工智能—培训对象"的关系,人工智能成为了师生互动的中介,师生间缺乏情感交流和人文关怀,在一定程度上拉大师生之间的距离感,影响着教学目标的实现。在人工智能的影响下,培训对象通过人工智能的指令开展学习,量化的数据代替了培训教师的情感经验,教师角色的存在感在混合式教学中逐渐模糊,师生互动主要表现为程式化互动,"师生关系"最终被"人机关系"替代。

(二)算法技术异化影响了教学内容的有效性

算法技术能对大量的信息数据进行快速处理,它在教学中的应用是通过自身的推送机制、赋权机制及嵌入机制对教学产生影响,算法在干部教师培训中发挥积极作用的同时也逐渐凸显其负面影响。

首先,干部教师教育培训内容的严肃性、权威性遭受娱乐化的冲击。干部教师培训是一门拥有权威性、科学性以及严肃性的课程,所以在线上平台和线下授课中都需要具有权威性的素材、观点,这在一定程度上影响了培训

---

① 陶磊,朱唯星,李貌.人工智能时代高校思想政治理论课发展转向、痛点及实践策略[J].江苏高教,2022(1):108-113.

的积极性和主动性。在人工智能的算法中既有干部教师培训资源也有泛娱乐化的信息资源,而干部教师培训资源对培训对象的吸引力不够,算法技术在工具理性原则的指引下,在没有人工介入的情况下,算法的推送机制会不断减少主要培训资源的推送,不断降低其传播空间,使培训内容得不到关注,线上和线下教学无法实现有效衔接。

其次,培训对象接收培训出现刻板化和碎片化现象。算法技术以海量化、个性化的信息为干部教师教育培训提供了丰富的教学内容,能节约他们的时间和精力成本,培训者在浏览学习的过程中表面上能不断扩充知识体系,但实际上只是受到了视觉的冲击,对于培训内容缺乏深入思考,影响他们的创新思维,形成"刻板效应"。同时,算法技术容易使干部教师学习碎片化。在人工智能技术的影响下,线上培训时间受到了信息迎合的挤占,使干部教师的培训出现碎片化现象,影响了学习节奏。

(三)保障力度不足使人工智能的应用不到位

干部教师教育培训作为一项系统工程,既需要培训教师个人的努力,也离不开培训学校人力、物力和制度等方面的支持和保障。但是,还存在不平衡、不充分发展及保障不足的情况。

首先,人工智能技术在不同的培训学校的不平衡、不充分发展。目前,人工智能的设备、运用等方面不同培训学校存在差别。各类培训学校在软件和硬件设施,以及教师队伍水平等方面都存在差异,高水平学校相比于其他学校从经济实力、硬件设备和师资队伍方面都能更快掌握人工智能的相关技术,并将其运用于干部教师培训中。相对而言,普通的培训学校存在教学的软件设施和硬件设施短缺,以及教师相应的技术能力运用不足等问题,无法满足人工智能赋能干部教师培训的要求。

其次,人工智能的投入和制度的保障不足。部分培训学校没能真正认识到人工智能赋能干部教师培训的深刻意义,没有在培训中配备相关的智能化设备,同时,部分培训教师虽主观上想将人工智能应用于混合式教学中,但存在应用能力不足的问题。另外,部分培训学校的教学管理制度不能适应干部教师教育培训的智能化发展。在教师的考核评价中缺乏以智能技术增强教学质量的制度和奖励支持,在一定程度上使教师在人工智能应用于干部教师教育培训方面只流于形式,甚至存在抵触和排斥情绪。

第六章

新时代教育系统干部教师教育培训的理论特色

从新时代教育系统干部教师教育培训的政策文件来看,各种政策文件都特别强调要重视理论研究,但是关于干部教师教育培训理论的具体内容并未明确,这为研究教育系统干部教师教育培训的基本理论及其特色提供了契机,重视和加强教育系统干部教师教育培训的理论基础及其特色的研究也尤为重要和迫切。

表6-1 教育系统干部教师教育培训理论研究的政策依据

政策名称	关键语句
干部教育培训工作条例	(五)与时俱进,改革创新。适应形势任务发展变化,遵循干部成长规律和干部教育培训规律,坚持开放办学,完善培训内容,改进培训方式,整合培训资源,优化培训队伍,不断推进干部教育培训理论创新、实践创新、制度创新。加强干部教育培训理论研究。
2013—2017年全国干部教育培训规划	(七)理论研究。加强干部教育培训理论研究,不断深化对干部成长规律和干部教育培训规律的认识。建立理论研究交流平台。推动干部教育学学科建设。

政策名称	关键语句
2018—2022 年全国干部教育培训规划	（八）理论研究。加强干部教育培训重大理论和现实问题研究，深入把握干部成长规律和干部教育培训规律。推动设立干部教育学二级学科。办好干部教育培训专业期刊，搭建研究交流平台，促进成果转化应用。
教育部办公厅关于共建教育系统干部培训协作机制的通知（教人厅〔2018〕5 号）	围绕干部培训的重大理论与实践问题，开展培训研究，探索培训规律，创新培训模式，服务干部培训。

从现有干部教师教育培训工作的理论需求来看，新时代教育系统干部教师教育培训工作的根本指导思想是马克思主义理论，包括马克思主义教育理论、马克思主义人的发展理论、马克思主义劳动解放理论等，其中，本章尝试主要从马克思主义教育理论的视域内探究新时代教育系统干部教师教育培训的理论基础和理论特色。当然，根据教育系统干部教师教育培训实践经验来看，干部教师教育培训工作是一项系统工程，所需要的理论是一套系统理论，也就是说，干部教师教育培训工作的理论基础是多个理论的结合，所以，在重点研究马克思主义理论的同时，要结合中西方教育理论分析干部教师教育培训的理论基础及理论特色问题。从国内外教育培训理论相关文献来看，主要包括美国学者诺尔斯（1913—1997）的"成人教育理论"①、法国学者朗格朗的"终身教育理论"②、国际知名远程教育专家德斯蒙德·基更的"远距离教育"③信息技术理论、美国学者柯克帕特里克的"柯式四级评

① ［美］马尔科姆·S.诺尔斯等著.龚自力等译.成人学习者［M］.北京:北京师范大学出版社,2016.

② ［法］保罗·朗格朗著.周南照、陈树清译.王遵仲校.终身教育引论［M］.北京:中国对外出版翻译公司,1985.

③ ［爱尔兰］德斯蒙德·基更著.丁新等译.远距离教育基础(第二版)［M］.北京:中央广播电视大学出版社,1997.

估法"①等等,还有中国政府制定了《成人教育培训服务术语》《成人教育培训组织服务通则》《成人教育培训工作者服务能力评价》②(中华人民共和国国家质量监督检验检疫总局和中国国家标准化管理委员会发布)及《网络学习空间建设与应用指南》③(中华人民共和国教育部发布),这为干部教师教育培训工作产生了重要影响,现对这些理论的核心思想进行简要阐述,基于马克思主义教育理论的视域,梳理出理论特色。

第一节　以人的发展为宗旨

坚持人的发展,是新时代教育系统干部教师教育培训的宗旨。以人的发展为宗旨,就是围绕人的发展这一中心,立足马克思主义教育理论,结合马克思主义人的发展理论,探讨作为主体的人的发展的内涵,人的发展的实现条件,教育对人的发展的意义等问题。实现人的全面发展,是新时代教育系统干部教师教育培训工作的目标和职责。

一、人的发展理论的内容

马克思主义人的发展理论主要包括人的需要发展、人的能力发展、人的个性发展等基本内容。

---

① [美]唐纳德 L.柯克帕特里克,詹姆斯 D.柯克帕特里克.奚卫华等译.如何做好培训评估:柯式四级评估法[M].北京:机械工业出版社,2007.

② 教育部办公厅关于做好成人教育培训服务等三项国家标准贯彻实施有关工作的通知[EB/OL]http://www.moe.gov.cn/srcsite/A07/zcs_cxsh/201301/t20130122_147390.html.

③ 教育部关于发布《网络学习空间建设与应用指南》的通知[EB/OL]http://www.moe.gov.cn/srcsite/A16/s3342/201805/t20180502_334758.html.

（一）人的需要发展

第一，人的第一个需要是物质生活的需要，这是一切历史的基本条件。马克思和恩格斯认为："我们首先应当确定一切人类生存的第一个前提也就是一切历史的第一个前提，这个前提就是：人们为了能够'创造历史'，必须能够生活。但是为了生活，首先就需要衣、食、住以及其他东西。因此第一个历史活动就是生产满足这些需要的资料，即生产物质生活本身。同时这也是人们仅仅为了能够生活就必须每日每时都要进行的（现在也和几千年前一样）一种历史活动，即一切历史的一种基本条件。"①这表明了人有谋取自身和周围各种关系的需要，而实现人生存需要的第一个前提是物质生产活动，建立在这个基础之上的所有活动，都是从各个方面来对人的需要进行满足。

第二，人的需要是不断发展变化的。"人们之间是有物质联系的。这种联系是由需要和生产方式决定的，它的历史和人的历史一样长久"②，建立在物质联系基础上的人们之间的各种需要，随着生产力的发展，逐渐形成历史的发展，并且随着生产力的发展，不断发生变化。"已经得到满足的第一个需要本身、满足需要的活动和已经获得的为满足需要用的工具又引起新的需要。"③"当需要的增长产生了新的社会关系，而人口的增多又产生了新的需要。"④

第三，人的需要具有社会性质。马克思指出："我们的需要和享受是由社会产生的，因此，我们对于需要和享受是以社会的尺度，而不是以满足他

---

① 马克思恩格斯全集：第3卷[M].北京：人民出版社，1960：31-32.
② 马克思恩格斯全集：第3卷[M].北京：人民出版社，1960：34.
③ 马克思恩格斯全集：第3卷[M].北京：人民出版社，1960：32.
④ 马克思恩格斯全集：第3卷[M].北京：人民出版社，1960：32.

们的物品去衡量的。因为我们的需要和享受具有社会性质,所以它们是相对的。"①由此可以得知,人的需要不仅具有社会属性,而且不能超出社会所容纳的范围。

(二)人的能力发展

马克思恩格斯关于人的"全面的能力的体系"②,即人的能力体系。人的能力体系是以人的劳动能力为基础的,人的劳动能力是人的基础能力。马克思恩格斯把劳动能力"理解为人的身体即活的人体中存在的、每当人生产某种使用价值时就运用的体力和智力的总和"③,"生产能力"指人"在一定社会发展阶段上的生产——社会个人的生产"④能力,也是人生产生产力和社会关系的能力。从宏观来看,劳动能力包括物质生产能力(生产、支付、消费、交换、分配等)、精神生产能力(政治、法律、道德、宗教、艺术、哲学等)、人口生产能力(促进人口增长和保证人口数量的繁殖能力等)、思维能力(批判能力、推理能力、审美能力、洞察能力、鉴别能力、表达能力、判断能力、理解能力、分辨能力、认识能力、创造能力、欣赏能力等)。人的物质生产能力能够在物质生活的生产方式作用下制约着整个社会生活、政治生活和精神生活的过程。人的精神生产能力主要是人在物质生产生活过程中从事精神生产生活的能力。人的人口生产能力主要是为维持物质生产活动和精神生产活动而进行人口繁殖和后代抚育的能力,用来保证人自身和社会的可持续发展。人的思维能力是人的高级能力,也是人区别于其他动物的特有能力,人具有现实批判能力和思想创造能力等多样性的能力,能够更好为人的生

① 马克思恩格斯全集:第6卷[M].北京:人民出版社,1961:492.
② 马克思恩格斯全集:第30卷[M].北京:人民出版社,1995:107.
③ 马克思恩格斯全集:第21卷[M].北京:人民出版社,2003:434.
④ 马克思恩格斯文集:第8卷[M].北京:人民出版社,2009:6-9.

存和发展服务,这是人最鲜明有力的能力。此外,在共产主义社会还有人的自由个性的能力,即社会全体成员的才能得到全面发展,社会的每一个成员都能完全自由地发展和发挥他的全部才能和力量。

(三)人的个性发展

其一,人的个性在不同社会里发展程度不同。在资产阶级社会里,雇佣工人受到资本家的残酷剥削,工人的生产志趣和生产才能受到一定程度的压抑,工人没有独立性和个性可言;在共产主义社会里,每个人都有充分的闲暇时间来从事科学、艺术、交际等方面的活动,人才有真正的个性。其二,人的个性发展的实现是有条件的。个性的发展是需要生产力的巨大增长和高度发展为前提的,人不再是个性异化的人,成为驾驭物质力量的人,从而人成为了保住自己个性的人,是使自己作为具有个性的个人确立下来的人。其三,人的个性的"真正自由"只能在共产主义社会才能实现。人的发展由"人的依赖"过渡到"物的依赖"再到人的"自由个性"[1],前两个阶段不存在人的"自由个性",只有在不受阶级和职业的局限的共产主义社会,首要的是在社会为人的个性提供了坚实的物质财富保障的条件下,人的自由个性才能真正实现。

二、人的发展的历史演进

从人类社会历史发展的角度来看,马克思把人的发展划分为三个阶段。第一个阶段,以"人的依赖关系"为特征的最初的社会形态,即自然经济形态。人们之间的物质和精神的活动交往,发生在以血缘关系为基础的氏族、

110

---

① 马克思恩格斯全集:第30卷[M].北京:人民出版社,1995:108.

族群内。第二个阶段,以"物的依赖性"为基础的发展的社会形态,人的独立性是这一社会形态产生的特殊标志,是商品经济形态。第三个阶段,以"自由个性"发展为基础的社会形态,这一形态下,个人实现了全面发展,生产力水平得到极大提高,是产品经济形态。

人的发展除了与一定的社会历史发展条件相联系,还与生产力发展水平和生产关系状况相联系,工业化大生产之前,生产力发展水平低决定了劳动形式主要是体力劳动。在封建社会,人也只是作为地主阶级的劳动工具,与牲畜没有什么区别。在资本主义工场手工业阶段,人的劳动形式也主要是简单、重复性的手工劳动,在知识、技能和精神方面没有得到发展。在资本主义大工业生产时期,生产中运用了大量机器,人成了机器的操纵者,人从事的是机械的劳动,人为了适应机器随着机器的运转而运转,人成了机器的附庸。虽然这时候的人已经有更多的时间、精力和物质条件去学习和提升自己。但是,资本主义制度下,资产阶级的目的是榨取工人的剩余劳动,获得剩余价值。所以,在资本主义社会,尽管人的全面发展的物质条件已经具备,但是阻碍人的全面发展的社会制度条件仍然存在。马克思认为,只有生产力高度发达,同时剥削和压迫人的生产关系得以消除,人的全面发展才能实现。

受生产力发展的局限,现在人类社会仍然处于"物的依赖"的发展阶段,结合教育观念和模式来看,所谓"物的依赖"是指在教育过程中,把人当成物进行教育,忽视了人之为人的特性,即教育的目的是把人培养成具有一样知识和技能的工具人,相当于生产出"工厂流水线的产品",这样的人是缺乏人的个性特点的人。"物的依赖"的教育理念和模式在近代社会发挥过积极的作用,打破了前资本主义社会"神性"的教育桎梏,使人的思想得到解放。但是,在西方文明主导的全球化进程中,"物的依赖"的教育理念和模式,导致了人的片面发展。而要实现人的全面发展,就要从"物的依赖"变革成"以人

111

为本"①。"以人为本"就是在教育过程中充分认识到人的个性特征,尊重人的个性,发挥人的个性,而非人的"物性"。教育的目的是培养全面发展的人,使人摆脱现实的奴役与束缚,追求人的发展和社会的发展,而不是培养统一的可供使用的工具。

三、人的全面发展

(一)人的全面发展的内涵

人的全面发展,从其本意上来讲,是人类理想或者社会理想。马克思主义经典作家们将人的自由全面发展作为马克思主义思想体系的核心。马克思最早在《1844年经济学哲学手稿》中明确提出人的全面发展,马克思认为,全面发展的人是体力和智力两个方面都获得充分和自由发展的人。人除了生存的需要,还有发展的需求,发展和完善自己,成为一个全面发展的人,是每个人的终极追求。马克思认为,人的全面发展,就个体来讲,包括身体物质力量的发展和精神、思想等意识领域的发展。从群体来讲,人的全面发展是社会中一切人的自由而全面的发展而不是一部分人的发展。马克思阐述的人的全面发展不仅仅指某一个人的个体的发展,而是"任何人""每个人"也就是"社会全体成员"都能得到普遍的发展。马克思指出人的发展与社会发展是一致的,即人的发展推动和体现着社会的发展,社会的总体发展促进和体现人自身的发展。总体来讲,人的全面发展包括个体的人与群体的人的全面发展,人的自然性与社会性的全面发展,具体的人与抽象的人的全面发展,其中包括人的需要的全面发展、人的能力的全面发展、人的个性的全

① 赵贵臣,刘和忠.哲学视阈中的教育与人的全面发展[J].理论前沿,2009.49(21):12-15.

面发展等。人的全面发展的内涵丰富,是人类社会发展的必然趋势,也是社会发展到一定阶段的产物。

(二)人的全面发展的实现条件

人的全面发展是人类社会追求的社会理想和奋斗目标。首先,实现人的全面发展要具备充分的社会条件。也就是,通过大力发展生产力,丰富生产资料,提高社会的物质和文明程度,为人的全面发展提供物质保障;建设社会主义文化,提高社会的精神文明程度,为人的全面发展提供文化保障,实现人的思想与精神生活的全面发展;建设民主政治和法制,为人的全面发展提供制度和法律保障。其次,人的全面发展要具备良好的社会制度条件,资本主义制度下的人的发展是人的片面发展、畸形的发展,而社会主义制度下,人的发展是自由的、全面的发展。再次,人的全面发展的实质是人的身心都得到整体的、和谐的全面发展,就是克服和消除各种造成人发展片面化的以生产目的的管理,以及职业固定化的局限和劳动分工。因此,人的全面发展不仅要求有良好的制度条件,还要求教育条件是良好的,有利于人的全面发展的。

(三)教育对人的全面发展的意义

马克思恩格斯多次论述了教育对人的全面发展的意义,《德意志意识形态》中提到:"像拉斐尔这样的个人是否能顺利地发展他的天才,这就完全取决于需要,而这种需要又取决于分工以及由分工产生的人们所受教育的条件。"[1]列宁也是非常重视通过教育来造就全面发展的人。他曾提出要通过

---

① 马克思恩格斯全集:第 3 卷[M].北京:人民出版社,1960 年,第 459 页.

教育"训练和培养出全面发展的、受到全面训练的人。"①斯大林将教育作为社会主义向共产主义过渡的条件,"必须把社会的文化发展到足以保证社会一切成员全面发展他们的体力和智力,使社会成员都能获得足以成为社会发展中的积极活动分子的教育,都能自由地选择职业,不致由于现存的分工而终身束缚于某一种职业。""需要实行普遍义务综合技术教育,这是使社会成员有可能自由选择职业,而不致终身束缚于某一种职业所必需的"。② 中国"人的全面发展"教育思想的发展对新中国成立以来有着指导意义。毛泽东指出,在社会主义制度下,广大劳动者要加强体、脑劳动,这是实现人的全面发展的重要途径。邓小平提出"培养四有新人"的教育思想,根据教育的现实状况,形成了具有中国特色的、具有时代特色的教育教学理论体系,使我国教育事业的发展逐步走向了全面推进素质教育的新时期。邓小平非常重视教师在"人的全面发展"的教育中的作用,并多次指出知识分子是工人阶级的一部分,必须重视知识分子队伍建设。江泽民强调要培养青少年学生德、智、体、美等多个方面的全面发展,创造性的将"生产劳动"的概念加以拓展,并提出"教育与社会实践相结合"这个更为全面与深入的论断。胡锦涛着眼于学生的全面发展,他明确指出,要全面实施素质教育,这是我国教育改革发展的基本方向、是落实科教兴国战略的关键举措、是实现人的全面发展的重要手段。③ 习近平总书记指出,要培养德智体美劳全面发展的社会主义建设者和接班人。他强调,"我们不断厚植现代化的物质基础,不断夯实人民幸福生活的物质条件,同时大力发展社会主义先进文化,加强理想信念教育,传承中华文明,促进物的全面丰富和人的全面发展。"

---

① 列宁全集:第31卷[M].北京:人民出版社,1958:31.
② 斯大林选集:下卷[M].北京:人民出版社,1979:591.
③ 习近平.高举中国特色社会主义伟大旗帜 为全面建设社会主义现代化国家而团结奋斗——在中国共产党第二十次全国代表大会上的报告[N].人民日报,2022-10-16(001).

教育是人的全面发展的重要条件,具体来讲就是,教育可以让人掌握生产知识和技能,教育可以促进人的社会关系的和谐,教育可以提升人的劳动能力,教育可以消弭人的畸形发展和片面发展等。马克思恩格斯提出的人的全面发展是生产劳动与教育结合的全面发展,人的全面发展必须以全面发展教育为手段,全面发展教育不仅是人的德智体美劳等素质的全面培养和提升,还应该采取多种教育形式,比如人的脑体相结合、理论与实践相结合、知识与生产实践相结合等。

但是,现实的教育实际上并没有完全承担起培育人的全面发展的职责,不仅是学校教育,整个的社会教育都存在着与生产劳动相脱离,脑、体相分离,人的劳动实践和社会实践被忽视或被轻视的现象。教育还存在大量的人的片面发展的现象,比如,重视知识教育而忽视人的思想素质教育、身体素质教育,导致人的心理、身体不健康等问题;重视课堂教学而忽视人的社会实践活动,导致人的社会实践能力欠缺,不能适应社会的发展需要,这些破坏了人的可持续发展的基础。这些不仅是同马克思主义人的全面发展理论相背离的,也是同人的全面发展的客观规律相背离的,更是同社会主义的人的全面发展的总方向和总目标相背离的。因此,当代教育必须进行根本的改造,必须重新回到人的全面发展的轨道上来,教育要成为实现人的全面发展的重要手段。

随着人类社会的发展,社会实践和教育相结合,使人得以全面发展。教育培养人的能力的全面发展,教育促进人的个性的全面发展,教育培育人的基本素质进而促进人的全面发展。教育培训是教育的重要组成部分,是人类社会发展到一定阶段的现实需要,是实现人的全面发展的有效途径。在新时代,在科技革命和产业革命条件下,面对着社会对人的综合素质的要求,教育培训能帮助参训者补齐短板知识,提高应用技能,等等,这些是人的全面发展的重要体现。

第二节 以劳动解放为目标

如前所述,在分析马克思恩格斯教育理论的过程中,我们认识到"教育与生产劳动相结合"的重要性和必要性。在马克思劳动解放理论中,马克思在论述劳动解放问题时将"教育与生产劳动相结合"视为无产阶级实现劳动解放的基本途径。教育培训工作是教育与生产劳动的结合,这里的生产劳动不能完全等同于"生产性劳动"或"体力劳动",还包括脑力劳动、科学技术劳动等。教育培训主要体现为脑力劳动,是实现劳动解放的重要形式。考察劳动解放问题,就是在坚持马克思恩格斯教育理论的基础上,将教育问题与劳动问题结合起来考察新时代教育系统干部教师教育培训问题,这里的劳动解放主要是脑力劳动的解放,实现劳动解放这一目标,是为实现人的全面发展提供立论依据。

一、劳动解放的主要内涵

劳动创造了人和人类社会,劳动是人的本质。人是劳动的主体,也是劳动解放的主体,劳动解放乃至人的解放就必须正确理解人的本质,这是我们理解劳动解放的基础。

(一)劳动是确证人的本质的关键

从人的本质的一般性定义来看,人的本质是"人成其为人而区别于其他

一切动物的最根本特征,即人得以产生、形成和发展的内在根据"①。马克思
以"现实的历史的人"作为逻辑起点,立足于"实践"这一现实基础,坚持"劳
动"作为人的本质的确证方式,揭示资本主义人与人剥削的社会关系,树立
"消除异化,实现人的自由而全面的发展"的价值取向,体现着马克思对传统
人的本质理论的不断继承、批判、超越。

1. 人的类本质是"现实的历史的人"的实践活动

从理论渊源上来说,费尔巴哈首次提出人的类本质概念。费尔巴哈提
出人的"类本质"所采用的方法,就是通过提取现实的人所具有的共性,进而
以一个普遍性的概念来定义人的本质。在马克思看来,费尔巴哈从唯物主
义角度看待人的本质问题,但是费尔巴哈把人的本质简单划归为人的"类本
质",把人的类本质定义为"单个人所固有的抽象物"②,这个抽象物,只是他
事先假定的诸多"人类个体"特性的"集合",费尔巴哈把人的类本质归结为
每个人与生俱来的自然属性,如理性、意识和爱。这种认识层面的人是感性
且脱离现实社会生活实际的人,逃脱不了"抽象的人"的范畴。因此,区别于
黑格尔"抽象的人",也不同于费尔巴哈的"自然的人",马克思指出,"这是一
些现实的个人,是他们的活动和他们的物质生活条件"③。这里的"现实的
人"不再仅仅是自然的人,更不是"抽象的类",而是不以某种意志为转移,可
以被我们所经验或所体验的、在社会关系中从事实践活动的人,这样的人与
物质生活条件相联系,是一种现实存在物、实践存在物。

人是自然存在物。马克思认为,"现实的历史的人"首先是自然的存在,
具有自然属性。"人直接地是自然存在物""人一方面赋有自然力、生命力,

---

① 陈尚志等.人学新论——马克思主义人学基本理论和重大现实问题研究[M].北京:人民出版
社,2015:81.
② 马克思恩格斯文集:第1卷[M].北京:人民出版社,2009:505.
③ 马克思恩格斯文集:第1卷[M].北京:人民出版社,2009:519.

是能动的自然存在物……另一方面,作为自然的、有形体的、感性的、对象性的存在物……是受动的、受制约的和受限制的存在物"①,可见人源于自然,是自然的一部分,而人也受制于自然、依赖自然,与自然密不可分,正因为人的这种自然属性,所以"一切人类生存的第一个前提,也就是一切历史的第一个前提,这个前提是人们为了能够'创造历史',必须能够生活。但是为了生活,首先就需要吃喝住穿以及其他一些东西"②。正因为"全部人类历史的第一个前提无疑是有生命的个人的存在"③,所以,马克思坚持新世界观的出发点就是现实的个人及其生存的物质条件。在此基础上,才能有其他关系的生成,正如恩格斯指出:"马克思发现了人类历史的发展规律……人们首先必须吃、喝、住、穿,然后才能从事政治、科学、艺术、宗教等等。"这正是基于人是一个自然存在物。

人是社会存在物。肯定人的自然存在还不能对人作出正确的注解,人的本质"不是人的胡子、血液、抽象的肉体的本性,而是人的社会特质。"④马克思人的本质理论肯定人的自然需求是人存在和发展的基本前提,而人其他的种种现实社会关系及本质属性正是发端于人的自然属性。人是在社会关系中超越自身的自然局限和自然界的束缚,在一定程度的范围内对象化自己的本质力量,表征人的自然存在与动物的自然存在的不同,使人的自然存在在人的世界中获得人的意义与价值,并在社会关系中不断生长和提升。正如马克思所说的:"人同自然界的关系直接地包含着人与人的关系,而人与人之间的关系直接地就是人同自然界的关系,就是他自己的自然的规

① 马克思.刘丕坤译.1844 年经济学哲学手稿[M].北京:人民出版社,1979:120.
② 马克思恩格斯选集:第 1 卷[M].北京:人民出版社,1995:78-79.
③ 马克思恩格斯选集:第 1 卷[M].北京:人民出版社,1995:67.
④ 马克思恩格斯全集:第 1 卷[M].北京:人民出版社,2001:270.

定。"①这也表明,"只有在社会中,人的自然的存在才成为人的属人的存在"②。这说明,人的类本质不仅是自然存在物,还是社会存在物,人的本质是自然属性和社会属性的辩证统一。

人是有意识的类存在物。对于人的本质特性,马克思不同于前人的地方在于从人的生命需求角度出发,把自由的、有意识的活动看作是改造世界的总体性活动,这种活动使得人所属的类与动物相区别,是作为类存在物。"动物是和它的生命活动直接同一的……人则把自己的生活活动本身变成自己的意志和意识的对象……有意识的生活活动直接把人跟动物的生命活动区别开来。正是仅仅由于这个缘故,人是类的存在物。换言之,正是由于他是类的存在物,他才是有意识的存在物,也就是说,他本身的生活对他说来才是对象。只是由于这个缘故,他的活动才是自由的活动。"③这表现在人的活动与自然存在不是直接同一的,即人是在不断地将自我意识对象化中,在对象化活动和对象化关系中,达到与外部世界的统一,并实现自我。由此,表征和确证人类是能动的社会存在物,也因此而体现人类的存在轨迹的独特和存在状态的复杂,而这正是由于"意识一开始就是社会的产物",并在人的对象性活动中生成,且由对象化的存在物表征出来。所以,人通过自己的"有意识的生命活动"将自己得以确证和提升,从而作为人而存在。正如马克思指出:"实际创造一个对象世界,改造无机的自然界,这是人作为有意识的类的存在物(亦即这样一种存在物,它把类看作自己的本质,或者说把自己本身看作类的存在物的自我确证)。……而人则懂得按照任何物种的尺度来进行生产,并且随时随地都能用内在雇佣的尺度来衡量对象;所以,

---

① 马克思.刘丕坤译.1844年经济学哲学手稿[M].北京:人民出版社,1979:72.
② 马克思.1844年经济学哲学手稿[M].刘丕坤译.北京:人民出版社,1979:75.
③ 马克思.1844年经济学哲学手稿[M].刘丕坤译.北京:人民出版社,1979:50.

人也按照美的规律来塑造。"①也就是说,人的生产活动拓展了人的生存空间,带有价值尺度和审美尺度;同时,人是一个具有自我意识和理性能力的创造者,人类通过实践活动创造对象世界,证明自己是有意识的类存在物。

马克思人的本质理论以"现实的历史的人"为出发点,认为人是自然存在物,也是社会存在物,人改造世界的自由自觉的实践活动使得人所属的类与动物相区别,确证人是有意识的类的存在物。

2. 人的自然本质是"劳动"作为第一需要

马克思指出:"全部所谓世界史不外是人通过人的劳动的诞生,是自然界对人说来是生成"②,劳动是打开人类历史之谜的一把钥匙。"在劳动发展史中找到了理解全部社会史的锁钥"③。马克思指出,"在共产主义社会高级阶段……在劳动已经不仅仅是谋生的手段,而且本身成了生活的第一需要之后……物质生产领域的劳动已经不再具有异化的性质而是一种自由自觉的劳动,劳动将成为一种积极的、创造性活动,是作为人的本质的第一需要。"④未来共产主义社会发展阶段,体力劳动与脑力劳动的对立消失,劳动异化现象消除,劳动者是自由平等的,劳动不再是作为生存需要的谋生的手段,而是成为自由自觉的、为人类利益服务的劳动,其目的是丰富和发展社会的物质文化生活,劳动将成为解放人的手段,成为生活的第一需要。因此,在这样的社会里,"人以一种全面的方式,也就是说,作为一个完整的人,把自己的全面的本质据为己有"⑤。"每个人的自由发展是一切人的自由发展的条件。"⑥毫无疑问,在这样的社会里,每一个人亦即整个人类,实现了人

---

① 马克思.1844 年经济学哲学手稿[M].刘丕坤译.北京:人民出版社,1979:81.
② 马克思.1844 年经济学哲学手稿[M].刘丕坤译.北京:人民出版社,1979:84.
③ 马克思恩格斯选集:第 4 卷[M].北京:人民出版社,1995:258.
④ 马克思恩格斯选集:第 3 卷[M].北京:人民出版社,1995:305 -306.
⑤ 马克思.刘丕坤译.1844 年经济学哲学手稿[M].北京:人民出版社,1979:77.
⑥ 马克思恩格斯选集:第 1 卷[M].北京:人民出版社,1995:294.

性,丰富了自我,获得了真正的人的存在,正如马克思所讲的,"共产主义是私有财产即人的自我异化的积极的扬弃,因而也是通过人并且为了人而对人的本质的真正占有"①。

劳动创造了人和人类社会。一是劳动使人脱离了动物界。"劳动创造了人本身"②,劳动把人与动物根本区别开来,形成了人的规定性,使人真正作为人而存在。劳动是人与自然之间的物质变换过程,人作为一种与自然物质相对立的自然力,为了占有自然物质,利用自己身上的肢体——臂和腿、头和手的作用,改变自身的同时也在改变着人类赖以生存的自然界,"也就同时改变他自身的自然"③。二是劳动创造了人类社会。劳动是"使人从动物界上升到人类并构成人的其他一切活动的物质基础的历史活动"④。劳动不仅使人脱离动物界,还创造了人类社会。在马克思看来,劳动是人类最重要的历史活动,是人类其他一切活动的基础,劳动是决定、规定、制约、统摄人类其他一切活动的活动。人在活动、实践、劳动中形成的人与人之间的关系,生产出现实的社会。而"已经生成的社会,作为自己的恒定的现实,也创造着具有人的本质的全部丰富性的人,创造着具有深刻的感受力的丰富的、全面的人"⑤。人在自己实践活动生成的现实环境和社会条件中,改变着人类自身,成为具有现实的具体特性和本质的人,人的丰富和发展都是在他们的劳动实践活动中获得的。三是劳动使人成为对象性存在。人的对象性的活动,表明认识处于与外部世界的对象性关系之中,人是对象性的存在物,对象化是人的特性所在,"人只有凭借现实的、感性的对象才能表现自己

① 马克思.刘丕坤译.1844年经济学哲学手稿[M].北京:人民出版社,1979:73.
② 马克思恩格斯选集:第4卷[M].北京:人民出版社,1995:374.
③ 马克思恩格斯全集:第23卷[M].北京:人民出版社,1972:202.
④ 马克思恩格斯选集:第4卷[M].北京:人民出版社,1995:274.
⑤ 马克思.刘丕坤译.1844年经济学哲学手稿[M].北京:人民出版社,1979:84.

的生命。"①人还是受动的存在物，"人作为对象性的、感性的存在物，是一个受动的存在物"②。人对外部世界是能动的、创造性的，人不断的对象化自己的本质力量，通过改造外部世界，创造满足人的各种需要的对象世界。人"通过他所做出的改变来使自然界为自己的目的服务，来支配自然界。"③对象性活动不断实现人的主体意志和目的，同时，人的对象性活动不断地使人自身的规定性和本质力量获得丰富、强化和提升，从而不断形成人的新的特性和本质，生成新的自我，即劳动不断提升和丰富人的存在。

异化劳动造成人的异化。劳动使人在对象化的活动中成其为人，而异化劳动则使人成为异化的人。在马克思看来，异化劳动包括物的异化即劳动产品对劳动者的异化、人的自我异化即劳动活动对劳动者的异化、人同自己的"类本质"的异化、人同人的异化。马克思指出："人同自己的劳动产品、自己的生命活动、自己的类本质相异化的直接结果就是人同人相异化。"④一是物的异化。物的异化是劳动者生产的劳动产品"作为异己的东西"不归属于劳动者，劳动者同劳动产品的关系就象"同一个异己的对象的关系一样"⑤。二是人的自我异化。劳动活动对劳动者的异化表明劳动不属于劳动者，劳动不是自由发挥自己体力和智力的活动，而是非自愿强制性劳动，其结果，人在从事活动时觉得自己是动物，"异化劳动从人那里剥夺了他的生产的对象，从而也剥夺了他的类的生活、他的现实的、类的对象性，把人对动物所具有的那种优点变成缺点"⑥。因而是人的自我异化。三是人同自己的"类本质"异化。"人的类的本质——无论是自然界，还是他的精神的、类的

① 马克思.刘丕坤译.1844年经济学哲学手稿[M].北京:人民出版社,1979:121.
② 马克思.刘丕坤译.1844年经济学哲学手稿[M].北京:人民出版社,1979:122.
③ 马克思恩格斯选集:第4卷[M].北京:人民出版社,1995:383.
④ 马克思恩格斯全集:第3卷[M].北京:人民出版社,2002:174.
⑤ 马克思.刘丕坤译.1844年经济学哲学手稿[M].北京:人民出版社,1979:44-45.
⑥ 马克思.刘丕坤译.1844年经济学哲学手稿[M].北京:人民出版社,1979:51.

能力——变成与人异类的本质,变成维持他的个人生存的手段"①。这样,异化劳动不再是人发展自身、确证自我的自由自觉的活动,人因此将创造自己、实现自己的现实物质活动变成了对自我进行剥夺的活动,其结果是异化劳动造成人类生活的异化和人的本质的异化,即人不再具有自由自觉的存在的类特性。四是人同人的异化。马克思指出,劳动者同自己的产品、自己的劳动活动的异化关系表明,这些产品和活动不归属于自己,而归属于另一个存在物;而这样的存在物不是神灵,也不是自然界,只能是劳动为之服务和劳动产品供其享受的人本身,并且是不是劳动者的其他人。所以,"劳动者生产的财富越来越多,他就越是变成廉价的商品"②。由此,马克思得出"通过异化劳动,人不仅生产出自己同作为异己的、与之相敌对的力量的生产对象和生产行为的关系,而且也生产出其他人同他的生产和他的产品的关系,以及他本身同这些其他人的关系"③。可见,作为生成人、创造人、丰富人、发展人的劳动,在一定的社会条件下走向了它的反面,产生了相反的结果,即人的异化,人与人之间的关系的异化。

在深刻反思和现实追问下,马克思揭示了私有制下人与人的关系、人与社会的关系、人与人的本质关系,说明人不是作为真正的人而存在。只有消灭私有制,才能扬弃异化劳动,而"私有财产的废除,意味着一切属人的感觉和特性的彻底解放;但这种废除之所以是这种解放,正是因为这些感觉和特性无论在主观上还是在客观上都变成人的"④。这样,人对自己的劳动产品的拥有才不再是感性直接的、片面的占有,而是"以一种全面的方式,作为完整的人,占有自己的全面本质"。在《1844 年经济学哲学手稿》中,马克思第

---

① 马克思.刘丕坤译.1844 年经济学哲学手稿[M].北京:人民出版社,1979:51.
② 马克思.刘丕坤译.1844 年经济学哲学手稿[M].北京:人民出版社,1979:44.
③ 马克思.刘丕坤译.1844 年经济学哲学手稿[M].北京:人民出版社,1979:53.
④ 马克思.刘丕坤译.1844 年经济学哲学手稿[M].北京:人民出版社,1979:78.

一次提出了无产阶级消灭私有制,解放全人类的历史使命。"异化借以实现的那个手段本身就是实践的"①因而必须也以实践的手段来消除异化。

3. 人的现实本质是"社会关系"的全面展开

随着对劳动过程的深入考察,马克思发现"自由自觉的活动"只能将人作为一个类与其他类区分开来,而无法将劳动过程中人们之间的不同本质,即人与人之间的不同性表现出来。通过进一步的理论研究和现实考察,马克思发现,人们的劳动不仅生产出人们所必需的物质产品,同时在劳动中人们形成了不同的社会关系,其中最重要的是物质利益关系。正是这种不同的关系,使得人们形成了不同的阶层和集团。也恰恰是这种关系,区分出了人与人之间的不同,直接决定着人们的社会本质。

马克思正是通过人对物的依赖关系到人对人的依赖关系的深入研究,得出了人的本质是"一切社会关系的总和"的著名论断。也就是,现实社会中的个人不是离群索居,独立自存的个体,而是在一定的社会关系中存在或活动的个人。所谓"社会关系的含义在这里是指许多个人的共同活动,至于这种活动在什么条件下、用什么方式和为了什么目的而进行,则是无关紧要的"②。从事活动的、进行物质生产的现实中的个人,并不是孤立地单独同自然界发生关系,而总是处于这样或者那样一定的社会关系中,依照人的方式与自然界发生关系,因为人们"只有以一定的方式共同活动和互相交换其活动,才能进行生产"③。因此,人们在生产中不仅仅影响自然界,而且彼此之间也互相影响,发生一定的社会关系和政治关系。现实的人是"以一定的方式进行生产活动的一定的个人,发生一定的社会关系和政治关系"④的人,现

124

---

① 马克思.刘丕坤译.1844 年经济学哲学手稿[M].北京:人民出版社,1979:53.
② 马克思恩格斯选集:第1卷[M].北京:人民出版社,1995:80.
③ 马克思恩格斯选集:第1卷[M].北京:人民出版社,1995:344.
④ 马克思恩格斯文集:第1卷[M].北京:人民出版社,2009:523 - 524.

实的人作为从事生产活动的社会中的人。也就是说,现实的人只有在生产活动中,才能产生各种社会关系,只有在各种社会关系中才能作为现实的人存在。

(二)劳动解放是促进人的解放的前提

从人的本质来看,人和人类社会以生产劳动的方式得到不断发展。但是同时,劳动创造了人类自身,也创造着奴役自身的手段和工具,造成劳动异化。因此,劳动异化和劳动奴役的状态如何走向劳动解放,最终实现人的解放,是我们探索的重大课题和终极目标。

国内外学术界对劳动解放和人的解放的研究非常丰富,对于劳动解放的主要内涵的界定,众多学者把劳动解放直接等同于人的解放,是有待验证的。在马克思那里,“解放”指的是现实的历史的人的解放,即处于历史实践活动中的人、一切社会关系中的人的解放。也就是说,马克思指向的解放主体是现实的人的解放,人的解放是社会发展的最终形态,是人类追求的最高理想,是对未来共产主义社会的某种价值指向。而劳动解放是实现人的解放的现实形态,具有阶段性、动态性。从社会形态来看,原始社会的人的劳动受到自然界的奴役,对比原始社会,之后的一切阶级社会中,人不断的从自然界获得了劳动解放,但这种劳动解放始终是受制于一定的阶级社会关系,只要是阶级对立不消除,人的身体和心理始终遭受摧残,不能得到真正的人的解放,这在资本主义社会达到了前所未有的程度。只有当劳动者真正感受到劳动是自由自觉地实践活动,劳动成为人的第一需要,人真正实现了自由全面的发展,这样,劳动解放才最终达到了和人的解放的统一。因此,劳动解放是人的解放的前提。

二、劳动解放的现实可能性

马克思把人的解放作为最高追求,将劳动解放作为人的解放的实践前提,一生都在寻求劳动解放的现实可能性。劳动解放的现实可能性也就是将劳动解放根植于现实的实践活动中,把现实的人作为认识的主体、实践的主体和社会的主体。一是劳动者是认识的主体。在劳动实践过程中,劳动者首先是有意识的人,可以通过身体各种感官协调发挥作用,并产生对客观世界的认知,同时在认识外在对象的过程中,人逐渐积累经验,提升自我认知的能力,指导人的进一步认识,这就是感性认识和理性认识的统一。二是劳动者是实践的主体。无论在什么制度下,劳动者始终是实践的主体,实践只有在以劳动者为主体的前提下,才能对客观世界进行现实性的、对象性的活动。劳动者的实践活动具有现实性、创造性,从而通过体力与智力的结合使自然人化,创造属人的人化的自然。三是劳动者是社会的主体。人类社会发展的历史,不是单个劳动者的产物,而是处于一定社会关系中的劳动者的分工与合作的产物。人的本质的展开、劳动实践必须以劳动者的社会关系为前提,这是劳动者社会主体地位的体现。马克思在推演人是认识的主体、实践的主体和社会的主体的过程中,揭示了人类社会历史发展的规律和总趋势,论证劳动解放的现实可能性。

从资本主义社会的现实状况来看,劳动者创造资本,但最终不属于劳动者而属于资本家,同时,劳动者在资本主义固有的生产关系中失去了劳动者的社会主体地位,从而导致每一个作为认识主体、实践主体和社会主体的劳动者遭受不同程度的劳动异化和人的异化,变得越来越贫困。这种异化体现了资本主义社会的内在矛盾,但是这种异化伴随着生产力的发展会最终走向自己的反面,为劳动解放提供现实可能性。一方面,资本主义的生产关系为劳动者提供了个人全面发展的可能性。另一方面,由于生产力发展带来的生产关系的桎梏,促使资本主义制度对自身的否定,为劳动解放提供了可能。

马克思从劳动者的认识主体、实践主体和社会主体地位的确立,生产力的发展,生产关系的变革等因素论述了劳动解放的现实可能性。

三、"教育与生产劳动相结合"促进劳动解放的现实路径

马克思劳动解放理论阐述了发展生产力、变革生产关系等方面的现实路径,生产力发展为劳动解放提供物质基础和自由时间,变革生产关系是为了废除资本主义私有制,废除资本主义异化劳动,为劳动解放提供制度条件。此外,劳动解放的现实路径还包括教育与生产劳动相结合。

马克思将"教育与生产劳动相结合"视为无产阶级实现劳动解放的基本途径,这是马克思对空想社会主义"教育与生产劳动相结合"思想的继承和超越。在《共产党宣言》中,马克思提出要"把教育同物质生产相结合起来"①。马克思非常重视儿童教育问题,把儿童的教育与生产劳动相结合,不仅是教育权利的问题,还是无产阶级改造社会、实现人类解放的基本路径,他提出争取儿童教育权利要"把教育同物质生产结合起来""生产劳动和教育的早期结合是改造现代社会的最强有力的手段之一"②,无产阶级推翻资产阶级统治也要"把教育同物质生产结合起来",这是实现个人自由而全面发展的重要手段,"工人不是能自由行动的人……但是工人阶级中比较先进的那部分人则完全懂得,他们阶级的未来,因而也是人类的未来,完全取决

---

① 马克思恩格斯文集:第2卷[M].北京:人民出版社,2009:53.
② 马克思恩格斯文集:第3卷[M].北京:人民出版社,2009:449.

于新一代工人的成长。"①在《1857—1858 年经济学手稿》中,马克思还指出教育与生产劳动相结合是促进人全面发展的有效途径。

在马克思所处的时代,机器大工业发展,科学技术的进步,综合技术学校、农业学校和职业学校出现,体现了教育与生产结合,"工人的子女受到一些有关工艺学和各种生产工具的实际操作的教育"②。但是,这种教育形式"只是把初等教育同工厂劳动结合起来",这种状况是初级阶段的生产与教育结合。马克思对未来充满希望:"毫无疑问,工人阶级在不可避免地夺取政权之后,将使理论的和实践的工艺教育在工人学校中占据应有的位置。"③教育与生产劳动相结合是劳动解放的基本途径,也是无产阶级社会的基本存在形式。马克思认为在合理的社会制度下,存在一个普遍的自然规律,那就是:"为了吃饭,必须劳动,不仅要用脑劳动,而且也要用双手劳动。"④教育与生产劳动相结合是现代社会发展的客观规律。只有在社会主义制度下,才能使教育与生产劳动的联系和结合逐步成为普遍的和完全的现实。⑤

第三节　以教育培训为内容

以马克思恩格斯的教育理论为指引,教育培训内容的要点主要包括:一是从教育培训的生成来看,"整个所谓世界历史不外是人通过人的劳动而诞生的过程,是自然界对人来说的生成过程"⑥。教育培训活动是一种"生成

① 马克思恩格斯全集:第 21 卷[M].北京:人民出版社,2003:270.
② 马克思恩格斯文集:第 5 卷[M].北京:人民出版社,2009:561.
③ 马克思恩格斯文集:第 5 卷[M].北京:人民出版社,2009:561-562.
④ 马克思恩格斯全集:第 21 卷[M].北京:人民出版社,2003:269.
⑤ 成有信.现代教育论集[M].北京:人民教育出版社,2002:178.
⑥ 马克思恩格斯全集:第 3 卷[M].北京:人民出版社,2002:310.

性"的活动。教育培训活动首先表现为人的一种"需要生成"。从"现实的个人"的"需要生成"来看,人的需要有着显著的递进性。一般而言,人的需要包括生存需要、享受需要和发展需要等各种需要。生存需要是人的"第一个需要",即满足人的"吃喝住穿以及其他一些东西"①的需要。享受需要是人在生存需要得到满足后产生的一种新的需要,包括艺术享受、健康享受、娱乐享受等需要,是人的生命质量的一种高层次的需要。发展需要是指人在拥有了闲暇时间和自由时间的"自由权利"下,不断提升自己和发展自己的需要,如教育需要、交往需要、求知需要、自我实现需要等,是比生存需要和享受需要更高层次的需要。在继承和创造各类需要过程中,人总是要经历教育、训练和培训等活动,而这些活动也推动了人的需要的生成和发展。教育培训作为人的"需要生成"的一种需要,是满足人的发展需要的一种重要途径。

二是从教育培训的本质来看,教育产生于"实际社会关系本身内部"②。教育包括"智育……体育……技术培训"③三件事,由德育、智育、体育、美育和劳动教育等内容构成的,"生产劳动、智育、体育和综合技术培训结合起来"④培训与生产劳动相结合,共同构成了整体的教育系统,这种整体性的教育系统旨在造就全面发展的人。教育培训是一种有目的、有意识的受到一定物质经济状况制约的一种社会活动。

三是从教育培训的主体来看,"它的前提是人,但不是处在某种虚幻的离群索居和固定不变状态中的人,而是处在现实的、可以通过经验观察到的、在一定条件下进行的发展过程中的人。"⑤将"现实的、可以通过经验观察

---

① 马克思恩格斯文集:第1卷[M].北京:人民出版社,2009:531.
② 马克思恩格斯文集:第8卷[M].北京:人民出版社,2009:34.
③ 马克思恩格斯全集:第21卷[M].北京:人民出版社,2003:270.
④ 马克思恩格斯全集:第21卷[M].北京:人民出版社,2003:271.
⑤ 马克思恩格斯文集:第1卷[M].北京:人民出版社,2009:525.

到的、在一定条件下进行的发展过程中的人",即"现实的个人"作为教育培训的主体,强调教育培训必须要紧紧围绕"现实的个人"的实践活动和实际发展过程来展开。

四是从教育培训的目的来看,"为改变一般人的本性,使它获得一定劳动部门的技能和技巧,成为发达的和专门的劳动力,就要有一定的教育或训练"①。教育培训对于改变人的本性,帮助人提升劳动能力和创造能力,培养发达的劳动力和专门的劳动力具有重要的作用,教育培训的目的就是培养高素质专业化创新型的劳动者。

五是从教育培训的方法来看,"按不同类别循序渐进"②的科学教育培训方法。按照人所在生产的某一个部门或者某一个工作岗位,或者让人轮流从一个生产部门转到另一个生产部门,对人开展分门别类的教育培训,以实现人通晓所在生产部门的生产流程和掌握生产活动所要求的必备能力。教育培训面对不同的人及其不同的需要,要求"因人施训"和"因需施训",实施个性化和发展性的教育培训方法。马克思恩格斯的唯物史观教育培训理论是包含融入"世界历史的进展"的教育培训生成、作为"物质关系直接产物"的教育培训本质、立足"现实的个人"的教育培训主体、造就"发达的和专门的劳动者"的教育培训目的、采用"不同类别循序渐进"的教育培训方法等基本内容的系统的教育培训理论,是促进人的全面发展的教育培训理论。可以把马克思恩格斯的唯物史观教育培训理解成:"现实的人"在"自己生活的社会生产中",为获得"多方面的需要以及全面的能力",使自己"成为发达的和专门的劳动力",所必须接受的按照"不同类别循序渐进"的方法开展的"教育或训练"的社会生产活动。这里面包括了教育培训主体("现实的

---

① 马克思恩格斯全集:第44卷[M].北京:人民出版社,2001:200.

② 马克思恩格斯全集:第21卷[M].北京:人民出版社,2003:270.

人”）、教育培训目的（"成为发达的和专门的劳动力"）和教育培训方法（"不同类别循序渐进"），同时也指出了教育培训环境（"自己生活的社会生产中"），注重考虑人自身状况及所处的经济社会发展状况。

第四节　以西方教育理念为借鉴

一、成人教育理论

（一）美国学者诺尔斯的成人教育理论

诺尔斯在《成人学习者》中提出了"成人教育学的实践"，包括"成人教育学：成人学习的核心原则""学习的目标和目的""个体和情境差异"①。"成人教育学：成人学习的核心原则"包括"学习者的认知需要"（为什么、是什么、怎么样）、"学习者的自我思想"（自主、自我导向）、"学习者的过往经验"（资源、心智模式）、"学习意愿"（与生活相关、发展任务）、"学习引导"（以问题为中心、语境式）、"学习动机"（内在价值、个人回报）。"学习的目标和目的"包括个体发展、集体发展、社会发展。"个体和情境差异"包括学习者个体差异、题材差异、情境差异。在"成人教育学的实践"中最适当的实践是适合了学习者的独特性和学习情况。

诺尔斯的成人教育理论的要点可以归纳为以下三点：一是充分了解成人学习者的需要，成人学习者对为什么要学习，学习是什么，怎么样学习这些基本问题必须要给予明确清晰回答，这也是对成人学习者的认知、需要的

---

① ［美］马尔科姆·S.诺尔斯等著.龚自力等译.成人学习者［M］.北京:北京师范大学出版社,2016:3.

能力的诊断和规划。二是全面总结成人学习者的经验,成人学习者要对自身的思想经验和实践经验进行全面总结,也就是要对成人学习者的个体和情境进行研究,为实施成人学习提供自我评估和参考。三是系统设计成人学习者的学习,成人学习者要根据学习意愿和学习动机来采取适合自身的学习方案,这要求成人学习者要以问题为中心并在特定语境下来进行学习。诺尔斯的成人教育理论是其自身经验的总结,带有其自身的独特思考,给成人学习者提供了思考自我、设计自我和发展自我的非常有益的启示。对于教育培训工作而言,要求开展教育培训工作首先需要对学员进行全面系统的需求调研,进而设计出适合学员培训需要的方案,这也是诺尔斯的成人教育理论的一大启示。

(二)成人教育培训理论相关内容

《成人教育培训工作者服务能力评价》规定了成人教育培训工作者的职业道德和专业资格要求,培训过程实施与管理能力,培训教学能力,培训质量管理能力及相应的评价内容。

一是成人教育培训工作者的专业知识,包括"现代培训理论;成人学习心理;成人教育理论;成人教育培训管理;成人教育培训国家标准和政策法规基本知识等知识系统。"成人教育培训工作者的专业知识是确保成人教育培训工作顺利开展的前提条件,打牢专业知识基本功是最关键的,是至关重要的。二是成人教育培训工作者的专业能力,包括"培训需求分析能力;设计和策划培训能力;培训营销能力;培训教学能力;培训质量管理能力等能力系统。"[①]成人教育培训工作者的专业能力是专业知识的转化,具备了这些

---

① 中国成人教育协会成人教育培训机构工作委员会.成人教育培训工作者服务能力评价[S],GB/T 28914-2012,2012-10-12.

专业能力才能够为增强教育培训自信力和行动力,为取得预期效果提供保障。《成人教育国际委员会提交给国际委员会关于 21 世纪的教育与学习的报告》中提出:"成人教育在其所有的不同方面及手段上已经和社会中的大多数人产生了联系,因为成人教育的对象,无论是年轻人或年老者他们都是社会成员,在社会发展中的不同阶段,他们都将接受成人教育,在适当阶段成为成人教育的学生。""成人教育必须成为一个更加开放和灵活的系统。它容纳了不很常规的媒介,如自我导向学习、远距离教育、新技术教育。成人教育通过使用这些方法,针对那些传统上由于某些原因没有参与进来的东西,努力改善人们提供和获得通过媒介被公认的学习机会,确立教育纲要。""成人教育不只局限于读书和识字,也不只是为穷人而办。不能把它看成是减轻贫困的补偿性的社会政策,而是要看作是人类发展和自立(人类资本)的工具。""成人教育必须是无所不包的,它涉及各个年龄段、性别、民族以及各社会背景的人。而成人教育还必须考虑到大学的生活、侧面以及每个人(如公民、父母、工人、教育工作者、消费者、关心社会的人等)。因此,成人教育需要容纳与其身份相适应的成人学习需要。"①

二、终身教育理论

朗格朗在《终身教育引论》中系统阐述了终身教育理论。朗格朗的终身教育理论的要点主要包括:

一是关于"终身教育"的概念。朗格朗提出:"我们所说的终身教育是一系列很具体的思想、实验和成就,换言之,是完全意义上的教育,它包括了教

133

---

① 韩林庆.成人教育和终身学习问题、疑点和建议——成人教育国际委员会提交给国际委员会关于 21 世纪的教育与学习的报告[J].成人教育,1996(Z1):63-64.

育的所有各个方面,各项内容,从一个人出生的那一刻起一直到生命终结时为止的不间断的发展,包括了教育各发展阶段各个关头之前的有机联系。"①一方面终身教育是完全意义上的教育。终身教育不仅是一个囊括了各级各类教育在内的教育总和,而且贯穿于人的一生过程中,从人来到人世间就开启了终身教育的旅程。"终身教育的内容差不多也包括成人教育"②人所接受的家庭教育、学校教育、社会教育、成人教育等等都能映射终身教育的影子。另一方面终身教育是促进人的发展的教育。终身教育与人的一生相伴,是随着人的发展而不断发展的,人们求发展求进步的愿望和脚步一刻不停歇,终身教育一刻不停步,从这个意义上讲,终生教育对于促进人的发展是非常有帮助的。

二是关于终身教育的意义。朗格朗指出:"对于实行终身教育的前景及其必要性,不应从其他人,或从学生外部的、一定量的知识来加以判断,而应从特定个人的个性发展来着眼。"③把终身教育与人的知识储量和人的个性发展联系起来,最为关键的是人的个性发展,人的个性发展离不开人所处的文化传统观念和文化现实环境。"一个人的文化是他借以不断实现自我发展的所有努力和经验的总和。"④人们实现自我发展的努力和经验只对于其自身才有意义,这是与个人的发展历程有关联的,而终身教育为人的发展提供连续的建设性过程联系,这就是终身教育的重要意义。

三是关于终身教育的原则。朗格朗认为"要提出一种模式的终身教育

---

① [法]保罗·朗格郎著.周南照、陈树清译,王遵仲校.终身教育引论[M].北京:中国对外出版翻译公司,1985:15-18.

② 朗格朗,张玲,沈剑平.终身教育概念的发展[J].现代外国哲学社会科学文摘,1988(09):29-32.

③ [法]保罗·朗格郎著.周南照、陈树清译,王遵仲校.终身教育引论[M].北京:中国对外出版翻译公司,1985:45.

④ [法]保罗·朗格郎著.周南照、陈树清译,王遵仲校.终身教育引论[M].北京:中国对外出版翻译公司,1985:46.

是不可能的。每个国家都有自己的体制、结构,自己的传统,自己的禁忌,自己的便利条件。"①不主张各国采用一个模式的终身教育,一个模式的终身教育根本不存在,朗格朗认为,"根据终身教育原则所阐明的主要方针来寻求实际的解决办法"②才是明智之举。终身教育原则包括:"要保证教育的连续性以防止知识过时;使教育计划和方法适应每个社会的具体要求和创新目标;在各个教育阶段都要努力培养新人,使之能适应充满进步、变化和改革的生活;大规模地调动和利用各种训练手段和信息,这种训练和信息超出了对教育的传统定义和组织形式上的限制;在各种形式的行动(技术的、政治的、工业的、商业的行动等)和教育的目标之间建立密切的联系。"③基于和发挥这些原则的效能就可以建立多种多样的教育模式,但是不论教育模式如何丰富多彩,都必须让教育服务于人的生活,由人通过教育获得这种生活。

四是关于人员培训。朗格朗提出了"人员培训"需要注意的——"经验和研究表明,成人教育不能走以儿童为对象的传统教学法的道路。只有当负责成人教育的人经过了心理学、社会学、技术和教育的专门训练,认识了如何去适应成人的动机、吸收能力、发展需要,为成人设计的教育计划才能有效地得以实施并达到预定目标。"④针对成人的人员培训必须要采用适合成人动机、能力、需要的教育培训计划,这才能够适应成人教育的发展实际。朗格朗还提出"发展个性的教育""终身教育与现代思想"⑤,满足人们多样

---

① [法]保罗·朗格朗著.周南照、陈树清译,王遵仲校.终身教育引论[M].北京:中国对外出版翻译公司,1985:65.

② [法]保罗·朗格朗著.周南照、陈树清译,王遵仲校.终身教育引论[M].北京:中国对外出版翻译公司,1985:65.

③ [法]保罗·朗格朗著.周南照、陈树清译,王遵仲校.终身教育引论[M].北京:中国对外出版翻译公司,1985:65.

④ [法]保罗·朗格朗著.周南照、陈树清译,王遵仲校.终身教育引论[M].北京:中国对外出版翻译公司,1985:65.

⑤ 朗格朗,张玲,沈剑平.终身教育概念的发展[J].现代外国哲学社会科学文摘,1988(09):29-32.

化的需要和提升人们的现代思想精神,不断推动社会进步。

朗格朗的终身教育理论为教育培训工作提供了重要启示:一是教育培训工作应充分考虑学员的动机、能力、需要,做好调研工作。二是教育培训工作应设计符合学员需要的教育培训计划,满足学员的需要,实施按需施教施训。

三、培训评价理论

关于培训评价理论,在世界范围影响力较大的就是"柯式四级评估法"。柯克帕特里克在其《如何做好培训评估:柯式四级评估法》中系统阐述了"柯式四级评估法",该方法被广泛应用于教育培训行业领域。其要点主要包括:一是关于培训规划与实施的十大要素。柯克帕特里克指出,"1.确定培训需求,2.设定培训目标,3.确定培训内容,4.挑选参训人员,5.制定最佳课程时间表,6.选择适当的培训设施,7.选择合适的培训师,8.挑选准备相应的视听辅助资料,9.做好培训项目的协调工作,10.评估培训项目"[①]是高效做好培训项目的规划和实施需要详细考虑的十大要素。二是培训评估的特殊理由。柯克帕特里克指出,"1.通过展示培训部门对组织目标及任务所做的贡献说明其存在的理由和投入一定资金的根据,2.决定培训项目需要继续执行还是彻底终止,3.获得提升培训项目质量的信息。"[②]基于上述三个特殊理由,进行培训评估是必须的。其中第三个理由是最常见的理由,即确定培训项目的效果及改进的方式,改进培训是培训评估的重要使命。三是关

---

① [美]唐纳德 L.柯克帕特里克,詹姆斯 D.柯克帕特里克著.吴卫华等译.如何做好培训评估:柯式四级评估法[M]北京:机械工业出版社,2007:2.

② [美]唐纳德 L.柯克帕特里克,詹姆斯 D.柯克帕特里克著.吴卫华等译.如何做好培训评估:柯式四级评估法[M]北京:机械工业出版社,2007:12 -13.

于四级培训评估模式。克里帕特里克指出:"四级培训评估模式是评估培训项目所采用的一系列方法。"①"四级培训评估"包括"四个评估级别"——"第一级:反应;第二级:学习;第三级:行为;第四级:结果。"②

表6-2 克里帕特里克指出的四级培训评价

级别	定义
反映级别	衡量参与培训项目的学员对培训所做出的反应
学习级别	参训学员参加培训项目后,能够在多大程度上实现态度转变、知识扩充或技能提升等相应结果
行为级别	参训学员参加培训项目后,能够在多大程度上实现行为方面的转变
结果级别	参训学员参加培训项目后,能够实现的最终结果

一是反应级别。反应级别的评估是"衡量参与培训项目的学员对培训所做出的反应""顾客满意度的测量"③,也就是顾客满意度的评估。该级别包括两个方面:一个是学员要对培训做出反应。学员对培训的反应一方面可以提供有价值的意见和建议等反馈,一方面可以根据学员对培训的反应来对培训项目的效果做出一个大体的判断和评价,再一方面可以根据学员对培训的反应统计出量化信息来为培训项目制定培训效果衡量标准。如果学员对培训没有任何反应,则意味着培训并未引起学员的兴趣,存在着培训项目失败的风险。一个是赢得学员对培训的积极且肯定的反应。如果学员对培训的反映不积极或反映比较冷淡,则意味着培训还存在着需要进一步改进优化的地方,也存在着培训项目失败的风险。只有具备了这两个方面

———————
　①[美]唐纳德 L.柯克帕特里克,詹姆斯 D.柯克帕特里克著.吴卫华等译.如何做好培训评估:柯式四级评估法[M]北京:机械工业出版社,2007:16.
　②[美]唐纳德 L.柯克帕特里克,詹姆斯 D.柯克帕特里克著.吴卫华等译.如何做好培训评估:柯式四级评估法[M]北京:机械工业出版社,2007:16.
　③[美]唐纳德 L.柯克帕特里克,詹姆斯 D.柯克帕特里克著.吴卫华等译.如何做好培训评估:柯式四级评估法[M]北京:机械工业出版社,2007:16.

才有希望为参与培训项目的学员取得成功提供可能,才能有利于培训项目的成功。

二是学习级别。学习级别的评估首先要明确学习的概念。克里帕特里克指出:"学习是指参训学员参加培训项目后,能够在多大程度上实现态度转变、知识扩充或技能提升等相应结果。"①"态度转变""知识扩充""技能提升"三个方面是培训项目的三个目标,而能够达到学习级别就意味着这三个目标的实现。这三个目标的实现为学员的行为转变提供前提。学习评估关注的是学员在培训项目中的学到的知识、掌握或提升的技能、发生转变的态度等三个方面。

三是行为级别。克里帕特里克指出:"行为是指参训学员参加培训项目后,能够在多大程度上实现行为方面的转变。"②学员行为转变需要具备四个条件:"学员必须有行为转变的欲望""学员必须知道应该做什么,应该怎么做""学员必须有一个恰当的工作氛围""学员必须能够从转变中获得相应的回报③。"相应的回报"包括学员在行为转变过程中获得的内在回报和外在回报。内在回报包括"内心满足感、荣耀感和成就感等一些积极结果"④,外在回报包括"赢得主管的表扬,他人的认可以及相应的经济激励"⑤。经济激励如增加学员的工资和津贴等。行为评估对学员在培训中学到的知识、技能、态度与具体工作的应用结合起来的效果进行评估。但是受到学员所处

---

① [美]唐纳德 L.柯克帕特里克,詹姆斯 D.柯克帕特里克著.吴卫华等译.如何做好培训评估:柯式四级评估法[M]北京:机械工业出版社,2007:17.
② [美]唐纳德 L.柯克帕特里克,詹姆斯 D.柯克帕特里克著.吴卫华等译.如何做好培训评估:柯式四级评估法[M]北京:机械工业出版社,2007:17.
③ [美]唐纳德 L.柯克帕特里克,詹姆斯 D.柯克帕特里克著.吴卫华等译.如何做好培训评估:柯式四级评估法[M]北京:机械工业出版社,2007:17.
④ [美]唐纳德 L.柯克帕特里克,詹姆斯 D.柯克帕特里克著.吴卫华等译.如何做好培训评估:柯式四级评估法[M]北京:机械工业出版社,2007:18.
⑤ [美]唐纳德 L.柯克帕特里克,詹姆斯 D.柯克帕特里克著.吴卫华等译.如何做好培训评估:柯式四级评估法[M]北京:机械工业出版社,2007:18.

的竭力反对型、不予提倡型、置之不理型、积极鼓励型、明确要求型等不同工作氛围,行为改变存在着一定挑战性,如果学员参加培训项目后行为没有得到转变,那么对学员进行反应级别和学习级别的评估就极为重要。

四是结果级别。克里帕特里克指出:"结果是指参训学员参加培训项目后,能够实现的最终结果。"①包括质量提高、效益提高、学员能力提升、学员素质提升等可以促进现实性发展的结果。结果评估是看得见的有形的实实在在的结果,意味着学员参与培训项目不仅仅是为了获得一些概念、理论、原则,而是希望能够获得直接的、可行的、实用的东西以此来获得更多的可持续的回报。

"四级培训评估"的顺序是反应评估→学习内容评估→行为转变评估→实现的结果评估。这四个级别评估都是重要的,反应评估是最基础的评估,反应评估是所有培训项目都必须要进行的评估,缺失了这一项评估,培训项目是不完整的,也必定是达不到预期目的的。其他三个级别评估可根据实际情况来开展。

四、信息技术理论

当今信息技术发展迅猛,已经深刻影响和改变了人们的思维方式和学习方式。信息技术已经在干部教师教育培训工作中展现出了独特优势。充分运用现代信息技术,发挥信息技术在干部教师教育培训中的助推作用,提高培训工作的信息化水平。其中远程教育(远距离教育)理论是信息技术理论的一个重要表现,远程教育理论既顺应了信息技术的发展趋势,也顺应了

---

① [美]唐纳德 L.柯克帕特里克,詹姆斯 D.柯克帕特里克著.吴卫华等译.如何做好培训评估:柯式四级评估法[M]北京:机械工业出版社,2007:19-20.

"互联网＋"时代的发展要求。爱尔兰学者德斯蒙德·基更是国际知名远程教育专家,他著的《远距离教育基础》提出了远程教育的开创性见解,对世界各国的远程网络学习提供了重要参考。《教育部关于发布〈网络学习空间建设与应用指南〉的通知》(教技〔2018〕4号)对网络学习空间的构成、个人与机构空间、公共应用服务、数据分析服务和空间安全保障等内容作了明确规定,依托远程网络技术进行教育培训受到重视。德斯蒙德·基更的远程教育理论的要点主要包括:一是关于远距离教育的定义。1983年德斯蒙德·基更对"远距离教育"作出如下定义:"远距离教育是教育致力开拓的一个领域。在这个领域里,在整个学习期间,学生和教师处于准永久性分离状态;学生和学习集体也在整个学习期间处于准永久性分离状态;技术媒体代替了常规的、口授的、以集体学习为基础的教育的人际交流(这样与自学计划区别开来);学生和教师进行双向交流是可能的(这样与其他教育技术形式区别开来)。它相当于一个工业化的教育过程。"①二是关于远距离教育的技术媒体。远距离教育通过技术媒体来实现教师与学生的交流沟通,技术媒体包括录像、计算机等机械电子方式,这发挥了信息技术的优势,实现了教师的教学行为与学生的学习的行为在时空上的分离,借助计算机联网交流、电视会议、计算机会议等方式实现教师学生的交流。

《网络学习与空间建设与应用指南》提出"重构学习环境。建立人人皆学、处处能学、时时可学的泛在学习环境,适应信息化条件下的教与学需求,推动正式学习与非正式学习融合,实现有效支持个性化、适应性学习的智能化学习支持环境。"《网络学习质量指南》(中文版,中央广播电视大学出版)对网络学习进行了系统阐述,其要点包括:一是网络学习与面授教育的区

---

① [爱尔兰]德斯蒙德·基更著.丁新等译.远距离教育基础:第二版[M].北京:中央广播电视大学出版社,1997:40-41.

别。指出:"网络学习突破了面授教育的时空界限。为希望获得更多教育机会的人们提供了别样的学习形式,这是很多远程教育项目的意义所在。但是,并非像人们有时描述的那样,网络学习与传统课堂学习水火不容。网络学习应该被看作是一种既可以独立操作,又可以与传统课堂教学相辅相成的新型教学模式。"①二是关于网络学习的质量。"保证网络学习质量的另一关键是教师职业发展以及相关部门的员工培训。归根到底,网络课程的质量依赖于教师对于课程设计的质量以及教师对教学方法的使用。"

---

① 网络学习质量指南[EB/OL].http://www.ouchn.edu.cn/Portal/Category/Article-Detail.aspx?ArticleId=736357DB-0F59-4B41-A072-06B4BACC1B1E.

第七章
新时代教育系统干部教师教育培训的主要内涵

　　新时代教育系统干部教师教育培训的实践探索是丰富的、多样的,也积累了丰富的、多样的实践经验,从教育系统干部教师教育培训的实践经验中择其要者,归纳起来包括基本理念、主要模式、核心能力等方面。基本理念方面是指"以人为本、终身学习、远程网络"培训者的三项基本培训理念,主要模式方面是指基于人的发展的"个性化培养"的培训模式、信息技术与培训融合的"混合式培训"的培训模式等培训模式,核心能力方面是指政策文件学习能力、培训需求调研诊断能力、方案设计能力、课程开发能力、教学实施能力、绩效评估能力、工作坊主持能力、信息技术应用能力等培训者的八项专业能力。典型案例方面是以"教育部—中国移动中小学校长培训项目"、校长国培计划、教师国培计划、银龄计划等为例。

第一节　干部教师教育培训的指导思想

　　新时代教育系统干部教师教育培训的根本指导思想是马克思主义,要坚持马克思主义理论的根本指导,要坚持习近平新时代中国特色社会主义思想的指导。

2021年7月1日习近平在庆祝中国共产党成立100周年大会上的讲话中强调指出:"马克思主义是我们立党立国的根本指导思想,是我们党的灵魂和旗帜。"①2018年5月4日习近平在纪念马克思诞辰200周年大会上的讲话中强调指出:"新时代,中国共产党人仍然要学习马克思,学习和实践马克思主义,不断从中汲取科学智慧和理论力量"②2017年9月习近平在中共中央政治局第四十三次集体学习时强调指出:"马克思主义就是我们党和人民事业不断发展的参天大树之根本,就是我们党和人民不断奋进的万里长河之泉源。""要立足时代特点,推进马克思主义时代化,更好运用马克思主义观察时代、解读时代、引领时代,真正搞懂面临的时代课题,深刻把握世界历史的脉络和走向。"③马克思主义是立党立国的根本指导思想,新时代教育系统干部教师教育培训研究必须要以马克思主义为根本指导思想,要持续学习和实践马克思主义。马克思主义理论的科学性已经为事实所证明,构建新时代中国特色干部教师教育培训体系的理论基础就是马克思主义理论。

马克思主义基本原理为新时代中国特色干部教师教育培训研究提供了科学的坚实的理论根基。新时代中国特色干部教师教育培训体系是马克思主义基本原理与新时代中国干部教师教育培训工作具体实际相结合的结果,是对马克思主义基本原理的创造性运用,体现的是马克思主义指导下的干部教师教育培训工作的中国特色。

---

① 习近平.在庆祝中国共产党成立100周年大会上的讲话[N].人民日报,2021-07-02(002).

② 习近平.在纪念马克思诞辰200周年大会上的讲话[J].党建,2018(05):4-10.

③ 习近平.深刻认识马克思主义时代意义和现实意义 继续推进马克思主义中国化时代化大众化[J].党建,2017(10):1+7.

马克思主义作为科学理论,在构建新时代中国特色干部教师教育培训体系过程中发挥着双重作用。一是发挥着理论引领作用。马克思主义直接为构建新时代中国特色干部教师教育培训体系提供理论引领,马克思主义理论可以为新时代中国特色干部教师教育培训体系提供最基本的理论引领,确保新时代中国特色干部教师教育培训体系的马克思主义特质,这能够在理论层面保证新时代中国特色干部教师教育培训体系的科学性,有了马克思主义的科学理论引领,构建新时代中国特色干部教师教育培训体系就有了理论自信和理论底气。二是发挥着理论创新作用。构建新时代中国特色干部教师教育培训体系是一项十分巨大的创造性的系统工程,特别需要高度的创新力,马克思主义时代化为新时代中国特色干部教师教育培训体系提供了与时俱进的创新思维动能,在推进马克思主义中国化过程中构建新时代中国特色干部教师教育培训体系本身就是对马克思主义中国化的一种推动力量,这种推动力量具有显著的创新特征。

第二节　干部教师教育培训的价值目标

新时代教育系统干部教师教育培训的价值目标就是培养好干部、好教师,建设高素质干部队伍和高素质教师队伍。

一、关于新时代教育系统干部教育培训的价值目标

2013 年 6 月 28 日,习近平总书记在全国组织工作会议上强调:"好干部

要做到信念坚定、为民服务、勤政务实、敢于担当、清正廉洁。"①"好干部要做到信念坚定、为民服务、勤政务实、敢于担当、清正廉洁。""理想信念坚定,是好干部第一位的标准,是不是好干部首先看这一条。"②2018 年 7 月 3 日,习近平总书记在全国组织工作会议上的讲话中强调:"建设忠诚干净担当的高素质干部队伍""我们要建设一支忠实贯彻新时代中国特色社会主义思想、符合新时期好干部标准、忠诚干净担当、数量充足、充满活力的高素质专业化年轻干部队伍。"③《干部教育培训工作条例》(2015 年)明确强调:"培养造就信念坚定、为民服务、勤政务实、敢于担当、清正廉洁的好干部"④。《推进领导干部能上能下规定》(2022 年 9 月 8 日中共中央办公厅发布)强调"建设德才兼备、忠诚干净担当的高素质专业化干部队伍""落实新时代好干部标准"。新时代好干部的特质是"信念坚定、为民服务、勤政务实、敢于担当、清正廉洁"。同时《全国教育系统干部培训规划(2013—2017 年)》强调"培养造就一支高素质专业化办学治校骨干队伍"。《关于贯彻落实〈2018—2022年全国干部教育培训规划〉的实施意见》(2019 年 4 月 17 日)强调"建设忠诚干净担当的高素质教育系统干部队伍"。新时代教育系统干部教育培训担负着建设高素质教育系统干部队伍的重大任务。

二、关于新时代教育系统教师教育培训的价值目标

2014 年 9 月 9 日,习近平总书记在北京师范大学看望一线教师时指出:

---

① 习近平.出席全国组织工作会议并发表重要讲话[EB/OL].http://www.gov.cn/ldhd/2013-06/29/content_2437094.html.
② 习近平.习近平谈治国理政[M].北京:外文出版社,2014:412-413.
③ 习近平.在全国组织工作会议上的讲话[J].当代党员,2018(19):4-11.
④ 干部教育培训工作条例[N].光明日报,2015-10-19(010).

"做好老师,要有理想信念、道德情操、扎实学识、仁爱之心"①"全国广大教师要做有理想信念、有道德情操、有扎实知识、有仁爱之心的好老师"②。"教师职责第一位的就应该是'传道'"③"四有好老师"承继中华优秀传统文化中的"传道、授业、解惑"的教育思想精髓,把"传道"作为教师的首要职责。2022年4月25日习近平在中国人民大学考察时强调:"教师既精通专业知识、做好'经师',又涵养德行、成为'人师',努力做精于'传道受业解惑'的'经师'和'人师'的统一者"④,培养"经师和人师的统一者"的新时代人民教师是新时代教育系统教师教育培训的工作方向,做"经师和人师的统一者"的人民教师是新时代人民教师的努力方向。《中共中央 国务院关于全面深化新时代教师队伍建设改革的意见》(2018年1月20日)强调,党员教师要"争做"四有"好教师的示范标杆",广大教师要"争做"四有"好教师",形成"优秀人才争相从教、教师人人尽展其才、好教师不断涌现"的良好局面⑤。新时代好教师的特质是"有理想信念、道德情操、扎实学识、仁爱之心"。《中共中央 国务院关于全面深化新时代教师队伍建设改革的意见》(2018年1月20日)强调"造就党和人民满意的高素质专业化创新型教师队伍"。《中华人民共和国国民经济和社会发展第十四个五年规划和2035年远景目标纲要》(2021年)强调"建设高素质专业化教师队伍"。新时代教育系统教师教育培训担负着建设高素质教育系统教师队伍的重大任务。

---

① 习近平论"好老师":教师第一位是"传道"[EB/OL].http://www.xinhuanet.com/politics/2014-09/09/c_1112412661.html.

② 习近平号召全国广大教师做党和人民满意的好老师[EB/OL].http://cpc.people.com.cn/n/2014/0909/c64094-25628525.html.

③ 习近平论"好老师":教师第一位是"传道"[EB/OL].http://www.xinhuanet.com/politics/2014-09/09/c_1112412661.html.

④ 习近平.坚持党的领导传承红色基因扎根中国大地 走出一条建设中国特色世界一流大学新路[J].党建,2022(05):4-6.

⑤ 中共中央国务院关于全面深化新时代教师队伍建设改革的意见[N].人民日报,2018-02-01(001).

　　新时代的干部教师要以新时代好干部标准和"四有好老师"标准作为准则。从学科的党性原则来看,坚守新时代"好干部""好教师"是新时代中国特色干部教师教育培训义不容辞的职责,新时代中国特色干部教师教育培训担负着培养德才兼备的新时代"好干部""好教师"的十分重大的光荣任务。将新时代"好干部""好教师"融进新时代中国特色干部教师教育培训体系中,需要加大对新时代"好干部""好教师"的研究力度。一方面要定向精准进行研究。要将新时代"好干部""好教师"作为干部教师教育学二级学科中的核心概念范畴进行系统性全方位的研究,包括但不限于历史背景、理论基础、实践经验、政策文本、发展逻辑等方面,不断拓展新时代"好干部""好教师"的研究领域,着重加强定向化的精准化的研究。一方面要与时俱进进行研究。要紧跟新时代的发展步伐,紧握新时代的发展脉搏,对新时代"好干部""好教师"进行新阐释新发展,特别是在网络化信息化时代,需要从网络环境的视角来对新时代"好干部""好教师"展开研究,引导新时代干部教师要高度重视网络的影响和有效发挥网络的作用。"各级党政机关和领导干部要学会通过网络走群众路线""善于运用网络了解民意、开展工作"①。"在信息时代做好老师,自己所知道的必须大大超过要教给学生的范围,不仅要有胜任教学的专业知识,还要有广博的通用知识和宽阔的胸怀视野。好老师还应该是智慧型的老师,具备学习、处世、生活、育人的智慧,既授人以鱼,又授人以渔,能够在各个方面给学生以帮助和指导。"②将提高干部教师的网络化信息化能力作为新时代"好干部""好教师"研究的应有之义,网络化信息化能力是新时代好干部好教师的一项基本功和必备本领。

---

① 习近平.在网络安全和信息化工作座谈会上的讲话[N].人民日报,2016-04-26(002).
② 习近平.做党和人民满意的好老师[N].人民日报,2014-09-10(002).

第三节 干部教师教育培训的基本理念

人的思维来源于实践,具有重要的能动作用,人们需要运用科学的先进的思维来指导实践,并在实践中不断发展人的思维。科学的先进的培训理念是干部教师教育培训的先导,以中小学校长培训管理者教育培训为例,探讨中小学校长培训管理者为什么要进行培训理念创新、应具备什么样的培训理念、怎样进行培训理念创新等问题,这些问题引发了培训管理者和教育工作者的思考。基于马克思主义认识理论,对这些问题进行分析,为推动中小学校长培训管理者培训理念创新和中小学校长培训工作提供一定参考。培训理念为中小学校长和幼儿园园长培训者有效实施中小学校长和幼儿园园长培训工作提供思想指引。梳理中小学校长和幼儿园园长培训者培训理念研究成果,概览中小学校长和幼儿园园长培训者培训理念相关政策文件,浅析培训者应具备"以人为本、终身学习、远程网络"三项基本培训理念,初探中小学校长和幼儿园园长培训者创新培训理念的路径,为学界深入开展中小学校长和幼儿园园长培训者培训理念相关问题研究提供参考。

"造就党和人民满意的高素质专业化创新型教师队伍,落实立德树人根本任务,培养德智体美全面发展的社会主义建设者和接班人,全面提升国民素质和人力资源质量,加快教育现代化,建设教育强国"[①],这是新时代的呼唤。站在全面建成小康社会的历史关头,培养一支具有先进培训理念、过硬专业能力的高素质专业化创新型的培训者队伍,不仅是新时代提出的一项

---

① 中共中央国务院关于全面深化新时代教师队伍建设改革的意见[N].人民日报,2018-02-01(001).

鲜明而迫切的重要课题,而且是中小学校长和幼儿园园长培训者和教育工作者的重大使命和担当。

一、培训者培训理念研究成果梳理

以中国知网所载材料为研究来源,收集整理了中小学校长和幼儿园园长培训者培训理念研究成果的相关材料。材料显示,以"中小学校长和幼儿园园长培训者培训理念"为篇名的研究成果甚少。以"中小学校长培训者培训理念"为篇名的研究成果,也非常少。以"培训者培训理念"为篇名的研究成果,文章较多,领域较广,种类多样,内容丰富,但涉及到"中小学校长和幼儿园园长培训者培训理念"的并不多,主要涉及的是企业培训理念、公务员培训理念、警察教育培训理念、检察教育培训理念、党校培训理念、农民工职业培训理念、教师培训理念、医院培训理念、国外培训理念等。其中,企业培训理念主要有:个性化培训理念、以人为本培训理念、"教学 + 科研 + 生产 + 培训"一体化培训理念、职业生涯设计培训理念等。公务员培训理念主要有:能力为本理念、需求导向理念、教学互动理念、市场评判理念等。教师培训理念主要有:体验式培训理念、混合式培训理念、行动学习培训理念、"做中学"培训理念、参与式培训理念、以人为本培训理念、终身学习培训理念等。党校培训理念主要有:新发展理念(指创新、协调、绿色、开放、共享的五大发展理念)、以人为本培训理念、按需施教培训理念等。

综上所述,在当下,关于"中小学校长和幼儿园园长培训者培训理念"这一课题研究虽已引起培训者和教育工作者的关注,也取得了一系列研究成果,呈现出培训理念在不同领域、不同行业的交叉和跨界的生机活力和勃发生态,为培训者掌握并应用培训理念提供了资源库和动力源。但是,中小学校长和幼儿园园长培训者培训理念研究总体上存在着研究成果较少、研究进展滞后、研究专业化程度较浅、为培训者队伍建设的供给能力较弱等问题,在一定程度上很不适应培训者培训工作,制约着培训者专业成长,从而影响着中小学校长和幼儿园园长培训工作的长足发展。

二、培训者培训理念相关政策文件概览

立足现有文献资料,笔者收集整理了关于中小学校长和幼儿园园长培训者培训理念相关政策文件,主要包括,《教育部办公厅关于印发〈全国中小学校长培训工作研讨会会议纪要〉的通知》(教人厅〔2002〕11 号),该通知提出了"树立现代教育培训理念""先进的培训理念";《中共教育部党组关于印发〈全国教育系统干部培训规划(2013—2017 年)〉的通知》(教党〔2013〕7 号),该通知提出"树立现代培训理念";《教育部办公厅关于启动实施中小学校长国家级培训计划的通知》(教师厅函〔2014〕9 号),该通知提出了"具有现代培训理念";等等。这些文件提出了"先进的培训理念""现代培训理念",强调了培训理念对于培训者培训工作和中小学校长和幼儿园园长培训工作的重要性,但未明确指出"先进的培训理念""现代培训理念"的具体内容。综上所述,相关政策文件不仅为中小学校长和幼儿园园长培训者在培训理念方面提供了一个宏观指引,也为培训者立足培训工作实践,反思培训工作经验,积极发挥主动性创造性进行培训理念创新提供了广阔舞台。

三、培训者三项基本培训理念浅析

综观现有的培训者培训理念研究成果和相关政策文件,笔者从宏观层面归纳了中小学校长和幼儿园园长培训者应具备的三项基本培训理念:

一是以人为本的培训理念。以人为本的培训理念已经深入人心,并为

中小学教师和校长的培训工作广泛应用。"以人为本"来自于"夫霸王之所始也,以人为本。本理则国固,本乱则国危。"①《干部教育培训工作条例》明确提出"按需施教""始终坚持社会主义办学方向,紧紧围绕党和国家事业发展需要,结合干部岗位职责和健康成长需求,开展教育培训,全面提高质量和效益",这体现出了以人为本的培训理念,彰显了鲜明的时代特色,给培训者提出了一个真理:坚持以学员为本,是保证培训工作取得成效的一大关键!坚持以人为本的培训理念,培训者就应首先将中小学校长和幼儿园园长的个性化培训需求作为工作立足点、出发点和落脚点,从培训目标、培训内容、培训方式、培训评估等方面整体设计、系统运作、深入评估、全面提升培训质量。同时,要将个性化培训理念、职业生涯设计培训理念等培训理念贯通一线,打造立体化全景式的生动活泼的培训理念,真正让学员能够在培训中积极参与、深情体验、美妙互动,感受到以人为本培训理念带来的培训快乐和成长。

二是终身学习的培训理念。在中国,有许多关于"终身学习"的名句,如"吾生也有涯,而知也无涯。以有涯随无涯,殆已。""学无止境""活到老,学到老""学而不已,阖棺乃止。"这都体现出了"终身学习"的培训理念。在国外,1929年英国成人教育家耶克斯利的《终身教育》②是世界上第一本终身教育专著,法国教育家保罗·朗格让《终身教育导论》③阐述了终身教育的概念化和体系化,1996年联合国教科文组织出版的《教育——财富蕴藏其中》④标志着终身教育最终形成。可知,古今中外各界人士对终身学习的认知是一致的。这都为终身学习培训理念的形成和发展提供了科学的理论支

---

① 黎翔凤.管子校注:上册[M].北京:中华书局,2004:13.

② 何光全.巴西尔·阿尔弗雷德·耶克斯利[J].成人教育,2012,32(07):1.

③ [法]保罗·朗格让著.滕星等译.终身教育导论[M].北京:华夏出版社,1988.

④ 国际21世纪教育委员会.联合国教科文组织总部中文科译.教育——财富蕴藏其中[M].北京:教育科学出版社,1996.

撑和成功的实践借鉴。终身学习培训理念于培训者、中小学校长和幼儿园园长成长都是大有裨益的。培训者在具体培训工作中,要发挥自身终身学习示范作用,一方面要严格要求自己,坚持学习,另一方面要主动引导中小学校长和幼儿园园长树立终身学习理念,坚持每天挤时间学习,每周或每月举办学校全体师生终身学习交流会,让终身学习成为学校一道常青的风景线,为教师专业化发展,为学生成长成才打下坚实基础。终身学习贯穿于培训者整个生命过程中,凸显了培训者深厚的教育情怀和坚韧的学习品性。

三是远程网络的培训理念。《干部教育培训工作条例》明确提出:"充分运用现代信息技术,完善网络培训制度,建立兼容、开放、共享、规范的干部网络培训体系。提高干部教育培训教学和管理信息化水平,用好大数据、'互联网+'等技术手段。"远程网络的培训理念就是充分运用现代信息技术,完善远程网络培训制度,提高培训工作的信息化水平。这种培训理念既顺应了教育信息技术的发展趋势,也顺应了"互联网+"时代的发展要求,对于加快教育信息化进程,以教育信息化支撑和引领教育现代化,服务教育强国建设具有重要而深远的影响。落实到具体培训工作中,中小学校长和幼儿园园长的信息技术能力应用能力和信息化领导力直接影响着教育信息技术的应用发展和教育信息化进程。培训者应主动掌握和引领信息技术应用能力和信息化领导力,还要掌握远程网络学习相关知识和技能。如国际知名远程教育专家德斯蒙德·基更的《远距离教育基础》①和《远距离教育理论原理》②,提出了远程教育的开创性见解,对世界各国培训者的远程网络学习提供了创新思考。如《教育部关于发布〈网络学习空间建设与应用指南〉的

---

① [爱尔兰]德斯蒙德·基更著.丁新等译.远距离教育理论原理[M].北京:中央广播电视大学出版社,1999.

② [爱尔兰]德斯蒙德·基更著.丁新等译.远距离教育基础:第二版[M].北京:中央广播电视大学出版社,1997.

通知》(教技〔2018〕4 号)对网络学习空间的构成、个人与机构空间、公共应用服务、数据分析服务和空间安全保障等内容作了明确规定,为培训者掌握网络学习提供了全新参考。培训者只有熟练了远程网络学习,深刻领悟了远程网络学习的培训理念才能够在信息化时代不落伍,才能够成为信息化时代的弄潮儿,才能够更好地服务中小学校长和幼儿园园长发展。

以人为本、终身学习、远程网络这三项培训理念不仅为各界培训者工作实践所提炼,而且被各界培训者广泛应用,已经成为最基本的培训理念。

四、培训者培训理念创新路径初探

理念来源于实践,培训理念来源于培训实践。培训者要掌握并应用"先进的培训理念""现代的培训理念",必须扎根培训实践,总结培训工作经验,借助培训理论,使之升华为可供中小学校长和幼儿园园长共享的有益思想,并在新的培训实践中创新发展培训理念。具体有四个自觉主动学习。

一是自觉主动学习中国优秀培训理念。中华文化博大精深,源远流长。中华优秀传统文化中蕴藏着丰富的切合古今教育者的培训理念。如"因材施教""知行合一""以人为本""纸上得来终觉浅,绝知此事要躬行""博学之,审问之,慎思之,明辨之,笃行之"等彰显了中华智慧和中国优秀培训理念。学习中国优秀培训理念,对于培训者坚定中华优秀文化自信和培训理念自信具有十分重要的作用。同时,可以促使中小学校长和幼儿园园长自觉主动学习中华优秀传统文化,并将之用于办学治学工作中。中国特色社会主义文化中也蕴藏着丰富的优秀培训理念,如"可持续发展""创新驱动发展""创新、协调、绿色、开放、共享"等凸显了中国特色社会主义文化的创新性特质。自觉主动学习中国优秀培训理念,这必将直接推动中小学校长和幼儿园园长培训者培训理念的创新发展。

153

二是自觉主动学习国外先进培训理念。当今世界是一个开放的世界。学习国外先进培训理念，将之与中国培训工作实际紧密结合，更好促进中小学校长和幼儿园园长培训工作开展。从现有文献资料来看，国外先进培训理念主要包括国外企业的先进培训理念和国外师资培训理念。国外企业的先进培训理念有：美国英特尔公司的"利用公司发展个人，自己培训自己，Intel大学"的培训理念①；日本三菱商社培养"所期奉公（贡献社会）、处事光明（光明磊落）、立业贸易（放眼全球）"的人才培训理念②；日本松下电器"集中智慧的全员经营"，把人才培养放在首位培训理念（以日常管理为主，对员工进行在职培训；注重员工的自我开发训练，通过员工的自我管理进行自我培训）③；德国西门子公司"为发展而不仅仅为工作进行培训"的培训理念，为员工提供丰富的培训与发展机会，帮助员工最大限度地发挥特长，挖掘潜能④；等等。国外师资培训理念有："双高型教师"培训理念（双高指高深的教育理论和高超的教育实践）⑤，翻转式学习⑥、交互式学习培训理念⑦，行动学习培训理念⑧，等等。这些先进培训理念为培训者开展培训工作提供了新视野和新参考。

三是自觉主动学习同行跨行培训理念。中小学校长和幼儿园园长培训

---

① 邓辉.Intel 的培训理念[J].人才资源开发,2005(01):70-71.

② 刘三林,孟凡萍.三菱商社的培训理念、培训体系和管理模式[J].中国培训,2001(06):13-14.

③ 张利晓.松下电器公司的培训理念[J].人才资源开发,2005(02):62-64.

④ 刘涵.西门子公司人力资源管理理念[J].中国电力教育,2010(05):60.

⑤ 龙宝新.当代国外中小学教师培训理论的发展与走向[J].天津师范大学学报（基础教育版),2017,18(01):1-8.

⑥ [美]拉塞尔·L·阿克夫,丹尼尔·格林伯格著.杨彩霞译.翻转式学习[M].北京:中国人民大学出版社,2014.

⑦ [美]哈罗德 D.斯托洛维奇,艾瑞 J.吉普斯著.屈云波,王玉婷译.交互式培训:让学习过程变得积极愉悦的成人培训新方法:第 2 版[M].北京:企业管理出版社,2016.

⑧ [美]迈克尔·马奎特,罗兰 K.杨著.王云,王金帅,王培杰译.郝君帅校.行动学习催化秘籍[M].北京:机械工业出版社,2015.

者要有海纳百川,博采众长的气魄,主动自觉从同行中汲取宝贵经验,从各领域吸收有益成果,为培训工作服务,为个人专业化成长服务。学习同行宝贵经验,主要是多视角思考同行培训理念的实用性,即在不同时间、不同地点、不同对象等条件下,所发挥的作用。学习各领域有益成果,主要是学会跨领域、跨学科、跨行业来深度思考培训工作。现时代,大数据、人工智能等高新技术发展一日千里,培训者尤须认真学习和灵活运用。培训者担负着十分重大的育才任务,尤须具备各项综合素质,因此培训者必须从多领域、多学科、多行业中获取新知,并将之有效传授给学校办学治校的掌舵者——中小学校长和幼儿园园长。

四是自觉主动投身于培训工作新实践。培训者既要在书斋中静心研读已有的培训者培训理念的论著,还要将自身长期的培训工作实践经验进行反思提炼,升华为系统的培训理念,笔耕不辍,著书立说,广而告之。同时,要积极踏出国门,走向世界,广交朋友,发出中国培训者的声音,展现中国培训者的风采,供给中国培训者的成果。更重要的是要立下恒心,投身到火热的生机勃勃的培训工作实践中去,与中小学校长和幼儿园园长打成一片,与同仁们深度研讨,向高人们问道取经,不断深化对培训理念重要性的认知,不断扩充培训者培训理念的知识,不断提升培训理念原创性能力。

"看似寻常最奇崛,成如容易却艰辛。"培训者唯有通过自觉主动学习中国优秀培训理念、国外先进培训理念、同行跨行培训理念,并结合自身长期培训工作实践,总结反思培训工作经验,投身到新的培训工作实践中去,才能获得"清源活水",才能为培训工作贡献更多的原创性的培训理念。中小学校长和幼儿园园长培训者担负着为国家培养优秀中小学校长和幼儿园园长的重大而光荣的任务。建设一批优秀的培训者队伍,必将为促进全面建成小康社会提供强大的智力支持和人才保障。"中小学校长和幼儿园园长培训者培训理念"这一课题研究目前尚处于探索阶段,可供借鉴的研究成果较少,但是,为了让中小学校长和幼儿园园长培训工作更富有现代的先进的培训理念引领和实现科学发展,培训者和教育工作者应自觉加强培训理念研究。在不久的未来,一大批优质的中小学校长和幼儿园园长培训者培训理念的研究成果将源源不断呈现在世人面前,中小学校长和幼儿园园长培训工作将取得更大更新的发展。

此外,要重视慕课理念。首先,何为慕课。慕课属于舶来品,是 MOOC (Massive Open Online Course)的音译,即大规模开放性在线课程。这一概念是在 2008 年由加拿大爱德华王子岛大学的戴夫·科米尔(Dave Cormier)和国家人文教育技术应用研究院高级研究院的布赖恩·亚历山大(Bryan Alexander)根据网络课程的教学创新实践提出的。慕课起源于网络远程教育和视频课程。2001 年,麻省理工学院率先宣布将课程免费放到网上,掀起了第一次在线课程建设热潮,2009 年,哈佛大学面向全球推出一系列高清课程,如《公正》等,掀起了第二次在线课程建设热潮。到 2011 年,麻省理工学院已经发布了约 2000 门课程,有超过 1 亿人次访问。2012 年,普林斯顿大学、斯坦福大学、密歇根大学和宾夕法尼亚大学等知名大学合作共建在线免费课程。同年,麻省理工学院和哈佛大学两校整合师资,联合实施 edX 网络在线教学计划,推出第一门课《电子和电路》,就有 12 万名学生注册,到 2012 年秋,学生注册人数已经突破 37 万,全球上百家知名高校也申请加入。由此,2012 年被纽约时报称之为"慕课元年"。Coursera、Udacity、edX 作为全球最具影响力的三大慕课平台供应商,它们是慕课的建设者和推动者,并努力吸引着世界知名高校的加入。

其次,慕课的类型。学者们根据不同的研究标准,对 MOOC 进行了不同的分类。有学者将 MOOC 划分为五种类型,分别为讲授主义的(Instructivist)、认知主义的(cognitivist)、建构主义的(Constructivist)、社会建构主义的

（Social constructivist）和关联主义的（Connectivist）。^① 有学者将 MOOC 划分为三种类型：基于社交网络的 MOOC（Network-basedMOOC）、基于任务的 MOOC（Task-basedMOOC）和基于内容的 MOOC（Content-basedMOOC）。^② Coursera、Udacity、edX 慕课平台供应商属于基于内容的 MOOC，以讲授主义和行为主义为理论基础，在传统授课方式中进行知识获取，更加侧重于他组织、内容动态生成。而现在人们广泛认可的慕课类型主要是基于关联主义学习理论的 cMOOC 和基于行为主义学习理论的 xMOOC 两种。

再次，慕课的特征。由慕课的概念可知，慕课有三大特征：一是大规模，其参与人数已不仅限于某一个学校、某一个国家，而是超越地域，面向全球；二是开放性，任何人都可以通过网络平台接受网络教育，打破了封闭式的教育环境和教学模式，形成一种辐射世界的网络学习大课堂；三是在线，这就要求人们必须借助互联网来连通所有课程资源，建立资源共享、经验交流和学习研讨的网络学习环境。基于关联主义学习理论的 cMOOC 的特征主要包括：基于社交网媒的互动式学习；非结构化的课程内容；注重学习通道的建立；学习者高度自主；学习具有自发性。基于行为主义学习理论的 xMOOC 的特征主要包括：完整的课程结构；重视学习路径导航；及时的学习过程反馈；授课团队的无私投入。基于关联主义学习理论的 cMOOC 和基于行为主义学习理论的 xMOOC，实现了网络时代的知识与学习的连通，最大程度满足人们对知识学习的需求。慕课理念为干部教师教育培训提供了全新的理念思维，通俗讲，就是依托网络平台，参与网络培训，这种网络培训是一种具有较强互动性的培训，通过网络研学来提高培训的成效，进而促进干部教师的

① 樊文强.基于关联主义的大规模网络开放课程（MOOC）及其学习支持［J］.远程教育杂志，2012；30（03）：31-36.
② Three Kinds of MOOCs［EB/OL］.http://lisahistory.net/wordpress/2012/08/three-kinds-of-moocs/.

网络思维能力提升,并在具体业务工作中能够得到体现,提高工作的效能。

第四节　干部教师教育培训的主要模式

一、"个性化培养"的培训模式

教育系统干部教师是实施教育改革和发展的一支重要力量,新形势下开展教育系统干部教师教育培训工作,必须克服面授培训模式的弊端,实施"个性化培养"的培训模式,强化教育培训内涵,方能取得实效。面授培训作为教育系统干部教师培训的一种传统的成熟的培训模式,已得到广泛应用。面授培训模式,是指教育系统干部教师培训的培训目标、内容和评估等方面只讲求共性,不太重视个性,过度强调组织需求,而对教育系统干部教师个人需求缺乏全面系统的调研与思考,引起了组织需求与个人需求的矛盾,造成培训效果不理想,甚至引发了教育系统干部教师参训倦怠感和抵触心理。而这种现象的出现,有悖于面授培训的初衷,导致培训资源的低效和浪费。由此,立足新形势,开展教育系统干部教师培训工作既要努力克服面授培训模式的弊端,又要积极实施"个性化培养"的培训模式,并努力探索构建具有中国特色的教育系统干部教师培训体系。

(一)"个性化培养"培训模式的基本内涵

"个性化培养"培训模式就是以学员为本,立足学员岗位发展与个性发展实际,为每一名学员制定适切性培训计划,开展个性化培训。"个性化培养"培训模式具有三个基本特征:一是个性化需求调研,即首先对全体学员开展训前需求调研,借助大数据,进行整体需求特征分析,然后对每一名学员开展二次需求调研,确定每一名学员的培训需求,进而制定相应的培训计划。通过至少两次需求调研,为学员培训进行精准定位。二是个性化学习辅导,即对每一名学员安排一名指导教师,指导学员熟悉培训平台操作,掌握教学计划,解答学习中的课程和教学问题,并通过微信、QQ、邮件、电话等方式加强日常学习交流,增强学员网络学习情感支持。三是个性化考核评估,即对学员进行系统性考核评估,包括平台操作、学习记录、问题咨询、课程评价、效果反馈和意见建议等方面,实现训前训中训后考核评价全覆盖。

(二)实施"个性化培养"培训的基本意义

"个性化培养"培训模式是对面授培训模式的反思和超越。这种培训模式遵循学习者的个人成长规律和学习规律,把"人的发展"理论与"远程教育"理论结合起来,满足了组织培训需求,更重要的是,更加切合学员个性发展需求。"个性化培养"培训模式具有三重基本意义:一是创新了培训模式。继混合式培训(面授培训和网络培训融合的培训)和微培训两种培训模式之后的一种新型培训模式,在培训计划设置上更具有灵活性和可操作性,不仅增强了培训差异化,而且提高了培训附加值,能够为学员参训提供更多的选择机会。二是革新了培训思维。突破了面授培训的固化思维束缚,实现了从"组织需求为主,个人需求为辅"的培训思维到"组织需求与个人需求兼顾"的培训思维转变,做到了双需求结合,更有利于激发学员学习积极性和主动性。三是顺应了教育信息化发展趋势。新形势下的教育信息化发展必须要立足基本国情,因此,要实现大规模有效化开展教育系统干部网络培训工作,不仅要充分汲取面授培训的一定优点,更要充分利用信息化优势和长处,尤其是对中西部不发达地区的学员来说更具有现实意义。

（三）实施"个性化培养"培训存在的主要困难

"个性化培养"培训模式是一个新生事物，在被应用过程中，必然存在着阻碍和困难。笔者研究发现，必然存在三项主要困难：一是培训机构的培训工作思路转换短时间难以实现，由于培训机构长期依赖于面授培训模式，并且已经积累了大量的工作经验，而要采取新型的培训模式，其观念和思路转换必然要经过一个过程。二是学员的学习心理准备不足，在习惯于面授培训模式下的学员，面对更适合自身发展的培训模式，既欣喜又紧张，欣喜于量身定制的培训，紧张于新的培训模式到底会有什么样的效果。三是相关教育行政部门力推这种培训模式面临方法缺乏的现实困难，这关系到政策上的支持力度大小。

（四）有效推进"个性化培养"培训的基本路径

训前学员需求调研和分析，制定个性化培训计划。具体做法是：第一，开展个性化培训需求调研，由培训机构教研人员根据培训地域，培训动态和参训学员培训经历设置问卷内容，主要是采取网络匿名答卷方式，其中问卷内容，必须包括参训学员培训经历、培训级别和培训内容等；第二，培训机构组织专家与培训地域负责机构进行面对面对话，进行培训诊断，重点是对培训地域历年培训中的经验和缺失进行深入分析，并结合国家培训形势发展需要，作出有效性、可接受性和可操作性的培训建议，供培训地域负责机构参考；第三，培训地域负责机构选派相关参训学员和培训管理团队，开展预培训，从学习平台操作、教学计划解读和培训绩效考核等方面做好训前准备工作，让每一名参训学员和培训管理人员明确培训目标，统一思想，有效落实行动。训中学员自主学习与群学研讨，检测阶段学习效果。"个性化培养"培训需要参训学员具有较强的自主学习能力，同时也需要融入群学环境中。具体做法是:第一,严格实施个性化培训计划,对每一名参训学员的学情进行动态跟踪,及时提醒参训学员分配好工作和学习时间,坚持学习;第二,建立网络学习联系,通过 QQ、微信、邮件或电话等方式,与参训学员进行学习联系,每一名学员不少于 3 次线上联系,可创造条件与学员进行面对面交流;第三,开展答疑辅导,培训地域负责机构有相关人员搜集学员在学习过程中的问题,分类整理,反馈给培训机构,经过专家分析解答之后,可网传供学员学习参考,或直接开展线上专家答疑,采用视频答疑方式效果较好;第四,积极组织班级研讨,由培训地域负责机构培训管理团队或培训机构管理团队安排专人负责班级研讨,精心设计班级研讨主题和实施方式,引导学员参与研讨及网络学习平台发表留言,从中筛选精彩留言,整理成文,供学员浏览学习;第五,鼓励学员可以自动发起学习圈研讨交流,并将研讨交流成果反馈给培训管理团队负责人。训后学员学习评价,提供再培训建议。学员的学习评价主要包括课程评价和教学评价。具体做法是:第一,发布课程和教学评价问卷,组织学员填写,并系统分析评价结果,对整个培训项目进行全方位总结,查找亮点和不足;第二,开展培训评价会,组织专家、培训地域负责机构和培训机构相关人员开展培训评价,重点是发现培训问题;第三,撰写培训评估报告,报告立足学员培训效果和培训地域负责机构培训目标,以此作为再培训依据。训前、训中和训后是培训的三个基本阶段,全力抓住并做好这三个基本阶段的重点工作,也就为整个培训效果做了有效保证。

构建中国特色的教育系统干部教师培训体系,是教育系统干部教师培训的必然趋势,也是教育系统干部教师培训机构和工作者的一项重要任务和使命。在系统总结和分析国内已积累的培训经验及针对性借鉴国外培训的有益内容基础上,大胆进行教育系统干部教师培训工作创新,尤其是进行培训模式的探索改革,才能切实促进教育系统干部教师培训工作健康、可持续发展,才能为促进教育系统干部教师个性全面健康发展提供有效保证。

二、信息技术与培训融合的"混合式培训"的培训模式

常规的培训模式不外乎是将学员集中在一个固定的培训场所,组织集中面授培训或者是给学员培训账号,登录网络平台进行远程网络培训。不论是集中面授培训还是远程网络培训,在以前是基本分开的,随着培训工作的深入发展,特别是对培训模式创新的强烈呼喊,一种将集中面授培训和远程网络培训紧密结合起来的线上线下相结合的"混合式培训"的培训模式已经横空出世,被广泛应用到培训实践中去。"混合式培训"的培训模式主要有"数字化培训""虚拟现实培训""元宇宙培训"等培训模式。人类社会已经进入信息技术发展的新阶段,虚拟现实教育培训并不意味着培训模式的终结,恰恰相反,虚拟现实培训正是数字化培训模式和元宇宙培训模式的中介。随着数字化培训的理论和实践的深入,以及元宇宙培训的开启,在数字化培训和元宇宙培训之间有一座"桥梁"——"虚拟现实培训"或"虚拟现实教育培训"。"虚拟现实教育培训"是对"数字化培训"的继续发展,是对"元宇宙培训"的有力助推。在"数字化培训——虚拟现实培训——元宇宙培训"逐次进阶的过程中,人类对于信息技术的探索和求新,对培训理念和培训模式的创新发展,无不显示出人类所具有的积极的开拓力和创造力,这也是教育培训工作能够与信息技术持续结合的动力,也是教育培训工作能够持续创新的动力。

(一)"数字化培训"

《中华人民共和国国民经济和社会发展第十四个五年规划和2035年远景目标纲要》提出了一项重要任务——"加快数字化发展 建设数字中国"。

"迎接数字时代,激活数据要素潜能,推进网络强国建设,加快建设数字经济、数字社会、数字政府,以数字化转型整体驱动生产方式、生活方式和治理方式变革。"①"数字化发展"是中国特色社会主义现代化建设的重要推动力量,"数字时代"是人类社会发展历史进程的一个新阶段。"数字化发展"引领下的"数字化转型"必将极大催发社会成员在认知、思维、价值观、能力、行为等多方面的变革,同时也将极大促进培训工作的"数字化转型"。作为"数字化转型"中的"数字化培训",应成为培训工作者要认真研究的一项十分重要的时代课题。随着信息技术的快速发展及信息技术与培训工作的深度融合,培训的思维理念、工具手段、能力素质、行为实践等方面都发生了重大变革,现时代培训的一个主流趋势就是"数字化培训"的引入、推广和应用。可以肯定的是,培训界已经进入"数字化培训"时代。以"数字化培训"相关文献为研究对象,对"数字化培训"的兴起背景、基本概念、主要特征等方面进行考查,简述"数字化培训"的应用范围,分析"数字化培训"本身的优势和不足,探讨"数字化培训"在更宽广范围得到有效应用的可行性路径,为发挥"数字化培训"的优势和进一步推动"数字化培训"方面研究提供一定参考。

1. 数字化培训的前提考查

(1) 数字化培训的兴起背景

数字化培训是在 21 世纪兴起的。数字化培训是信息技术发展的一种产物和结果,在考查数字化培训起源之前,需要对作为信息技术的一大成果的数字化学习进行考查,由于数字化培训是与数字化学习相伴随发展起来的,数字化培训是数字化学习的一种学习方式。从相关文献来看,2000 年 5 月欧盟委员会提出了"数字化学习:设计明天的教育"的倡议,在 2000 年 6 月

163

---

① 中华人民共和国国民经济和社会发展第十四个五年规划和 2035 年远景目标纲要[N].人民日报,2021－03－13(001).

美国教育技术首席执行官论坛将"数字化学习的力量:整合数字化内容"设置为主题。有学者认为,"数字化学习,就是在现代信息技术环境下利用多媒体软件和网上资源进行的学习活动"①可知,"数字化学习"就是在信息技术环境下的学习活动。数字化学习需要具有一定数字化学习环境,关于数字化学习环境的探讨,如有学者认为,"数字化学习环境是新生事物,它以计算机、媒体、网络和超文本、超媒体技术为基础""包括自我规划,自我组织和自我评估的自主学习""在数字化学习环境中,个人和软件之间产生的相互影响甚至是半相互依存的关系。"②"数字化学习环境"是以信息技术为基础的人与信息技术之间所发生的一种交互依存关系,表现的是一种"自主学习"的学习教育模式。有学者认为,"数字化学习是指学习者在数字化的学习环境中,利用数字化学习资源,以数字化方式进行学习的过程。"③"数字化学习"是"数字化学习环境—数字化学习资源—数字化学习方式"的一体化学习,"数字化学习环境"是指信息化学习环境,包括多媒体计算机和网络化环境,"数字化学习资源"是指数字化处理后的在信息化环境下运行的多媒体材料,"数字化学习方式"是指在数字化学习环境下实施的情境探究式学习、自主发现式学习、合作讨论式学习、实践创造式学习等学习方式。有学者提出"数字化学习环境八个维度""这一架构有八个维度:制度的、教育学的、技术的、界面设计、评价、管理、资源支持以及伦理的""一个有意义的网络学习环境"④。"数字化学习环境"是一种"网络学习环境",这种"学习环

---

① 南国农.新世纪信息化教育工作者的使命——推进"14345 工程"[J].电化教育研究,2003(12):1 - 4.可知,"数字化学习"就是在信息技术环境下的学习活动。

② 奥托·彼得斯,罗伟纲.数字化学习环境:开放远距离教育新的可能与机遇[J].开放教育研究,1998(02):13 - 16 + 46.

③ 李克东.数字化学习(上)——信息技术与课程整合的核心[J].电化教育研究,2001(08):46 - 49.

④ Badrul H.Khan,张晴,张来春.构建数字化学习的维度[J].开放教育研究,2002(06):51.

境"的维度是多方面的,这些维度反映出"数字化学习环境"的网络化、多维度、有益性的基本特性。有学者跟踪日本数字化学习行业,分析了"日本数字化学习联盟""推动数字化学习技术与开发的标准化工作"①。"数字化学习环境"包括"学习管理系统"环境、"测序引擎"环境、"可扩展的学习者自适应体系"环境。简言之,"数字化学习环境"是信息技术环境或网络学习环境的一种表现,是人与信息技术融合在一起所生成的一种交互的学习环境。数字化学习环境对于数字化培训也是具有重要影响的,换言之,数字化培训也需要在"数字化学习环境"这样的一种环境中才能展开。

(2)数字化培训兴起的三大动力

通过探讨数字化培训与数字化学习之间的关系,可以发现数字化培训兴起与信息技术紧密相联,信息技术的支持、人工智能的兴起、培训思维与模式的转换等有力助推了数字化培训的兴起。其一,从信息技术的支持方面来看,数字化培训的基础就是信息技术的支持,信息技术为数字化资源生成和建设提供最根本的技术载体和源动力支持,其中数字技术的广泛应用,为研发数字化培训资源发挥着积极作用,如数字化课程资源、数字化教学资源、数字化评价标准等都有利于数字化培训的开启和实施。其二,从人工智能的兴起方面来看,毋庸置疑,人工智能极大推动着数字化培训进入日常培训领域,人工智能在社会中的大规模应用,实现了培训智能化的手机端软件或电脑端软件的研发和应用,其中,虚拟信息技术、信息管理技术、仿真技术等信息技术与人工智能的深度结合,加速了数字化培训快速到来和实践展开。其三,从培训思维与模式的转换方面来看,在信息技术和人工智能大发展的时代,学员的培训思维与模式也随之发生了转换,要求学员培训思维与

---

① 仲林清.日本对数字化学习技术标准的推动(英文)[J].华东师范大学学报(自然科学版),2012(02):131-136.

模式自觉积极与信息技术和人工智能相适应,学员主动养成数字化培训思维,积极采用数字化培训模式,强化数字化培训素养,这对于实现数字化培训的大规模大范围的开展,推动数字化培训的有效落地无疑提供了一种新的助推力。数字化培训兴起正是信息技术高度发展的产物和结果,是对学员提出的培训新需要的一种有力回应,信息技术与培训的深度融合、人工智能与培训的深度融合都有利于推动数字化培训朝着信息化、智能化的高级阶段迈进,这也为创新培训工作提供了数字化理念和实践双重层面的引领力。

(3)数字化培训的基本概念

从文献资料来看,数字化培训概念尚未得到统一定义。关于数字化培训的基本概念,概括来讲分为两种。一是直接的概念。其代表性观点是"系统说""过程说"。关于数字化培训的"系统说",有学者认为"数字化培训就是指以网络为载体建立起来的以文本、图像、声音、动画、录像及幻灯片等信息形式存在的网上培训系统"①。"数字化培训"是一种网络培训系统,即把"数字化培训"作为一种包括多种信息形式的培训系统来理解。关于数字化培训的"过程说",有学者认为"E-Learning 是指学习者在数字化的培训环境中、利用数字化培训资源,以数字化培训独有的方式和手段接受培训的过程。"②"数字化培训"是一种接受培训的过程,即把"数字化培训"作为一种数字化方式和手段的培训过程来理解。

二是间接的概念。其代表性观点是"关系说""效能说"。"关系说"主要包括数字化培训与数字化学习的关系、数字化培训与电子化培训的关系等。关于数字化培训与数字化学习的关系,如有学者提出"数字化学习通常

---

① 岳继红,蔡江.虚拟现实技术与油田数字化培训[J].油气田地面工程,2004(11):51-52.
② 崔涛,胡菲.浅谈 E-Learning(数字化培训)[J].北京石油管理干部学院学报,2011:18(05):74-77.

指的是通过局域网络或者国际互联网的学习,数字化培训是数字化学习的一个重要体现"①。"数字化培训"反映的是作为数字化学习的一个表现形式,即网络学习环境下的一种学习表现。关于数字化培训与电子化培训的关系,如有学者研究了法国的"电子化培训"概念,法国的"电子化培训"包括远程培训、网络培训及数字化培训等范畴,"电子化培训"包含"在线学习和应用教学法"互相紧密联系的两个层面,"在线学习"是指"电子化培训"的实现,必须通过互联网、无线互联网等传输媒介,通过在线的学习和交流来完成。"应用教学法"是指将基于职业能力培养的教学方法,贯穿于培训课程开发、学习资源开发、在线学习和交流、学习效果评价等各个培训环节。②"数字化培训"是"电子化培训"的一项组成内容,隶属于"电子化培训"这个整体。还有学者从企业培训角度来探讨"数字化培训",指出所谓"数字化培训",是企业培训赋能与数字化技术(AI、云计算、大数据等)相融合,建立起线上学习平台,对企业进行培训,对组织能力的提升发挥有效效能。③"数字化培训"与企业培训联系在一起,其目标是提升企业的运营效能,促进企业发展,这就是"数字化培训"的"效能说",这更能将"数字化培训"与企业运营紧密联系起来,发挥"数字化培训"促进企业创新发展的积极作用和有益功效。

综上所述,我们可以从"系统说""过程说""关系说""效能说"等多个维度来理解"数字化培训",基于对培训实践的认识,我们认为"数字化培训"是一种培训模式,我们主张"数字化培训"的"模式说",即"数字化培训"是在基于信息技术(包括虚拟现实技术、信息管理技术、仿真技术等信息技术)的

---

① 岳西.新职业教育模式的探讨——数字化培训的运用及研究[J].计算机光盘软件与应用,2012(11):252+223.

② 王静.法国数字化培训应用现状及启示[J].中国培训,2013(09):60-61.

③ 吴利强.企业数字化培训的构建[J].杭州金融研修学院学报,2022(01):41-43.

互联网技术环境的数字化学习环境支持下,在具有完整的可更新的数字化学习资源的持续供给和有效配置的条件下,学员通过多样化数字化学习方式在数字化学习环境中对完整的可更新的数字化学习资源的有效使用,并从中获得学习或培训需要的满足,增强促进组织发展的能力,更好胜任业务工作的一种培训模式。在这里涉及到数字化培训的技术、环境、资源、方法、目的等要素。一言以蔽之,"数字化培训"是数字化学习环境状态下的培训模式。

(4)数字化培训的主要特征

传统的技术培训对固定场地的要求较为明显,时间和空间对培训的限制性较大,同时存在着智能化不足的显见短板,而数字化培训是基于信息技术的一种培训新模式和新形态,数字化培训则可不受固定场地的限制,能够超越时间和空间对培训的束缚,随时随地皆可培训,培训灵活性更强,更能发挥智能化优势,特别是对于高危行业来说,采用数字化培训可以规避一些不必要的风险,最大限度保证培训安全。试从设计系统化、技术智能化、评价多元化三方面来探讨数字化培训的一般特征。

第一,设计系统化。数字化培训有一套基于信息技术的系统化设计,这是在对传统的技术培训的经验教训反思的基础上,对培训系统进行的改造和升级,培训系统设计遵循整体性布局和系统性架构的思路。整体性布局即对"数字化培训"的系统总体的结构和局部个体的结构之间的关系进行整体的规划设计和统筹安排,实现系统总体的结构和局部个体的结构之间的关系交互融通,达到总体效能和个体效能的双向发挥和同向合力。系统性架构即在"数字化培训"的整体性布局清晰明确后,对系统内部的具体组织结构进行串联性和一体化设置,保证系统内部的具体组织结构能够成为带动系统整体作用最大发挥的驱动力,具体组织结构的内部驱动力聚合成为系统性驱动力,生成数字化培训的系统架构,在具体运作过程中系统性架构的作用将得到发挥和彰显。"数字化培训"的系统设计坚持"虚拟仿真性"呈现线下现场培训场景，包括对学员的培训手段和工具的信息化要求和网络环境的远程移动功能的发挥；"自主开放性"线上自主选学满足个性化培训需要，包括自主选学课程列表和培训计划；"智能管理性"保证系统的流程环节智能化，包括培训全流程智能化监管、培训成效评价在线智能系统。

第二，技术智能化。数字化培训是采用信息技术来构思、生成、运作及改进的，突出信息技术的智能化优势，并在信息化基础上不断实现转型升级，主要是采用虚拟现实技术（20世纪末兴起）、信息管理技术（20世纪40年代兴起）、仿真技术（20世纪40年代兴起）等信息化技术。虚拟现实技术是利用计算机生成一种模拟环境，通过多种传感设备实现用户与这种模拟环境直接进行自然交互的且具有"身临其境"的临场感的一种综合性信息技术，基于这种思路建立数字化虚拟培训系统。信息管理技术（也就是人们常说的IT）是指以计算机为核心的且对技术与计算机资源进行统合管理的一种信息技术，包括数据处理技术、管理信息系统技术、战略信息系统技术等，同时实现计算机技术（数据库技术）、通信技术、网络技术（智能通讯网络）等相互融合，重视发挥技术与管理、技术与企业等方面实际应用。仿真技术是指在计算机上对模型实施的运行实验，一般包括"建模—实验—分析"三个主要过程，即对已有系统或待建造的系统建立数学模型，对已建立的数学模型在计算机上运行实验，以及对实验结果进行分析。数字化培训可以借助笔记本电脑和智能手机等技术工具开展培训，可以实现远距离培训。

第三，评价多元化。数字化培训的系统化和智能化优势，也促使在评价方面采用多元化评价，从而能够对数字化培训进行客观评价，达到评价的实事求是和确切性，进而为数字化培训成效的提高及数字化培训模式升级提供重要参考。关于数字化培训多元化的实践案例，如德国汉莎技术培训公司（LTT）为航空公司维修人员提供的数字化培训服务，强调"维修培训工作

169

将会从书面的考试评价转向维修人员技能的考察"①。重视实施"数字化培训"与提高维修工人的实际技能无缝对接,把提高维修工人的实际技能作为检验"数字化培训"成效的一个指标,也可以说成是"数字化培训"的"能力评价"。美国通用电气公司(GE)提供的按需式数字化"即时培训","学员需要到GE的培训中心接受培训,或者购买DVD进行学习""GE的实际操作和数字化课程相结合的培训为客户提供了很大的灵活性"②。实施"数字化培训"是根据学员的实际需要来展开的,"数字化培训"力求满足学员的需要,或者说是"数字化培训"的"需要评价"。法国电子化培训的成绩评估"通过学习平台,电子化培训课程跟踪学习过程,提供过程性和结果性成绩评估,使学习者及其资助者及时了解学习的效果,有利于督促学习者学习"③。实施"数字化培训"发挥学习平台的优势功能,及时跟踪学员的学习过程,综合考评学员的学习结果,称之为"数字化培训"的"过程评价"。由上可知,数字化培训评价主张"能力评价""需要评价""灵活性评价""过程性评价""结果性评价"等评价多元化。数字化培训的评价多元化发挥了数字化培训的系统化和智能化的独特优势。

数字化培训是基于信息技术的一种新的培训理念和培训模式,是信息技术培训的一种衍生品,是数字化学习的一种学习方式。数字化培训的兴起离不开信息技术的支撑和发展,是在信息技术发展进入智能化发展阶段后才真正兴起的,特别是随着人工智能兴起和发展,数字化培训的智能化的特性表现更为突出。

2. 数字化培训的应用范围

数字化学习充分融进社会成员的实际生活中,必然会产生重要作用和

---

① Henry Canaday,成磊.数字化培训[J].航空维修与工程,2010(04):26-27.
② Lee Ann Tegtmeier,孙立.按需提供的数字化培训[J].航空维修与工程,2011(05):35.
③ 王静.法国数字化培训应用现状及启示[J].中国培训,2013(09):60-61.

深远影响,不仅有助于激发社会成员充分利用信息技术、努力养成终身学习习惯,而且有助于促进数字化培训与社会成员实际生活发生互动紧密的关系,为社会成员更好认识和主动应用数字化培训来提高信息技术能力和数字素养提供加速度。事实表明,数字化培训早已不是单纯的理念范畴,已在社会实际中得到了广泛应用。如基于计算机虚拟现实技术的油田作业"数字化培训"系统在石油和化工领域的应用,主要做法是将虚拟现实技术应用到油田作业中,包括"地震数据模型解释、油藏模拟数据处理以及特殊作业中的培训"[①]。这种"数字化培训"能够尽可能避免与存在安全风险的工作直接接触,最大努力减少人员伤亡,提高工作安全系数。如将现代化的计算机技术和互联网教学技术相结合"数字化培训"应用于医院临床护理领域的应用,包括收集临床典型病例的资料,利用数字化软件将护理知识图像化,建立数字图像数据库"以数字化平台技术作为支撑,打造临床护理技术数字化教学凭条,通过制作3D的护理视频、动画、护理技术人机互动等方式展开教学"[②]。医院临床护理教学数字化培训软件为临床护理人员提供了可以随时随地进行学习的十分有利的条件,可以做到线上自由反复学习,与线下临床护理结合起来,进而达到学有所获,学以致用的目的。如将"数字化的培训方式系统数据库"应用到职业教育领域中,"企业职工日常岗位工作所需要掌握的所有知识点被编排设置成了系统全面的课程"[③]。企业工作的顺利完成,离不开"数字化培训"提供的系统全面优质的课程资源的支持,"数字化培训"课程资源的针对性尤为突出,能够为分布在不同工作岗位的职工的数字化培训需求和素质素养提升的需求提供支持,引导他们更加积极融入"数

---

① 岳继红,蔡江.虚拟现实技术与油田数字化培训[J].油气田地面工程,2004(11):51−52.

② 黄舒,朱丽香,钟晓琴,卢敏如,江东红,雷燕波,周道元.医院临床护理技术数字化培训的研究[J].黑龙江中医药,2019,48(05):240−241.

③ 潘胜利,李镭.数字化培训模式的优势及职业技能培训的变革[J].中国石油和化工,2009(07):59−60.

字化培训"中去。

此外,零售公司以"用户为中心"的数字化培训平台的应用,国企党建的党建数字化培训平台在电脑端或手机端上的应用,公安系统的公安信息安全数字化培训体系的应用,机电工程的机电工程数字化培训教育软件的应用,钻井工程的钻井工程数字培训系统的应用,档案管理的档案管理数字化软件应用,干部教师教育行业的干部教师教育数字化培训在线课程以及数字化培训资源使用,职业培训领域的以"内容为王"基于互联网的开放式数字化培训教学资源共享平台和信息管理系统的应用,等等。"数字化培训"被越来越多的应用到社会实际生活中去,通过数字化培训来提高行业领域的管理效率及职工的业务能力,通过这些能够深刻感受到"数字化培训"与社会发展存在着极为密切的相关度。

3.数字化培训的优劣性能

(1)数字化培训的优势

数字化培训能够得到广泛应用,足以说明数字化培训是具有一定优势的。如时间地点的灵活、成本费用的节省、教学方法的多样、课程资源的智能等,表现出便捷性、临场感、智能化的优势。

第一,"便捷性"。数字化培训是在网络环境状态下展开的,这种网络环境借助信息技术手段实现了超越时间、地点、人为等外在因素限制。一是网络环境时空便捷性。打破固定场域限制,时间地点选择具有灵活性和简易性,只要学员具备顺畅的网络环境,不再受到时空限制,便可随时随地线上参训,感受到网络环境所带来的培训的"便捷性",这种"便捷性"既表现为网络环境本身的超越时空的"便捷性",同时还表现为学员在这种"便捷性"的网络环境下的参训体验的"便捷性"。二是成本费用节省便捷性。传统培训对学员参训的交通费、资料费、食宿费等有着明确要求,而"便捷性"凸显信息技术下的数字化培训所受外在因素影响的弱化,但需要在网络环境方面进行投资，如 WIFI 流量、网络宽带、直播技术等服务购买，但与线下培训交通、食宿、场地租用等大项费用支出相比，数字化培训在人财物等方面节省了成本费用。

第二，"临场感"。数字化培训在汲取线下培训"面对面交流"优势的经验基础上，在技术、教学、场景等方面发挥信息技术优势。一是在技术上，虚拟技术优势凸显。积极采用虚拟现实技术模拟培训实景现场，如"虚拟教室""虚拟课堂""虚拟社区""虚拟工作室"等虚拟化线上呈现，同时以图片、文字、音频、视频等形式输出。二是在教学上，线上教学常态化。以直播互动教学、直播研讨交流等形式增强教学的互动性，学员可通过使用计算机，采用多种交互手段，如语言、手势、数据手套及触觉等教学技术工具手段，与虚拟环境交流信息，并得到实时反馈。三是在场景上，情境性表象鲜明。通过广泛采用虚拟现实技术模拟现场培训情景，实施直播现场培训，最大程度将线下培训场景搬到线上，使学员在线上虚拟化培训场景中有身临其境的"临场感"，提升培训体验感，未来成熟的元宇宙培训样态也将融进学员培训过程中。

第三，"智能化"。数字化培训课程资源智能化特色鲜明，依托线上多样化教学工具和手段，借助教学软件研发，实现电脑端或手机端下载在线授课教学，达到信息技术与教学课程的深度融合。一是在课程开发方面，课程智能化研发技术得到应用。积极采用智能化技术，通过开发 AI 全景在线培训课程，在课程内容设计方面具有满足学员需求的较强针对性，课程辅导素材的课件制作质量较高。二是在课程体系方面，打造数字化培训课程体系资源库。同时根据学员需要构建了数字化培训资源的知识体系，知识体系的数字化培训课程模块化设计，有些数字化培训课程借用生物学界的"门、纲、目、科、属、种"的一般性分类方法，设计分类型、多层次进阶性的"智能化"课程。三是在课程评价方面，智能化评价系统应用到课程评价中。智能化评价系统在课程评价中的应用,得到学员好评,学员在线即可提交课程评价,自动生成课程评价报告,反馈数字化培训课程资源库,动态显示课程绩效改进建议。

(2)数字化培训的不足

尽管数字化培训已取得了一定成绩,为培训界开展培训创新提供了一定参考,但也面临着对"数字化培训"的短板和不足的担忧和困惑,如数字化培训在资源优质化、课程智能化等方面还存在着诸多问题。在职业数字化培训方面,有学者指出"我国职业培训数字化资源共享存在缺乏总体规划、共享意识淡薄、优质资源数量不足、标准和规范缺失、知识产权缺乏有效保护等问题"①。在这里涉及到数字化培训的总体规划设计、资源共享意识、优质资源配置、专业标准界定、知识产权保护等主要问题,而在数字化培训系统技术优化、数字化培训课程智能增强、数字化培训专业标准制定等方面需要予以高度关注和重视发力。

第一,数字化培训系统技术需要优化。数字化培训采用信息技术,随着人工智能注入数字化培训中来,数字化培训系统技术的动态优化成为常态化存在。一是数字化培训系统技术优化是对系统本身性能的改进,系统在运作过程中逐渐发现系统的漏洞和弊端,系统开发者的内部评估和学员的参训评价都对系统技术提供改进优化措施和建议,但系统技术优化的完成周期存在不确定性。二是数字化培训系统的自主研发难度较大,这表明数字化培训系统需要有信息技术极度发达和组织力量极度强大的研发组织来实施,对研发组织的技术水平和应用能力要求很高,由于自主研发数字化培训平台的难度很大,一般有能力自主完成的研发组织是极少数的。三是数

---

① 柯永红、陈卫军,王静,宋继华.职业培训数字化资源共享模式研究——以世界银行贷款"数字化培训教学资源共享平台"项目为标本[J].中国远程教育,2016(09):65-70.

字化培训系统外部直接引进成本较高,外部直接引进包括系统测试与操作的用前培训、系统教学课程的后台管理、系统的维护更新等,都需要有一大笔平台费用支出,这对于小规模组织机构来说是难以承担的。数字化培训智能化不足表现为数字化培训系统本身的局限性,如有些数字化培训系统是处在十分简单的平面设计阶段,呈现简单平面图像,还有数字化培训系统是一种预先设定好的系统,遇到突发事件可否能够及时调适功能,等等,这都需要对系统功能的智能化进行优化。

第二,数字化培训课程智能需要增强。从数字化培训课程应用情况来看,数字化培训课程与不同领域相联结,如教育、医疗、管理等不同领域对数字化培训课程的智能需求是不一样的,其中,教育和医疗领域对数字化培训课程智能要求甚高,这主要与这两大领域的学员的能力素质和发展需要有着密切联系,具有人文性和发展性的特性;而管理领域,如企业管理行业对数字化培训课程更趋向于实用性和可操作性,讲求数字化培训课程智能的经济性,因此,不同领域对数字化培训课程智能要求是不一样的。数字化培训课程智能面临着两大问题:一是数字化培训课程的理论依据问题,即数字化培训课程设计的理论依据,如系统论(课程采取结构化设计和系统性布局)、发展论(课程动态化设计且结合实际进行调整)、建构论(课程在实施过程中知识和经验积累不断生成新课程)等课程设计理论,如何将这些课程设计理论有效运用于数字化培训课程是需要考虑的;二是数字化培训课程被学员接受的程度问题,学员数字化能力一定程度上决定着数字化培训课程的适切程度和未来预期,由于学员数字化能力存在差异性,发达地区和不发达地区的学员数字化能力的发展不平衡,往往会带来对数字化培训课程的认知和应用的不同,即在对数字化培训课程评价方面可能会出现较大差异性,而如何提升学员数字化能力,更好适应数字化培训课程智能要求成为需要考虑的事项。

第三,数字化培训专业标准需要制定。目前尚未有关于数字化培训的专业标准,特别是从国家级层面来对数字化培训制定专业标准,这给数字化培训带来了多元发展的机遇,但也造成了数字化培训专业性规范化的缺失,就当前来看,数字化培训处于探索阶段,在不断进行多样性实践尝试,积累数字化培训经验,而从长远来看,随着数字化培训走向专业化,必然会要求数字化培训的专业标准来予以规制。因此,需要对数字化培训专业标准尚未出台可能出现的情况进行考量评估,主要包括以下两个方面:一是数字化培训的价值观引领问题。新冠肺炎疫情虽然影响着培训活动线下的开展,却给培训模式转型提供了契机,在新冠肺炎疫情下,数字化培训成为培训界主要采用的培训模式,其规模、范围、影响等方面发挥着前所未有的作用,而数字化培训市场化的发展,也给数字化培训的价值观引领带来了挑战,因此必须要坚持正确的价值观来引领数字化培训价值观,达成价值共识,保证数字化培训发挥最大社会效益。二是数字化培训系统平台质量标准研制问题。数字化培训的社会效益最大化、价值共识的达成为制定统一的数字化培训专业标准奠定了基础,数字化培训系统平台质量标准研制,涉及系统平台的共性和个性两个层面,共性层面即数字化培训系统的内部基本架构的统一性,在内部基本架构的设置方面,根基是基本一致的,即基于信息技术的具有完整丰富数字化培训资源的系统环境,个性层面即根据学员个性化需求,来设置各具特色的系统架构,这里表现出数字化培训系统研发组织的创造性特色。

4. 数字化培训的可行路径

(1)增强数字化培训意识

2021 年 12 月 12 日,《国务院关于印发"十四五"数字经济发展规划的通知》明确指出,"当前,新一轮科技革命和产业变革深入发展,数字化转型已经成为大势所趋"①。"数字化转型"这一趋势必将给社会各方面带来重大影响,而数字化作为信息化的一种新形态,"数字化转型"正是信息化得到新发展的一种有力明证,"数字化转型"也直接给培训工作带来重大影响,主要包括两方面:一是培训理念的变革,即要树立起运用数字化来组织开展培训的自觉意识,将数字化培训作为培训的新理念,同时增强数字化培训的学习意识和应用意识。二是培训模式的变革,即积极运用数字化来带动培训工作的高效运转和培训模式转型,培训工作应发挥数字化发展的正面效能,不断创新培训模式。总而言之,就是要求主动融入数字化发展趋势中去,增强数字化培训意识。

(2)提升数字化培训能力

现时代的"信息化—数字化"是培训的技术载体和模式形态,"数字化培训"是在信息化培训高度发展的基础上衍生出来的信息化培训的一种新模式和新形态。在自觉增强数字化培训意识的前提下,对数字化培训的能力建设提出了新的、高的要求,如中小学教师和校长信息技术应用能力提升工程,就是要让数字化培训参与方重视数字化培训能力建设,数字化培训能力提升至少包括以下两个方面:一是提升信息技术应用能力,信息技术应用能力是数字化培训在能力建设中的一项重要指标,参训各方应将提升信息技术应用能力作为数字化培训能力建设的重点任务来抓。二是提升数字化培训课程设计能力,课程是数字化培训的关键内容,数字化培训的实现是依托数字化培训课程而展开的,提升数字化培训课程设计能力有助于提高数字化培训的成效和质量。

---

① 国务院关于印发"十四五"数字经济发展规划的通知[J].中华人民共和国国务院公报,2022
(03):5-18.

（3）搭建数字化培训平台

数字化培训从理念意识到实践落地,需要通过数字化培训平台来达成,也就是说,要协同参训各方搭建数字化培训平台,数字化培训平台包括物理平台和数字平台。一是搭建数字化培训物理平台,设置固定场所作为数字化培训定期交流研讨的地点,保证数字化培训线下交流研讨的便利,为参训各方提供数字化培训的现场感,保留培训工作的传统特色。如数字化博物馆、数字化图书馆等,能够为开展数字化培训线下体验提供有力支持。二是搭建数字化培训数字平台,借助数字技术,研发数字化培训线上平台,在数字平台上可以进行交互性深度学习,挖掘培训新需求,发挥数字技术优势功能,保证数字化培训的精准性。如国家智慧教育公共服务平台的开通,通过对学员在平台上学习数据的精确分析,能够推送出有针对性的、精准性的学习资源。

（二）"虚拟现实教育培训"

虚拟现实技术在21世纪初兴起,随之被广泛应用开来,虚拟现实教育培训也在实践中得到了应用。从国家层面来看,近期提出了"虚拟现实＋教育培训"的重大政策。《工业和信息化部教育部文化和旅游部国家广播电视总局国家体育总局关于印发〈虚拟现实与行业应用融合发展行动计划(2022—2026年)〉的通知》中明确提出,"深化虚拟现实在行业领域的有机融合""虚拟现实＋教育培训"[①]。在"虚拟现实＋教育培训"中明确提出:"在中小学校、高等教育、职业学校建设一批虚拟现实课堂、教研室、实验室与虚拟仿真实训基地,面向实验性与联想性教学内容,开发一批基于教学大纲的虚拟现

---

① 工业和信息化部教育部文化和旅游部国家广播电视总局国家体育总局关于印发《虚拟现实与行业应用融合发展行动计划(2022—2026年)》的通知[EB/OL].https://www.miit.gov.cn/jgsj/dzs/wjfb/art/2022/art_3ebd54d32dd04668abe4066182578032.html.

实数字课程,强化学员与各类虚拟物品、复杂现象与抽象概念的互动实操,推动教学模式向自主体验升级,打造支持自主探究、协作学习的沉浸式新课堂。"①国家正式提出实施"虚拟现实＋教育培训"的重大政策具有十分重要的意义。基于"虚拟现实＋教育培训"的政策文本,结合"虚拟现实教育培训"的文献资料,试对"虚拟现实教育培训"的研究状况及基本内涵进行阐述,分析虚拟现实教育培训作为理念和模式的双重功能,以期为培训界加强和重视"虚拟现实教育培训"研究提供一定参考。

1."虚拟现实教育培训"的研究状况

从文献资料来看,以"虚拟现实技术教育""虚拟现实技术在教育中的应用""虚拟现实技术在培训中的应用"等为主题的研究成果较多,而以"虚拟现实教育培训"为主题的研究成果甚少。"虚拟现实教育培训"离不开"虚拟现实技术＋教育＋培训",也就是说,"虚拟现实教育培训"是虚拟现实技术与教育、培训的深度融通。基于这种认识,将"虚拟现实教育培训"与虚拟现实技术在教育和培训中的应用联系起来,也是讲得通的。对虚拟现实教育培训的兴起和应用进行简要考察,可以为探讨虚拟现实教育培训的概念和特征提供准备。

其一,关于虚拟现实教育培训的兴起。虚拟现实教育培训兴起不是无根之木、无源之水,而是有着鲜明背景的,即虚拟现实技术的兴起和教育培训工作的转型这两个最基本因素。一是虚拟现实技术。虚拟现实,英文是Virtual Reality(简称VR),是相对于真正现实来说的。在科学技术高速发展的作用下,20世纪末,虚拟现实技术作为信息技术的一种新形式正式问世,给人类社会发展带来了新动能。通俗来讲,虚拟现实技术是对现实场景的

---

① 工业和信息化部教育部文化和旅游部国家广播电视总局国家体育总局关于印发《虚拟现实与行业应用融合发展行动计划(2022—2026年)》的通知[EB/OL].https://www.miit.gov.cn/jgsj/dzs/wjfb/art/2022/art_3ebd54d32dd04668abe4066182578032.html.

虚拟化,借助信息技术,通过信息技术平台呈现出的"现实在场"的虚拟情境,这种技术是信息技术的一种新形式。虚拟现实技术的问世对于人类社会发展的影响是巨大的,直接影响就是人类认识到可以借助技术手段、工具来创设人类需要的虚拟性现实场景。二是教育培训工作。教育培训工作是在不断创新中前进的,每一次教育培训工作的转型升级都离不开信息技术的助力。虚拟现实技术的深入开发和广泛应用,尤其是在教育培训领域的应用,催生了虚拟现实教育培训,换言之,虚拟现实教育培训是虚拟现实技术与教育培训的深度结合,是信息技术培训的重要组成部分。"虚拟现实技术支持下的教育培训之所以会发生质的变化,是因为虚拟教育培训环境拥有现实教育培训环境无可比拟的优势。"①虚拟现实技术对教育培训的作用是史无前例的,是对现实教育培训的一种超越,是实现信息化培训的新变革。"教育培训未来发展趋势之一将会是虚拟现实技术,虚拟现实是继多媒体技术以后另一个研究热点。"②可以预见,虚拟现实技术是教育培训的理念和模式创新的引擎机和加速器,将对教育培训的认知带来全新提升,或者说,依托虚拟现实技术来促使教育培训的与时俱进和可持续性发展。

其二,关于虚拟现实教育培训的应用。事实表明,虚拟现实教育培训一经兴起,就被社会各行业、各领域关注和重视,不断被推广和应用。一是从"虚拟现实 + 教育培训"的重大政策文本本身来看,"虚拟现实 + 教育培训"主要是针对基础教育、高等教育、职业教育等教育领域。把虚拟现实技术置于教育领域,充分发挥虚拟现实技术带动教育领域创新发展的作用,然而从教育培训之外领域来看,"虚拟现实 + 教育培训"可在更多的培训领域被广泛应用,也就是说不限各级、各类学校可以在更广范围和更大规模释放虚拟

① 裴伟延.虚拟现实技术与未来教育培训[J].中国培训,1999(08).
② 徐忠,石磊.虚拟现实技术在教育培训的应用[J].广播电视信息(下半月刊),2008(12).

现实教育培训的力量,包括对虚拟现实技术的改进提升,使之更好适应教育培训工作需求,以及家庭教育、社会教育、继续教育等多层次的教育培训领域,可以促进虚拟现实教育培训的全覆盖。二是从文献材料来看,"虚拟现实教育培训"在 20 世纪末就被应用起来,进入 21 世纪,"虚拟现实教育培训"步入发展快车道。"虚拟现实教育培训"已在医学、铁路运输安全、电力安全、油田矿井、船员培训、军校教育、石油石化、港口物流、气象、建筑工程、邮政、公安、新能源、实验室、娱乐场所等领域被快速应用,覆盖范围更加广泛,规模效应更加宏大,提质增速更加迫切。以人类社会发展过程中的重大事件为例,2020 年新冠肺炎疫情突如其来,直接给教育培训工作带来了压力和动力,呼唤一种适应特殊环境的教育培训模式,应对疫情对教育培训工作的不利影响,而虚拟现实教育培训不负使命,加紧研发线上教育培训平台,把虚拟现实技术优势发挥出来,虚拟现实教育培训的传播力、作用力、应用范围和成效更加突出。

2."虚拟现实教育培训"的基本内涵

从现有文献资料来看,虚拟现实技术与教育领域、培训领域结合研究是比较丰富的,但是关于"虚拟现实教育培训"的概念却没有被直接阐述,同时"虚拟现实教育培训"的特征尚未明确。何为"虚拟现实教育培训"是一个必须明确回答的问题,"虚拟现实教育培训"有哪些特征,是必须弄清楚的。基于相关研究成果和政策文件,初步提出"虚拟现实教育培训"的概念,并对"虚拟现实教育培训"的特征进行简要阐述。

其一,虚拟现实教育培训的概念。顾名思义,虚拟现实教育培训,就是应用虚拟现实技术来实施教育培训工作,就是教育培训工作的虚拟化,就是将教育培训工作在虚拟场景中进行全面呈现。就其本质而言,是教育培训的一种新模式,即虚拟现实教育培训模式。可从以下两个方面来理解:一是虚拟现实教育培训是沉浸式虚拟现实技术的直接应用。虚拟现实技术一般可分为沉浸式虚拟现实技术和非沉浸式虚拟现实技术。沉浸式虚拟现实技术更能体现虚拟现实教育培训的本质属性。有学者指出："沉浸式虚拟现实是利用图形系统和各种控制接口设备,在计算机上生成可交互和具有沉浸感觉的现实世界的模拟仿真,也就是利用电脑模拟产生一个三维空间的虚拟世界,给使用者在虚拟环境中提供关于视觉、听觉、触觉等感官的现实世界模拟。"①"沉浸式虚拟现实"作为虚拟现实技术的一种,强调的是交互感和沉浸感的特性,是在虚拟世界中对用户的感官感受到的现实世界进行模拟,使之与现实世界更加贴近、更加匹配,能够将听觉、视觉、触觉等感官调动起来,发挥各感官综合作用的效能。二是虚拟现实教育培训是教育培训的新模式。在这里规定了虚拟现实教育培训的本质属性,是一种培训模式。有学者认为："'虚拟现实培训系统'是一项综合集成信息科技项目,涉及计算机图形学、人机交互技术、传感技术、人工智能等领域,采用计算机生成逼真的三维视、听、嗅觉等感觉,使人作为参与者通过适当装置,自然地对虚拟世界进行体验和交互,最终使得参与者产生身临其境的感觉,并且能直接参与该环境中事物的变化与相互作用。"②由"虚拟现实培训系统"的属性来看,虚拟现实培训系统是一项系统性强的信息科技项目,虚拟现实教育培训则可以看作一项信息技术综合集成的教育培训新模式,能够让用户通过虚拟现实平台进入虚拟现实世界中,感受现实与虚拟相互交融的力量。

其二,虚拟现实教育培训的特征。根据虚拟现实教育培训的概念,可知虚拟性是虚拟现实教育培训的特质,即能够把现实教育培训场景进行虚拟,在虚拟技术平台上面进行呈现,而虚拟现实技术平台需要具有强大的数字

---

① 刘崇进,贺佐成,叶雯,吴应良,张云霏.沉浸式 VR 在教育培训中的应用概况和展望[J].中国教育信息化,2018(15).
② 张聚珍,薛福聪,罗豪.张矿集团研发"虚拟现实培训系统"[N].中国矿业报,2011-05-05.

化数据平台和实现沉浸式虚拟现实技术的沉浸式数据平台。由此可从数字化和沉浸式两个方面对虚拟现实教育培训的特征进行简要阐述。一是数字化,即具有系统性数字化数据资源。虚拟现实教育培训以数字化数据平台为支撑,要求数字化数据平台必须具有系统性的数字化数据资源。虚拟现实教育培训依托数字化数据平台,借助数字化数据平台丰富的、系统性的数字化培训资源,包括数字化的教学资源、课程资源、评价资源、VR 穿戴设备资源等培训资源,这些培训资源是以信息技术为载体的具有设计系统化、技术智能化、评价多元化等特征的数字化培训资源。数字化培训资源是虚拟现实教育培训得以实现的基础性资源,是促进虚拟现实教育培训不断深入发展的原动力。二是沉浸式,即具有丰富的沉浸式数据资源。虚拟现实教育培训的一大特色就是能够让用户沉浸于虚拟世界或虚拟环境中体验培训,这需要沉浸式数据平台的支撑。借助信息技术,创设多维度感知性、渗透式投入性、实时性互动、自主性体验等贯通的虚拟现实技术装备,打造沉浸式数据平台,使用户能够更加自然而直接与数据进行充分交互,将现实环境投射到虚拟环境,实现用户沉浸于人机互动的场景。

数字化数据资源是基础保障,沉浸式数据资源是体验增强,虚拟现实教育培训实现了数字化和沉浸式的结合,但是存在着虚拟现实的局限性,如用户在虚拟环境中的个体与群体的互动场景如何整体呈现,在虚拟环境中的培训效果如何有效评价,在虚拟环境中的长期获得感如何存续,等等,这意味着虚拟现实教育培训模式存在改进优化的必要性。

3. 虚拟现实教育培训作为理念和模式的双重功能

虚拟现实教育培训既然是一种新的培训模式,是一种新的信息技术培训模式,那么必然会对信息技术和培训工作带来重要影响,事实也正是如此。从培训工作创新发展角度来看,虚拟现实教育培训无疑正是培训模式创新的表征,而虚拟现实教育培训的出场带来的是一系列连锁反应,就其对教育培训工作所带来的影响,可以从理念和模式两个层面进行分析,概言之,虚拟现实教育培训促进了教育培训工作者在培训理念和培训模式两方面的新认识和新作为。

其一,从虚拟现实教育培训的理念层面来看。虚拟现实教育培训带来了教育培训理念的新发展,虚拟现实性成了教育培训工作者的一项必备的教育培训理念。有学者认为:"虚拟现实环境中的个体智能和群体智能的互动特征使'人机共享'成为现实,人机界面融为一体。"①虚拟现实技术所打造的虚拟现实环境为开展虚拟现实教育培训提供了最基本的前提条件,所体现的是人类能力发展的重大结果。一是虚拟现实技术是人类创造的具有"人机交互""人机共享""人机相融"等特性的信息技术新内容,达到人与机器的结合。这种结合是一种虚拟性结合,所彰显的是虚拟性这种理念给人类社会发展带来的效应,即在现实中可以通过发挥人类的创造能力创设出一种现实"虚拟性",也就是虚拟现实。这给人类注入了虚拟现实的新体验,呈现出"现实世界——虚拟世界"的交互,"现实环境——虚拟环境"的融合。这为教育培训工作者提供了一种教育培训新理念——虚拟现实教育培训理念。也就是说,除了可以开展现实性环境中的教育培训外,还可以开展虚拟性环境中的教育培训,还可以把现实教育培训与虚拟现实教育培训结合起来,这带来的理念效力将是巨大的。二是虚拟现实技术开辟人类认识新领域,打开了对虚拟现实、虚拟世界、虚拟人物等探索之路。虚拟现实教育培训理念是教育培训工作实践新发展的表现,是教育培训实践创新的表达,以虚拟现实性教育培训理念更好服务教育培训工作,带动教育培训工作的思维及时更新、提升。从人类思维发展角度来看,虚拟现实性这种思维拓展了人类理性认识和创新思维的新天地,有助于提升人类的思维创造力。同时

184

① 张朴.虚拟现实技术使人类文化在两个世界衍生[J].自然辩证法研究,2002(01).

强化了人类问题意识,是一种积极的问题意识,促进了人类对于教育培训工作中的现实问题的新思考,主要是重视利用信息技术来分析和解决问题。人类社会发展的核心动力是人类的能力的创造性和持续性的发展,在信息技术的强大推动下,人类的能力发展更加有力。

其二,从虚拟现实教育培训的模式层面来看。虚拟现实教育培训是教育培训的一种新模式,为教育培训工作提供了新的助力器。有学者认为:"虚拟现实产生的令人兴奋的情绪和推动力,激发了有远见的教育工作者的想象力。他们把虚拟现实看作是基于计算机教学系统的下一个顺乎逻辑的发展步骤。人们将应用虚拟现实来改进学习过程和创造新的学习系统。"①虚拟现实技术不仅带来了理念层面的新认识,更重要的是其能够在培训模式上带来新发展。教育培训工作者的想象力受到了极大激发,以及带来的兴奋力和推动力,不论是课堂教学的方式方法改革创新,还是学习系统的改进完善,虚拟现实技术都发挥着实实在在的效能。从虚拟现实教育培训对教育培训工作具体实践的作用力来看,主要表现在两个方面:一是将虚拟现实教育培训充分融进学校教育教学工作中。虚拟现实技术已经走进了学校,是推动学校提高教育信息化水平的一个新杠杆。按照国家对学校教育信息化工作的要求,学校教育教学工作需要高度重视教育信息化建设,提高信息技术应用水平。在信息技术与教育教学深入融合的发展态势下,将虚拟现实技术与教育教学工作有机结合起来,充分发挥虚拟现实技术对教育教学改革发展的推动力,其重要性和紧迫性更为突显,为教育教学工作提供虚拟现实技术环境下的新场景,如虚拟学校、虚拟教室、虚拟教研等虚拟环境中的教育教学场景,能够给师生带来别样的体验,这种体验也一定能够激发师生想象力和创新力的,给学校的特色发展增能。二是将虚拟现实教育

---

① 张倩苇.虚拟现实技术与教育[J].电化教育研究,1998(02).

培训充分融进教师教育培训工作中。教师教育培训工作以创新培训模式为引擎,虚拟现实教育培训作为一种新型教育培训模式,必将为教师教育培训工作带来新动能,"虚拟现实技术＋教师教育培训"将取得新的突破。这需要在培训场景的设计和教师的信息技术应用能力之间找到契合点,不仅可以促使教师提升信息技术的应用能力,而且可以促使教师提高应用虚拟现实技术的主动性,增强参加虚拟现实教师教育培训的热情。其中需要对虚拟现实教师教育培训进行包括虚拟平台、穿戴设备、培训方案等核心要素在内的全流程、全景式布局,需要虚拟现实技术人员参与其中,虚拟现实教育培训将会给教师教育培训工作起到有力的助推作用。

人类社会已经进入信息技术发展的新阶段,虚拟现实教育培训并不意味着培训模式的终结,恰恰相反,虚拟现实培训正是数字化培训模式和元宇宙培训模式的中介。随着数字化培训的理论和实践的深入,以及元宇宙培训的开启,在数字化培训和元宇宙培训之间有一座"桥梁"———"虚拟现实培训"或"虚拟现实教育培训"。"虚拟现实教育培训"是对"数字化培训"的继续发展,是对"元宇宙培训"的有力助推。在"数字化培训———虚拟现实培训———元宇宙培训"逐次进阶的过程中,人类对于信息技术的探索和求新,对培训理念和培训模式的创新发展,无不显示出人类具有的积极的开拓力和创造力。这是教育培训工作能够与信息技术持续结合的动力,也是教育培训工作能够持续创新的动力。

(三)"元宇宙培训"

"2021 年是元宇宙的元年,元宇宙概念在今年迅速爆火。"①2021 年,元

---

① 科幻网.关于"我眼中的元宇宙"征文活动的通知[OB/EL].https://www.khhbw.com.cn/article/6835-65.html,2022.

宇宙以迅雷不及掩耳之势进入社会公众视野,一场元宇宙热潮随即开启。从历史的观点来看,元宇宙并不是新鲜事物,关于元宇宙的研究是有很多积累的,关于元宇宙的认识是多种多样的。这表明社会各界对元宇宙有着不同的认识和理解。对元宇宙的多元化的认知,没有削弱元宇宙在社会公众中的注意力和影响力,这可以从社会各界对元宇宙激烈探讨的情势中看出来。基于元宇宙技术的元宇宙培训也成为社会公众关注的一个热点,特别是2020年全球新冠肺炎疫情暴发所带来的培训理念和培训模式的变革,给培训工作带来了挑战和机遇。元宇宙培训离不开包括互联网技术、虚拟现实技术、增强现实技术等多种技术的融合和支撑,没有这些技术,元宇宙培训就无法开展。结合元宇宙和元宇宙培训相关研究成果,简要分析元宇宙的"技术说"和"思维说",阐述元宇宙培训基本内涵,并对元宇宙培训未来发展前景进行初步预测,以期为促进元宇宙培训研究提供一定参考。

1. 关于元宇宙的初步认识

虽然关于元宇宙的哲学、经济学、理工学等层面学术研究非常多,但是真正进入社会公众视野的时间并不早。特别是在2021年,元宇宙可谓是来势迅猛,已经引起了全球的广泛关注,社会各界对元宇宙的认识呈现出多元化的现象。如何认识元宇宙———元宇宙是什么? 从关于元宇宙问题研究的现有文献材料来看,元宇宙既是一种技术,也是一种思维。元宇宙可以分为元宇宙"技术说"和元宇宙"思维说"。

其一,元宇宙"技术说",即元宇宙是一种技术。"通常说来,元宇宙是基于互联网而生、与现实世界相互打通、平行存在的虚拟世界,是一个可以映射现实世界、又独立于现实世界的虚拟空间。"[①]元宇宙是基于互联网技术的

---

① 科幻网.关于"我眼中的元宇宙"征文活动的通知[OB/EL].https://www.khhbw.com.cn/article/6835-65.html,2022.

与现实世界相联的虚拟世界。"'元宇宙'其实就是 VR＋互联网构建的用户在虚拟世界的网络分身,一个平行于现实世界的'真实'网络世界。"①元宇宙是与现实世界平行的网络世界。元宇宙的存在是基于特定的技术手段来实现。一般来讲,元宇宙(Metaverse)是由互联网(Internet)、虚拟现实(Virtual Reality,简称 VR)、增强现实(Augmented Reality,简称 AR)等一系列技术所组成的一项新技术——元宇宙技术。互联网技术是元宇宙的基础。虚拟现实技术是一种人机交互技术(计算机模拟现实情境),让用户置身于由计算机生成的虚拟环境中,计算机图形技术是确保虚拟现实得以实现的重要技术。增强现实技术是把虚拟环境与真实环境结合在一起的技术(将虚拟情境与现实情境紧密融为一体),它有效借助计算机图像绘制技术,增强了虚拟现实技术,最大程度呈现虚拟情境的真实性,将虚实结合与实时交互融通得更加紧密,是虚拟现实的升级版,是比虚拟现实更加复杂、更加实用的技术。概言之,元宇宙是通过把互联网技术、虚拟现实技术、增强现实技术等多种技术深度融通在一起,以虚拟世界(或网络世界)的形态呈现更加逼真的现实世界情境,让用户能够在虚拟世界(或网络世界)中感受到沉浸于现实世界之中,也可称为现实世界的"虚拟情境"或"虚拟场景"的再现。

其二,元宇宙"思维说",即元宇宙是一种思维。"'元宇宙'思维对新闻传播行业发展提出了更高的要求和具有创新性的标准。"②从元宇宙与现实世界的关系来看,元宇宙是一种虚拟世界(或网络世界),与现实世界平行的且互联的世界,因而元宇宙具备的是现实的和虚拟的(或网络的)双重思维方式或思维能力。元宇宙作为一种思维方式或思维能力,是把现实的场景与虚拟的场景有机结合起来进行整体思维,即一种系统性的思维方式或思

---

① 中央纪委国家监委网站.元宇宙如何改写人类社会生活[M].https://www.ccdi.gov.cn/toutiaon/202112/t20211223_160087_m.html#,2022.

② 曹月娟,王珍珍."元宇宙"思维对新闻传播业未来发展的影响[J].青年记者,2022(09).

维能力,包含对现实场景中的人机交互技术认知理解的能力,对移动互联网实时在线虚拟场景交流沟通的能力,对现实场景和虚拟场景的相互转化适应使用的能力,等等,这些能力体现了元宇宙思维方式或思维能力的特殊作用。元宇宙的思维方式或思维能力在社会各界得到了广泛传播,谈论和研讨元宇宙的话题也是蔚然成风,如在科技、教育、医疗、文化等领域,元宇宙思维空前盛行。同时基于元宇宙思维共识,不同行业领域之间的交流对话和信息互通得到了进一步增强,以元宇宙为主体的学术研究和学术交流研讨等活动也火热起来,通过元宇宙的思想碰撞,促进了元宇宙朝着更为人文性、实用性、内涵式等方向发展,为社会各界从元宇宙中不断获得发展新动力,尤其是随着社会成员的思维观念的与时俱进和实干创新的精神的新的成长,这都极大地发挥了元宇宙思维的现实性作用。元宇宙决不是远离尘世的空幻的思维,而是与人类社会发展密切相关的思维,在现时代得到了更为高度的重视。

换一种视角来认识元宇宙,一方面从市场经济视角来看,元宇宙"技术说"重点体现的是元宇宙的经济特性,强调的是元宇宙作为一种技术在经济社会领域中的经济效益,能够为经济社会发展带来巨大生产力,包括物质的和精神的,这正是元宇宙目前备受社会各界关注甚至被加大投入力度的一个重要原因。另一方面从道德伦理视角来看,元宇宙"思维说"的确为社会各界严肃对待元宇宙提出了一项重大命题,即如何以正确的、有利于促进人的发展的价值观来引领元宇宙也引起了社会热议,将先进科技与人的发展结合起来需要更大的智慧。

总之,元宇宙已成为当前社会舆论热点和行业领域新秀,处在建设热潮之中,但是要对元宇宙保持理性思考分析:一方面要看到元宇宙已经成为社会发展的一部分,并已融入社会各行业、各领域,特别是在互联网技术行业、领域,一些有影响力的互联网行业、领域开始谋划布局元宇宙,希望在元宇宙领域有一番大作为,并积极提升元宇宙的影响力和大力引领元宇宙发展。另一方面要明了元宇宙本身是人类思维能力发展的新产物,是人类的创新能力的表征。因此,对元宇宙要予以重视,积极加强元宇宙问题研究,使之更好服务于人类社会发展。

2.元宇宙培训的基本内涵

以上所述元宇宙"技术说"和"思维说"是从技术和思维的两个不同视角对元宇宙的认识,换言之就是发挥元宇宙的技术优势和传播元宇宙的思维理念。而从培训学的角度认识元宇宙,是不是存在元宇宙培训? 基于相关文献材料的考察,可以看到,元宇宙培训已经在实践中和理论上得到了应用和探究。也就是说,元宇宙培训是客观存在的,如何界定元宇宙培训的基本内涵,是理解元宇宙培训的前提。

其一,关于元宇宙培训的概念。顾名思义,元宇宙培训就是在元宇宙技术基础上展开的培训,即元宇宙技术与培训活动的有机结合生成了元宇宙培训实践。一方面就元宇宙培训课程而言,"各类收费或免费的元宇宙课程在视频平台也大量出现""元宇宙培训课程火爆"[①]。元宇宙培训课程受到了争议,元宇宙培训课程的效果受到了不同的评价。如元宇宙技术在煤矿安全培训中的应用,"元宇宙技术充分结合了 VR、AR、3D、区块链、物联网、AI、数字孪生等技术,在煤矿安全培训和应急演练中具有直观、交互性强和知识转化率高等特点,可很好地解决培训单调枯燥、演练走过场的问题"[②]。可以看出元宇宙技术是一项高度复杂的且具有很强实用性的高科技,元宇宙技术已经在培训领域得到了应用,元宇宙技术能够在培训中大显身手。元宇宙培训包括元宇宙培训技术、元宇宙培训平台、元宇宙培训课程、元宇宙培

---

① 兰德华.元宇宙培训课程火爆,真有料还是智商税? [N].工人日报,2021 - 12 - 31.
② 郭泱泱.元宇宙技术在煤矿安全培训和应急演练中的可行性研究[J].煤田地质与勘探,2022(01).

训教学、元宇宙培训资源、元宇宙培训管理、元宇宙培训评价等丰富性内容和多样化形式。与元宇宙"技术说"和"思维说"不同的是,元宇宙培训是一种"模式说",即元宇宙培训充分融合了元宇宙"技术说"和"思维说",元宇宙培训是作为一种培训模式出场的,是培训模式的一种新发展和新样态。

其二,关于元宇宙培训的特征。元宇宙培训是元宇宙技术与培训活动深度结合的产物和结果,元宇宙技术所具有的技术交融、虚拟现实、沉浸体验等方面的鲜明特质在培训活动中也得到了彰显,元宇宙培训一般具有技术交融性强、虚拟现实性强、沉浸体验感强等特征。

一是技术交融性强。元宇宙培训是对元宇宙技术的现实性应用,元宇宙技术所特有的技术交融优势得到了最大程度的发挥,融合互联网技术、虚拟现实技术、增强现实技术等元宇宙技术,表现出了强大的交融性优势。技术交融性强尤其表现为培训智能化优势在培训过程中的发挥,在培训课程智能化、培训教学智能化、培训评价智能化等方面的智能化技术支持表现十分明显,为提高培训的体验感和效能感提供技术保障。

二是虚拟现实性强。元宇宙培训不同于一般培训模式的地方是能够做到虚拟现实培训场景,对现实培训场景的虚拟性特别显著,现实培训场景借助元宇宙技术得到了更加新的呈现,如培训场景的布局和环境、培训参与者的风貌和个性、培训效果的评价和改进等,能够实现实时性。元宇宙虚拟现实培训场景不是对现实培训场景的简单搬移,而是对现实培训场景的再加工,增加现实培训场景中辅助元素,表现更加丰富的动态情景。

三是沉浸体验感强。培训体验贯穿于参训者的培训全过程中,为参训者提供强烈的沉浸体验感是元宇宙培训的独特优势。通过发挥元宇宙技术交融和虚拟现实的强大优势,在元宇宙培训中能够感受到现实培训场景所难以企及的魅力,那就是具有强烈的沉浸体验感,不再受制于固定培训场所和环境的限制,而是在元宇宙网络环境中,进行广范围、大规模、智能化、交互式、实时性等更具有个性化的培训,能够感受到元宇宙技术带来的别有趣味的正效能。

通过对元宇宙培训的基本概念和一般特征的探讨,发挥元宇宙培训在培训工作中的助推作用,可从以下三个方面来着力:一是深入研究元宇宙培训模式的特质。发挥元宇宙培训技术交融性、虚拟现实性、沉浸体验感等方面的独特优势,这不是颠覆传统的集中面授培训模式和远程网络培训模式,而是对这两种培训模式的改造升级,实现线下线上培训模式的聚合发力,生成一种更加符合培训工作发展需要的新模式,构建培训的虚拟动态场景,从视、听等各方面为学员提供沉浸体验。二是积极推进元宇宙培训的技术创新。没有元宇宙技术,就没有元宇宙培训。元宇宙技术是技术的创新发展,是集合了互联网技术、虚拟现实技术、增强现实技术等高科技手段的一种新的技术手段。元宇宙技术的横空问世是技术创新朝着更加适应社会发展需要和培训工作需要发展的一种表征,未来可以看到还将有更加新的技术手段来促进培训模式的更新换代。三是大力协同元宇宙培训各方制定元宇宙培训基本标准。元宇宙培训是一种新生事物,需要积极加以引导和规范,重视元宇宙培训的价值观的规定和引领,如元宇宙培训平台的设计标准、评价标准等。在标准规范下保证元宇宙培训的制度化和科学化,那些元宇宙培训的"乱象"必须得到治理。这需要从国家层面来整合元宇宙培训优质资源,制定培训标准,促进元宇宙培训有据可依,取得实效。

3.元宇宙培训的前景展望

"元宇宙能否成为未来发展方向,取决于其能否带来生产力的提升和生产方式的变革。"[1]毋庸置疑,元宇宙培训的兴起是对培训工作新要求的积极有力回应。可以预见,元宇宙培训必将带来培训模式的新转换,包括理念的

---

① 谭营.元宇宙热潮的成因分析及发展趋势[J].国家治理,2022(02).

和实践的转换,从已经开展元宇宙培训的实践案例来看,元宇宙培训带给学员的震撼力是前所未有的,在对培训理念和培训模式的研究中,不断推进培训理念、培训模式与不断发展中的培训工作相适应,不仅能够促进包括干部教师教育培训理论研究,而且能够促进培训工作提质增效。笔者试从以下两个方面来对元宇宙培训的前景进行展望。

其一,促进培训模式转型,助力疫情防控常态化下培训。2020 年新冠肺炎疫情暴发,至今仍然没有彻底结束,在这样的全球大背景下,如何有效将疫情防控常态化与培训工作结合起来,一方面做好常态化疫情防控,一方面做好培训工作,这着实给培训工作者带来了新的挑战。培训模式转型是参训者培训理念的自觉表现和参训者培训需要的个性彰显。一是就培训理念而言。疫情防控常态化为培训工作者的培训理念带来了新思考,即要及时转换传统的培训理念,必须将线下线上培训一体化理念应用于现实性培训工作中,线上培训不再是线下培训的补充,而是与线下培训融为一体的新的培训理念,或者称为混合式培训理念,特别是在重大事件(如疫情防控常态化)面前,更要积极发挥线上培训的作用,但是这种线上培训的培训理念不单单是那种把线下录制的培训资源搬到线上,而是一种新的培训资源的改进或者创造,在培训理念的发展过程中更进一步给培训工作者带来了全新的培训理念。这种培训理念是培训实践的结果,特别是受到来自科技发展的外在推动作用,促使培训理念与科技发展的交互性更加突出,即科技发展带动培训理念的变革,促进培训理念的与时俱进和创新发展。从以人为本、终身学习、远程网络、混合式等培训理念的不断发展变化中就可以看到这一事实。二是就培训需要而言。疫情防控常态化更新了培训模式,原来的集中面授培训模式受到了严峻挑战,疫情来袭,集中面授培训无法开展,借助远程网络开展远程网络培训成为常态化,但并不是说远程网络培训可以带来优于集中面授培训的体验效果。一方面由于人的社会性需要就意味着集中面授培训是优先选项,然而这不能说明远程网络培训没有更大的作为,随着元宇宙培训进入培训工作中,给培训模式转型带来了机遇,需要远程网络技术创新发展,与元宇宙技术进行有效对接和深度合作,创生一种适应疫情防控常态化下培训工作需要的培训新模式。一方面由于人的个性化需要,对培训需要的个性体现也是十分鲜明。毋庸讳言,培训模式的不断突破和发展,都是来源于培训实践向前不断发展的结果。在这个不断发展过程中,人对培训的个性化需要表现得愈来愈显著和重要,比如培训评价指标中的培训促进参训者业务能力提升就是有力验证。个性化需要的客观存在也促使培训工作者要主动探索培训模式,提高适应培训新需要的能力。

其二,催生元宇宙培训研究热潮,发挥元宇宙培训作用。前面已提到关于元宇宙和元宇宙培训等问题的研究,一方面关于元宇宙问题的研究并不是新事物。元宇宙作为一种技术或思维,已有一批学术研究成果,如关于元宇宙与宇宙层次的关系、元宇宙的算法、多元宇宙等等,这说明元宇宙问题早已受到学术界的关注和研究。另一方面关于元宇宙培训的研究是新事物。以元宇宙培训为研究主题的成果尚付阙如,从文献材料中可以看到元宇宙培训课程的身影,元宇宙培训有极大发展空间。立足培训工作现实,需要从以下几个方面强化元宇宙培训研究。

一是元宇宙培训基础理论研究。重视元宇宙培训的技术理论、系统理论、培训理论、评价理论等基础性理论研究,为元宇宙培训研究的行稳致远打牢基础。基础理论研究中的元宇宙技术理论研究是最根本的,元宇宙技术是开展元宇宙培训的技术根基,这需要加强信息技术领域的元宇宙技术投入,重点要为元宇宙培训平台研发提供强有力技术支持。同时,系统理论是为元宇宙培训提供布局架构,在进入元宇宙培训平台后的一系列培训活动如何设计和实施是系统理论需要重点考量的。培训理论和评价理论为元宇宙培训提供培训指南和评价工具,旨在确保元宇宙培训能够按照培训计划达成,并取得或超出预期培训成效,对元宇宙培训的整体评价将有助于进一步改进和优化元宇宙培训的理念和模式,更好发挥元宇宙培训基础理论研究的理论指导作用。

二是元宇宙培训具体实践研究。元宇宙培训基础理论研究的根本目的是面向培训工作现实的,元宇宙培训在培训领域得到了初步应用,如以虚拟角色进入元宇宙培训平台参加培训的系列项目正在实施。在这里需要强调的是,传统培训平台所具有的要求学员使用账号和密码(或验证码)登录培训平台参训的进场逻辑仍然有效力,不过增加了培训平台虚拟现实场景功能。学员进入培训平台后,将体验到置身于网络世界的"现实感"。这种场景是元宇宙培训与传统培训的一大区别,传统培训平台一般是学员线上观看录制好的培训资源或线上观看专家在线直播等,"现实感"和交互性不强,这无法让学员沉浸体验,而元宇宙培训则有效克服了这种培训的缺陷。元宇宙培训提供给学员的不再是坐在电脑前或拿着智能手机简单看视频,而是切实增强学员的互动性和思考力,在虚拟世界(或网络世界)中体验自我和提升自我。元宇宙培训具体实践将为检验元宇宙培训平台实际效能提供最直接的说服力,这也能有助于元宇宙培训平台的完善。

人类社会发展离不开人类不断追求新事物,人类对新事物的探索是人类社会永续发展的重要动力。其中,科技的创新发展为人类社会发展增添了无穷力量,科技与培训的结合,特别是信息技术与培训工作的深度结合,不仅促进了培训工作的可持续性转型升级,更为重要的是增强了培训工作者对于培训创新的自信力和行动力。对于培训界来说,培训理念和培训模式的每一次新发展,都离不开培训工作者的探索创新。人类社会已经进入元宇宙时代,培训工作也将充分发挥元宇宙培训的有益作用,元宇宙培训的发展前景十分光明,是大有可为的。元宇宙培训的高度网络化、信息化直接催生了元宇宙培训作为一种新的传播媒介出现在世人面前,同时元宇宙培训应以能力建设为抓手。首先,强化元宇宙培训的正向价值力,元宇宙培训正向价值就是超越资本对元宇宙培训的狭隘统摄,以促进学员发展和培训工作发展为价值追求。其次,强化元宇宙培训的示范引领力,元宇宙培训是一块发展潜力巨大和经济效益极高的培训新市场,要以打造先进的元宇宙培训样板来示范引领培训行业的健康发展。最后,强化元宇宙培训的创新发展力。元宇宙培训是培训创新的产物,但不是培训创新的最后产物。元宇宙培训将会随着经济社会发展和培训需要,以及培训技术等不断发展而展现出持续创新发展的品性。

第五节　干部教师教育培训的知识体系

一、干部教师教育培训的知识体系的重要意义

为什么要重视干部教师教育培训的知识体系?习近平强调:"我们正在从事的中国特色社会主义事业是伟大而波澜壮阔的,是前人没有做过的。"[①]"我们处在前所未有的变革时代,干着前无古人的伟大事业,如果知识不够、眼界不宽、能力不强,就会耽误事。"[②]"扎实的知识功底、过硬的教学能力、勤勉的教学态度、科学的教学方法是老师的基本素质,其中知识是根本基础。学生往往可以原谅老师严厉刻板,但不能原谅老师学识浅薄。"[③]《中共中央国务院关于全面深化新时代教师队伍建设改革的意见》提出"时代越是向

---

① 习近平.在全党大兴学习之风 依靠学习和实践走向未来[J].党建,2013(03):7.

② 习近平.信念坚定对党忠诚实事求是担当作为 努力成为可堪大用能担重任的栋梁之才[J].党建,2021(10):4-6.

③ 习近平.做党和人民满意的好老师[N].人民日报,2014-09-10(002).

前,知识和人才的重要性就愈发突出,教育和教师的地位和作用就愈发凸显。""教师承担着传播知识、传播思想、传播真理的历史使命,肩负着塑造灵魂、塑造生命、塑造人的时代重任,是教育发展的第一资源,是国家富强、民族振兴、人民幸福的重要基石。""学科知识扎实"。

干部教师教育培训的知识体系就是要为中国特色社会主义事业发展知识赋能、知识增能,就是要为高素质干部教师队伍建设发挥知识的支撑作用、助推作用,知识体系直接表现出干部教师的知识功底,知识体系直接关乎着干部教师教育培训的基础性效能,是检验干部教师教育培训质量的试金石,必须放置于战略地位的高度。2022 年 4 月 25 日,习近平在中国人民大学考察时强调:"加快构建中国特色哲学社会科学,归根结底是建构中国自主的知识体系。"新时代教育系统干部教师教育培训也需要具有其自主的知识体系。

二、干部教师教育培训的知识体系的基本内容

教育系统干部教师教育培训知识体系,主要是由干部教师的知识体系和干部教师教育培训师资的知识体系,可分为宏观层面的知识体系和微观层面的知识体系。宏观层面的知识体系是指干部教师和干部教师教育培训师资都要具备的知识,包括马克思主义理论、中共党史党建学、社会主义核心价值观、信息技术等方面的共性的知识。微观层面的知识体系是指干部教师和干部教师教育培训师资立足各自岗位所必需的知识,干部所必需的知识包括各类业务知识和科学文化知识,教师所必需的知识包括学科知识和学术研究领域的知识,干部教师教育培训师资所必需的知识包括职业道德修养知识、实际工作经验知识、理论政策知识、教育培训知识(教育培训理论和方法)、专业知识等。

197

表7-1　干部教育培训知识体系

知识体系指导思想	知识体系目标	知识体系内容
马克思主义	履职尽责	党史、国史(新中国史、改革开放史、社会主义发展史等)、经济、政治、历史、文化、社会、生态、法律、科技、军事、外交、管理、国际等方面的知识

表7-2　教师教育培训知识体系

知识体系指导思想	知识体系目标	知识体系内容
马克思主义	教育教学	学科知识(学科基础知识、学科专业知识、学科前沿知识等)、现代科技与人文社会科学知识、计算机基础知识、法治知识、法律知识、健康知识、生态文明法律法规和科学知识、适应终身学习的基础知识等方面的知识

表7-3　干部教育培训知识体系

干部类型	知识体系
党政教育部门干部	马克思主义理论、党性教育知识、职业道德知识、法制教育知识等
普通高等学校管理干部	中国特色现代大学制度知识、高等教育知识、学校管理知识等
职业院校管理干部	现代职业教育知识、职业教育办学知识、市场经济知识、法律法规知识、现代管理理论等

表7-4　教师教育培训知识体系(《教师教育课程标准(试行)》)

教师类型	知识要点
幼儿园职前教师	幼儿期常见疾病、发展障碍、学习障碍的基础知识,幼儿心理健康教育的基本知识,0~3岁保育教育的有关知识,小学教育的有关知识
小学职前教师	课堂组织与管理的知识,课程开发的知识,小学生心理健康教育的基本知识
中学职前教师	活动课程开发的知识,中学生心理健康教育的基本知识

表7—5　各级各类学校校长知识体系(学前教育、义务教育、高中阶段教育)

学校类型	知识要点
学前教育——幼儿园园长	国内外学前教育改革发展的基本趋势,幼儿园发展规划制定、实施与测评的理论,自然科学、人文社会科学知识,幼儿园文化建设的基本理论,幼儿园环境创设、幼儿园一日生活、游戏活动等教育活动组织与实施的知识,国内外幼儿园保育教育的发展动态和改革经验,教育信息技术在幼儿园管理和保育教育活动中应用的一般原理,园本教研、合作学习等学习型组织建设,幼儿园管理的基本知识,幼儿园园舍规划、卫生保健、安全保卫、教职工管理、财务资产等管理实务,幼儿园与家长、相关社会机构及部门有效沟通的策略,家园共育的知识
义务教育——小学阶段教育、初中阶段教育——小学校长、初中校长	国家的法律法规、教育方针政策和学校管理的规章制度,国内外学校改革和发展的基本趋势,学校发展规划制定、实施与测评的理论,自然科学与人文社会科学知识,具有良好的艺术修养和相应的艺术欣赏与表现的知识,校园文化建设的基本理论,课程编制、课程开发与实施、课程评价的相关知识和教材、教辅使用的政策以及国内外课程教学改革的经验,课堂教学以及教育信息技术应用的一般原理,教师专业发展的理论,学习型组织建设,学校管理的基本理论,国内外学校管理的变化趋势,学校人事财务、资产后勤、校园网络、安全保卫与卫生健康等管理实务,学校公共关系及家校合作的理论
高中阶段教育——普通高中教育——高中校长	普通高中的政策法规,国内外教育改革和发展,学校战略管理,自然科学与人文社会科学知识,艺术基础知识,中小学课程政策,国内外高中课程教学改革的经验和发展动态,课程教学基本理论知识,信息技术在教育领域应用的一般原理,教师专业发展的理论,学校管理的基本理论,学校人事财务、资产后勤、校园网络、安全保卫与卫生健康等管理实务,学校公共关系及家校合作的理论,与家庭、社会(社区)、学校、各类媒体等沟通的方法

续表

学校类型	知识要点
高中阶段教育——中等职业教育——中等职业学校校长	国家相关的法律法规、教育方针政策、劳动人事制度和学校管理的规章制度,国内外职业学校改革和发展的基本趋势,自然科学与人文社会科学知识,艺术基础知识,国内外职业教育课程与教学改革经验,职业教育专业建设、课程开发、教材建设、教学实施与评价的相关政策和知识,信息技术在教育领域应用的一般原理,职业学校教师专业发展的理论,学校管理的基本理论,现代企业管理的基本理论,国内外中等职业学校管理的变化趋势,学校人事财务、资产后勤、校园网络、安全保卫、卫生健康、实习实训等管理实务,学校公共关系及校企合作的理论

就干部的知识体系而言,"认真学习马克思主义理论,这是我们做好一切工作的看家本领,也是领导干部必须普遍掌握的工作制胜的看家本领。学习党的路线方针政策和国家法律法规,这是领导干部开展工作要做的基本准备,也是很重要的政治素养。要认真学习党史、国史,知史爱党,知史爱国。经济、政治、历史、文化、社会、科技、军事、外交等方面的知识"[①]。"要学习马克思主义理论特别是新时代党的创新理论,学习党史、新中国史、改革开放史、社会主义发展史,学习经济、政治、法律、文化、社会、管理、生态、国际等各方面基础性知识,学习同做好本职工作相关的新知识新技能,不断完善履职尽责必备的知识体系。"[②]2013年6月28日,习近平在全国组织工作会议上强调:"干部要勤于学、敏于思,认真学习马克思主义理论特别是中国特色社会主义理论体系,丰富知识储备,完善知识结构,打牢履职尽责的知识基础。"[③]干部教育培训的知识主要是马克思主义理论、党的路线方针政策

① 习近平.在全党大兴学习之风 依靠学习和实践走向未来[J].党建,2013(03):7.
② 习近平.信念坚定对党忠诚实事求是担当作为 努力成为可堪大用能担重任的栋梁之才[J].党建,2021(10):4-6.
③ 习近平.出席全国组织工作会议并发表重要讲话[EB/OL].http://www.gov.cn/ldhd/2013-06/29/content_2437094.html.

和国家法律法规等,实现干部的知识储备、知识结构、知识基础得到丰富、完善、牢固。

三、干部教师教育培训的基本方法

"要发扬'挤'和'钻'的精神,多读书、读好书,从书本中汲取智慧和营养。要结合工作需要学习,做到干什么学什么、缺什么补什么。"①"因此,我们的学习应该是全面的、系统的、富有探索精神的,既要抓住学习重点,也要注意拓展学习领域;既要向书本学习,也要向实践学习;既要向人民群众学习,向专家学者学习,也要向国外有益经验学习。"②"要坚持干什么学什么、缺什么补什么,有针对性地学习掌握做好领导工作、履行岗位职责所必备的各种知识,努力使自己真正成为行家里手、内行领导。"③《干部教育培训工作条例》提出:"业务知识培训应当根据干部岗位特点和工作要求,有针对性地开展履行岗位职责所必备知识的培训,加强各种新知识新技能的教育培训,帮助干部提高专业素养和实际工作能力。"《面向 21 世纪教育振兴行动计划》,"基本建立起终身学习体系,为国家知识创新体系以及现代化建设提供充足的人才支持和知识贡献。""高等学校要跟踪国际学术发展前沿,成为知识创新和高层次创造性人才培养的基地。""继续并加快进行'211'建设,大力提高高等学校的知识创新能力","高等学校要在国家创新工程中充分发挥自身优势,努力推动知识创新和技术创新"。一是要坚持知识为工作服务的原则。学习各类知识主要是服务于履职尽责和教育教学工作,这也是学

---

① 习近平.信念坚定对党忠诚实事求是担当作为 努力成为可堪大用能担重任的栋梁之才[J].党建,2021(10):4-6.
② 习近平.在全党大兴学习之风 依靠学习和实践走向未来[J].党建,2013(03):7.
③ 习近平.在全党大兴学习之风 依靠学习和实践走向未来[J].党建,2013(03):7.

以致用的表现。二是要发挥高等学校的知识创新的作用。高等学校在知识创新中发挥着引领作用,是知识创新的中心和高地,要主动作为,积极为知识创新贡献力量。

第六节　干部教师教育培训的能力结构

一、干部教师教育培训的能力结构的重要意义

加强干部教师能力建设,提高干部教师能力素质是干部教师教育培训的重要目标,围绕这一目标进行能力设计。干部教育培训能力结构是聚焦干部履职尽责的综合能力,干部必须要掌握履职尽责所要求的各项能力,做一个新时代好干部。教师教育培训能力结构是聚焦教师教书育人的综合能力,教师必须要掌握教书育人所要求的各项能力,做一个新时代好教师。为帮助干部教师提升能力,开展专业化能力培训。

二、干部教师教育培训的能力结构的基本内容

表7-6　干部教育培训能力结构

干部培训类型	能力要点
党政教育部门干部培训	提高干部的思想政治素质和开拓创新、驾驭全局、科学决策、维护稳定、应对突发事件等方面的能力
高校领导干部培训	按照培养社会主义政治家、教育家的要求,不断提高以改革创新精神推动高等教育科学发展的能力
思想政治理论课教学科研骨干培训	提高教师的思想政治素质、业务素质和教学能力

表7-7　干部教育培训能力结构

干部类型	能力要点
党政领导班子成员	以提高政治素质、增强党性修养为根本,以提升专业能力为重点
机关公务员	以加强思想政治建设、职业道德建设和业务能力建设为重点
企业经营管理人员	经营管理能力、领导企业科学发展能力
专业技术人员	创新创业能力
基层干部	政策执行、推动发展、服务群众、促进和谐能力,发展经济、改革创新、依法办事、化解矛盾、做群众工作等能力为重点

表7-8　教师教育培训能力结构(《教师教育课程标准(试行)》)

教师类型	能力要点
幼儿园职前教师	理解幼儿的知识和能力、教育幼儿的知识和能力、发展自我的知识与能力
小学职前教师	理解学生的知识与能力、教育学生的知识与能力、发展自我的知识与能力
中学职前教师	理解学生的知识与技能、教育学生的知识和能力、发展自我的知识与能力

表7-9　教师教育培训能力结构
(《中共中央　国务院关于全面深化新时代教师队伍建设改革的意见》)

教师类型	关键能力
中小学教师—中小学校长	切实提升教学水平—提升校长办学治校能力
幼儿园教师	培养学前教育师范生综合能力
职业院校教师	不断提升实践教学能力
高等学校教师	着力提高教师专业能力

表7-10　各级各类学校校长能力结构(学前教育、义务教育、高中阶段教育)

学校类型	能力要点
学前教育——幼儿园园长	规划幼儿园发展、营造育人文化、领导保育教育、引领教师成长、优化内部管理和调适外部环境等方面的能力,专业能力

学校类型	能力要点
义务教育——小学阶段教育、初中阶段教育——小学校长、初中校长	学校管理的实践能力和创新能力,规划学校发展、营造育人文化、领导课程教学、引领教师成长、优化内部管理和调适外部环境等方面的能力,专业能力
高中阶段教育——普通高中教育——高中校长	规划学校发展、营造育人文化、领导课程教学、引领教师成长、优化内部管理和调适外部环境等方面的能力,专业能力
高中阶段教育——中等职业教育——中等职业学校校长	学校管理、校企合作的实践能力和创新能力,规划学校发展、营造育人文化、领导课程教学、引领教师成长、优化内部管理和调适外部环境等方面的能力,专业能力

以教育部"校长国培计划"校园长培训者的培训班为例,阐述新时代中小学校长和幼儿园园长培训者应具备八项专业能力。专业能力不仅体现着培训者的专业素养,而且体现着培训者的人格力量。新时代中小学校长和幼儿园园长培训者应具备政策文件学习能力、培训需求调研诊断能力、方案设计能力、课程开发能力、教学实施能力、绩效评估能力、工作坊主持能力、信息技术应用能力八项专业能力。新时代中小学校长和幼儿园园长培训者要时刻牢记"打铁必须自身硬"的铁律,自觉主动提升适应中小学校长和幼儿园园长培训工作发展需要的专业能力。中小学校长和幼儿园园长培训者专业能力相关问题研究已在学界引起了广泛关注,重视对培训者专业能力相关问题研究具有重大的理论价值和巨大的实践价值。2014年6月,教育部印发《教育部办公厅关于启动实施中小学校长国家级培训计划的通知》(教师厅函〔2014〕9号),正式启动实施"校长国培计划"(包括中小学校长示范性培训项目和中西部农村校长培训项目),其中,中小学校长示范性培训项目中的"培训者专业能力提升工程"明确指出:"面向从事中小学校长培训工作的专职培训机构、高等学校、中小学等单位管理者开展培训。通过培

训,进一步提高培训者的专业素质,培养一批具有现代培训理念、较强培训能力的高素质专业化培训者。"通过对"校长国培计划"——边远贫困地区农村校长助力工程培训者培训班、"校长国培计划"——中小学校长培训者高级研修班,以及"教育部—中国移动中小学校长培训项目"培训者培训班等各层级培训者培训班实施情况的全面调研,得出以下结论:作为新时代培训者应具备政策文件学习能力、培训需求调研诊断能力、方案设计能力、课程开发能力、教学实施能力、绩效评估能力、工作坊主持能力、信息技术应用能力八项专业能力。一定意义上讲,不仅每一项专业能力都能够成为一项课题来研究,而且通过研究每一项专业能力,可以更好指导中小学校长和幼儿园园长培训工作科学开展。

(一)政策文件学习能力

1.培训者应自觉主动坚持学习政策文件

政策就是方向,政策指引着行动。培训者首先应是党和国家培训政策文件的学习者和传播者。培训者在学习过程中,应自觉主动让政策文件精神浸润心灵,在培训过程中,应积极将政策文件精神宣传给中小学校长和幼儿园园长,形成政策文件深入人心的生动气象,持续提升自身政策文件学习的自觉意识,并将政策文件精神广泛传扬和坚定践行。

2.中小学校长和幼儿园园长培训者专业能力培训相关政策文件

关于中小学校长和幼儿园园长培训者专业能力培训的政策文件数量不多,笔者归纳了一些可供培训者研读的政策文件,有:《中共教育部党组关于印发〈全国教育系统干部培训规划(2013—2017 年)〉的通知》(教党〔2013〕7号),《教育部关于进一步加强中小学校长培训工作的意见》(教师〔2013〕11号),《关于实施农村校长助力工程的通知》(教师司〔2013〕91 号),《教育部办公厅关于启动实施中小学校长国家级培训计划的通知》(教师厅函〔2014〕

9号),《教育部办公厅关于印发〈乡村校园长"三段式"培训指南〉等四个文件的通知》(教师厅〔2017〕7号)等。

这些政策文件关于培训者专业能力阐述的要点有:培训者的培训观念和能力建设、提升培训者专业能力、培养高素质专业化培训者、组建乡村校园长培训团队等。特别是党的十八大以来,培训政策文件多向中西部地区乡村校园长培训工作倾斜,这需要引起培训者的关注和跟进。培训者可从中领会到党和国家对培训者培训工作的高度重视,对培训者专业能力的高度重视,这也极大激发了培训者学习政策文件的热情。

此外,培训者还应十分熟悉关于中小学教师和校园长培训相关政策文件,如关于中小学教师和校园长的依法治教、专业标准、师德建设、校园安全、信息技术等方面的培训政策文件。有条件的培训者可以学习一些国外关于中小学教师和校园长培训相关政策文件。有了方向,有了指引,行动才能有力量。培训政策文件如此重要,所以培训者要积极养成和不断增强培训政策文件的自觉学习意识,始终保持与时俱进精神状态。

(二)培训需求调研诊断能力

如果培训建立在没有全面彻底对需求调研诊断的基础上,那么培训必然无法做到按需施训和科学施训,必然无法取得令人满意的效果,这已经被无数事实验证。在中小学校长和幼儿园园长培训项目中,加强培训项目的前期、中期和后期调研,对学员需求进行全方位诊断,针对培训对象的培训需求研制培训方案,理应成为培训者的科学遵循。

1. 培训需求调研诊断概念简述

培训需求调研诊断是做好培训工作的基础,是指培训者深入培训对象开展全面深度的需求调查研究和病理诊断的活动。调研诊断内容一般包括学员基本信息、学员培训历史记录、学员培训诉求等,调研诊断形式一般包括问卷调查、座谈会、现场观摩等。培训需求调研诊断不仅是一项专业能力，而且已成为一种培训模式，如有学者提出了"'需求导向培训模式'，包括诊断需求、制订方案、集中培训、在线研修、组织与管理五个基本要素"①。

从时间维度来看，培训需求调研诊断包括训前、训中和训后三个阶段，但从培训者的实际需求调研诊断效果来看，由于调研诊断的形式和内容设置较为浅显，没有深入挖掘学员的内在需求，即缺乏对学员个人培训成长的全过程进行调研诊断，造成了这三个阶段需求调研诊断的整体脱节。培训者实施需求调研诊断前应明确培训的目的就是让学员需求得到满足，学员参训有所收获。培训者应以学员需求为导向，推行全面需求调研诊断，对不同层次、类别、岗位的学员进行个性化需求调研诊断，不断深挖学员短期需求和长期需求，把握培训的近期目标和长远目标，紧紧围绕学员需求设置培训内容。

2. 培训需求调研诊断基本做法

以"个性化培养"培训为例，培训者应加强训前学员需求调研和分析，制定个性化培训计划。具体参考做法是：第一，开展个性化培训需求调研诊断，由培训者根据培训地域培训动态和学员培训经历设置问卷内容，主要是采取网络匿名答卷方式，其中问卷内容，包括学员培训经历、培训级别和培训课程等；第二，培训者与培训地域负责机构进行面对面对话，进行针对性培训诊断，重点是对培训地域历年培训中的经验和缺失进行深入分析，并结合党和国家培训工作形势发展需要，作出有效性、可接受性和可操作性的培训建议，供培训地域负责机构参考；第三，培训地域负责机构选派相关学员和培训管理团队，开展预培训，从学习平台操作、教学计划理解和培训绩效

---

① 杨智.中小学校长"需求导向培训模式"的内涵及实践要素[J].中小学教师培训,2017(01):29-32.

考核等方面做好训前准备工作,让学员和培训管理团队明确培训目标,统一思想,有效落实行动。经过以上三个环节的努力,最后形成培训需求调研诊断报告,作为开展培训的一项基础参考材料。

3.培训者应掌握和应用各类培训需求调研诊断方法

培训需求调研诊断考验着培训者的专业素养和心理素质,也为培训者专业成长带来了很大助益,它昭示着培训者必须要亲临现场,深入实践,准确把握学员内在需求,依据需求设计方案和组织实施培训,任何有缺失或偏离这一环节的念头都会吃苦头的!在调查方法方面,培训者"要适应新形势新情况特别是当今社会信息网络化的特点,进一步拓展调研渠道、丰富调研手段、创新调研方式,学习、掌握和运用现代科学技术的调研方法,如问卷调查、统计调查、抽样调查、专家调查、网络调查等,并逐步把现代信息技术引入调研领域,提高调研的效率和科学性"①。

由于培训需求调研诊断能力是培训者所有专业能力中的基础能力,因此,培训者必须不断加强培训需求调研诊断能力的训练,不断提升培训需求调研诊断的精确性和实效性。

(三)方案设计能力

1.培训者应高度重视培训方案设计

让培训真正落地,必须要有切合参训学员需要的培训方案。培训方案设计是一项高强度系统性全景式的设计工作,是培训者培训理念、培训实践和培训经验的系统集成,可以说,培训方案设计直接制约着培训的最终效果,也为培训者极为重视的一项工作。培训方案是培训活动的重要组成部分,在培训实践中存在诸多问题,如培训理念引领不具有前瞻性,培训形式

---

① 习近平.学习和掌握正确的调查研究方法[J].新湘评论,2012(10):33-34.

与内容安排对学员的需求欠缺考虑,培训方案的有效性、个性化和可操作性不强等。因此,培训者必须要在方案设计方面狠下功夫,增强本领。

2. 培训方案设计的依据、特征和趋势

从培训方案设计的依据来看,培训方案设计的素材来自于培训需求调研诊断的结果,培训者在培训需求调研诊断后,将形成一份需求调研诊断报告,作为研制培训方案的参考,同时,结合党和国家培训政策文件,研制出培训方案设计讨论稿,经征求意见和培训者团队集体探讨后,最终确定培训方案,在具体实施过程中,有时还需要进行调整,以期培训方案取得良好效果。从培训方案设计的特征来看,培训方案设计越来越突出跨学科、跨地域、跨文化等集合特征,即从实现培训目标着手,将培训内容形式内在逻辑联通整合,融入培训课程这个载体中去,通过每一门培训课程的显性活动和隐性价值彰显,让学员从中学有所思,学有所得,学有所乐。从培训方案设计的趋势来看,充分利用互联网信息技术,集中面授培训和远程网络培训相结合、影子培训和返岗实践相结合、论坛研讨和工作坊研修相结合、课程现场直播等已成为流行培训方式嵌入培训方案设计中,如微信直播,一人扫码,众人受益,受到学员广泛好评。

培训方案设计若能声情并茂,活灵活现,演奏出美妙的音乐,沁入学员心灵,那么培训者的获得感、幸福感将会溢于言表。然而方案设计要照顾到大多数学员培训需求,面面俱到显然是不可能的,因此,培训者在培训方案设计方面应加强修炼,实现培训方案得到更多学员的满意,努力提升培训方案内涵和品质。

(四)课程开发能力

课程开发能力体现着培训者的培训研究能力,开发出适合学员需求的课程是十分重要的,但决不能满足于此,要有新意有创意,在课程开发上面要具有引领力。

1. 对课程的一种认识

培训者皆知,学员打开一本培训手册,找到培训日程安排,首先进入眼帘的就是课程表。课程表一般包括课程名称、主讲人姓名、课程时间等元素。把课程表作为培训方案的一项基础内容,已成为当前培训活动的惯例。在预培训、正式培训等培训活动中,都有相应的课程表安排。只要培训手册里面配有精美的课程表就能取得美好的培训效果,如果这样认为,就会贻笑大方。课程是一个完整严密的体系,就课程表安排而言,里面的课程设置是有一定逻辑规律性的,无论从横纵比较,还是从内容形式分析,都要有关联性,如政策理论实践情感等一体贯通,任何一环脱节,都将给培训效果减分。这样也就给培训者开发课程带来了挑战,特别是对于刚刚加入培训者队伍的新手来说,课程开发更具有严峻性,但也存在课程创新的可能。

2. 课程开发应遵循的基本原则

在课程开发方面,培训者应遵循"构建富有时代特征和实践特色、务实管用的干部教育培训课程体系"①基本原则,以《义务教育学校校长专业标准》《幼儿园园长专业标准》为依据开发课程,形成一大批针对性和实效性较强的品牌课程。一方面培训者应分级分类开发优质培训课程资源,建设培训资源库,就课程资源内容而言,包括学科课程、校本课程、集中面授培训课程和远程网络课程等,就课程资源形式而言,包括文本资源、音视频资源、多媒体课件、网络课程资源等。另一方面培训者可积极开发兼顾集中面授培训与远程网络培训相结合使用的立体化课程资源,重视开发典型案例、微课程和网络课程,为满足校园长的任职资格培训、提高培训、高级研修培训、高级研究培训、名校园长领航培训等多类型培训需求提供个性化课程、特色课

---

① 干部教育培训工作条例[N].光明日报,2015-10-19(010).

程和精品课程。在课程开发方面,培训者应有课程文化意识,把课程文化寓于方案设计和教学实施过程中,让课程文化清清活水滋润学员,让学员感受到课程文化的魅力,更好全身心融入到培训活动中去。培训者应着重提升课程开发领导力,在遵循国家、地方、学校三级课程规定基础上,加大对案例课程和本土化课程的研发,积极改革创新培训课程,尤其是要积极改革创新乡村校园长课程,为学员提供更加鲜明、更加实用的课程。

课程在培训工作中的地位是十分重要的,是培训工作实施的重要载体,要保障培训工作具有源源不断的优质课程,培训者应不断提升课程开发引领力和创新力。

(五)教学实施能力

1.何为教学实施

培训方案是靠教学实施来落地的。好的培训方案还需要好的教学实施,这样才可能取得好的培训效果。教学实施可谓是精耕细作,既要全盘谋划,更要留心做好每一个细节,于细微处见精神。教学实施一般包括教学设计、组织管理、后勤保障等工作环节,教学实施的主要方法有讲授式、研讨式、案例式、模拟式、体验式等。在培训项目实施过程中,培训者担负着教学实施全过程管理工作,为保证教学实施成效,培训者可以开展主题教学、专题教学、探究教学等活动,提高教学评价设计、学员组织管理、教学表达指导和现代信息技术使用等技能。

2.教学实施基本做法

还以"个性化培养"培训为例,培训者引导学员自主学习与群学研讨,检测学员阶段学习效果。这不仅需要学员具有较强的自主学习能力,也需要学员融入群学环境中。具体参考做法是:第一,严格实施个性化培训计划,对每一名学员的学情进行动态跟踪,及时提醒学员分配好工作和学习时间,坚持学习;第二,建立网络学习联系,通过 QQ、微信、邮件或电话等方式,与学员保持学习沟通联系,每一名学员不少于 3 次线上联系,可创造条件与学员进行面对面交流;第三,开展答疑辅导,有培训地域负责机构相关人员搜集学员在学习过程中的问题,分类整理,反馈给培训机构,经过专家分析解答之后,可网传供学员学习参考,或直接开展线上专家答疑,采用视频答疑方式效果较好;第四,积极组织班级研讨,由培训地域负责机构培训管理团队或培训机构管理团队安排专人负责班级研讨,精心设计班级研讨主题和实施方式,引导学员参与研讨,并从中筛选精华贴,整理成文,供学员浏览学习;第五,个别学员可以自动发起学习圈研讨交流,并将研讨交流成果反馈给培训管理团队负责人。

教学实施作为培训的一个关键步骤,与学员有着直接密切联系,培训者应在每一个培训项目中给自己定好方位,努力发动学员积极参与其中,从学员中找典型,树榜样,以点带面,并且要做好学员学习记录,测量学员过程学习效果,为培训绩效评估提供参考资料。

(六)绩效评估能力

培训活动结束后,培训者就会直面绩效评估。绩效评估关乎培训成效,是改进培训程序,提高培训质量的重要环节,做好培训项目绩效评估至关重要。

1.绩效评估的基本内容

《教育部办公厅 财政部办公厅关于印发〈"国培计划"示范性集中培训项目管理办法〉等三个文件的通知》(教师厅〔2013〕1 号)提出"绩效考核""采取网络匿名评估、专家实地考察评估和第三方评估等方式对培训承担机构工作绩效进行考核。绩效考核内容主要包括培训实施方案执行情况、学员满意度、培训效果、经费使用管理情况等。考核结果将及时反馈培训任务承担机构,并作为资质调整、任务分配的重要依据"。目前,培训机构多运用"柯氏模型"的反映层、学习层、行为层和效果层等四层次的评估方法来对培训进行全面评估。

2.绩效评估的基本做法

但从目前国内培训训后实践来看,培训项目结束后,严重缺乏对培训项目的训后调研与跟踪指导,这不利于了解学员在培训后的实际效果,也无法及时听取学员意见和建议,更无法有效巩固培训成果,保证培训质量。根据训后学员学习评价,提供再培训建议。学员的学习评价主要包括课程评价和教学评价。具体参考做法是:第一,发布课程和教学评价问卷,组织学员填写,并系统分析评价结果,对整个培训项目进行全方位总结,查找亮点和不足;第二,开展培训评价会,组织专家、培训地域负责机构和培训机构相关人员开展培训评价,重点是发现培训问题;第三,撰写培训评估报告,报告立足学员培训效果和培训地域负责机构培训目标,以此作为再培训依据。

无论是集中面授培训还是远程网络培训,抑或是混合式培训,培训者都应认真做好绩效评估和学员跟踪指导工作。在集中面授培训中,学员可以身临其境,通过与专家学者交流研讨,深切感受培训带来的思想火花和思维启迪。在远程网络培训中,学员聆听专家讲座,结合自身工作实际,深刻体悟到自身的不足和努力方向。这两种培训模式都给学员带来一定的影响,但是,加强周期性跟踪指导工作,可以有效延展这种培训影响,可以更加深入的检测培训效果,为学员再培训做好条件准备。

(七)工作坊主持能力

工作坊是信息技术发展的产物,它以全新的内容与形式,围绕学员情境互动学习,给学员带来了学习的新选择和新体验。当前,在"国培计划""校长国培计划"中实施中小学教师和校园长网络研修,开展网络研修与校本研修整合培训、中小学教师和校园长工作坊研修,对有条件的乡村教师和校园长开展网络培训,提高中小学教师和校园长教育教学能力和整体素质。

1. 工作坊研修常态化成为必然

《教育部办公厅关于印发乡村教师培训指南的通知》(教师厅〔2016〕1号)提出:"针对当前乡村教师发展专家指导不够、骨干教师引领机制不健全等问题,依托骨干教师组建工作坊,带动乡村教师开展工作坊研修,打造信息技术环境下的教师学习共同体,推进骨干引领全员的常态化研修。"《教育部办公厅关于印发〈乡村校园长"三段式"培训指南〉等四个文件的通知》(教师厅〔2017〕7号)提出:"以乡村校园长工作坊研修为载体,发挥优秀校园长的专业引领和辐射带动作用,打造乡村校园长学习共同体,营造团队合作和共同发展的良好环境,实现优秀校园长引领乡村校园长的常态化研修。"由此可见,中小学教师和校园长工作坊研修的基本目标就是打造信息技术环境下的中小学教师和校园长学习共同体,实现骨干和优秀的中小学教师和校园长常态化研修。

2. 培训者应成为工作坊研修的引领者

培训者不仅应学会熟练掌握校园长工作坊研修实际操作技能,而且要主动引领校园长工作坊研修发展。从研修理念方面讲,培训者就是要依托校园长工作坊,将集中面授与网络研修相结合,培养校园长工作坊主持人,引领校园长进行工作坊研修,打造信息技术环境下的校园长学习共同体,实现骨干和优秀的校园长常态化研修。从研修实践方面讲,培训者至少要加入一个校园长工作坊,与工作坊主持人或坊主、坊员研讨互动,了解工作坊主持人或坊主、坊员研修动态,掌握第一手资料,利用各种机会与学员沟通交流,记录好学员的问题,深思熟虑后,给予学员解答,并不断增强自身在工作坊中发现问题分析问题和解决问题的能力。

工作坊主持能力与信息技术应用能力是密不可分的,培训者应积极提升将工作坊主持能与信息技术应用有效融合的综合能力,积极打造充满生机活力和可持续发展的学习共同体。

(八)信息技术应用能力

1.培训需要信息技术

当今世界,信息技术迅猛发展,已被培训机构和培训者引入并应用于具体培训工作中去,并且取得了显著的效果,"正如我们看到的,信息技术不负众望,已成为优化培训内容、创新培训模式、突破管理难题、提升培训成效的重要手段。信息技术的发展永无止境,支持着人们对于理想培训的追求与时共进。"[①]可见,信息技术已成为推动培训工作的一把利器,它不因时空限制,为学员提供了更加方便快捷的学习机遇。

2.信息技术应用能力相关政策文件

党和国家高度重视中小学教师和校园长的信息技术应用能力培养。如《教育部关于实施全国中小学教师信息技术应用能力提升工程的意见》(教师〔2013〕13号)指出:"教师队伍建设是教育信息化可持续发展的基本保障,信息技术应用能力是信息化社会教师必备专业能力。"2014年5月,教育部研究制定了《中小学教师信息技术应用能力标准(试行)》和《中小学教师信息技术应用能力培训课程标准(试行)》以全面提升中小学教师信息技术应用能力。《关于印发〈中小学校长信息化领导力标准(试行)〉》(教师司函〔2014〕97号)提出"促进中小学校长专业化发展,提升中小学校长信息化领导力,促进信息技术与教育教学深度融合"。《标准》实施旨在提升中小学教师和校园长信息技术应用能力,加快基础教育信息化步伐。一定意义上讲,这些政策文件也在潜移默化助推培训者提升信息技术应用能力,不断增强

215

---

① 闫寒冰.信息技术带来教师培训质的突破[N].中国教育报,2014-09-26(008).

培训者的忧患意识和学习意识。

3. 全面提升培训者信息化领导力

立足中小学校长和幼儿园园长培训信息化实际需求谋划全面提升培训者信息化领导力。当前,中小学校长和幼儿园园长信息化培训包括创设校园信息化环境、提升学校信息化管理水平、推动教师和学生提升信息技术应用能力、推进信息技术在课堂教学中的有效应用等内容,培训者首先要系统掌握这些内容,培训者可形成信息化领导力提升共同体,信息化领域专家可介入其中,给予培训者专业指导和可行建议,为培训者信息化领导力提升奠定扎实基础。培训者也可以深入科技企业,亲身感受信息技术给人与社会发展带来的深刻影响,增强做好中小学校长和幼儿园园长信息化培训工作自信。

培训者要准确掌握世界信息技术发展趋势,主动适应世界信息技术发展形势,熟悉使用信息技术,自觉增强信息素养,成为一名信息技术应用的引领者。根据校园长信息技术应用实际情况,帮助校园长制订校园长信息技术应用能力培训研修计划,并不定期向校园长推介最新信息技术,引导校园长养成信息技术应用能力自我意识。

除以上八项专业能力外,培训者还应具备培训研究创新能力。"培养造就一大批具有国际水平的战略科技人才、科技领军人才、青年科技人才和高水平创新团队。"①培训者自觉主动树立世界眼光和战略思维,积极借鉴和运用已有培训工作经验,瞄准世界培训前沿,敢于突破,敢于创新,打造出具有中国特色的培训者队伍,让更多的中国培训者出现在世界培训舞台,发出中国培训者声音,讲好中国培训者故事,阐释中国培训智慧,展示中国培训风

---

① 习近平.决胜全面建成小康社会 夺取新时代中国特色社会主义伟大胜利[N].人民日报,
2017－10－28(001).

采,努力生成中国培训示范,努力引领世界培训发展,这是新时代培训者一项重要而又迫切的专业能力。

八项专业能力将培训工作的筹备、实施、完结等各环节融汇贯通,合为一体,以政策文件学习为起点,强化新时代培训者的政治意识和学习意识,以信息技术应用能力为落点,强化新时代培训者的信息意识和创新意识。这八项专业能力既是培训者开展培训工作的基础能力,更是培训者实施培训研究创新工作的基础能力。

培训者专业能力提升是需要多方协同努力才能实现的。《中共中央 国务院关于全面深化新时代教师队伍建设改革的意见》明确指出"建立健全地方教师发展机构和专业培训者队伍",党和国家积极为培训者专业能力提升提供强有力的政策支持,培训机构积极为培训者专业能力提升提供良好的工作学习环境,但最重要的是培训者要主动学习并更新培训理论和培训理念,积极投入到培训实践中去,自觉提升信息素养和专业能力。

第八章
新时代教育系统干部教师教育培训的实践探索

第一节　系统布局教育培训工作

系统布局是新时代教育系统干部教师教育培训特色。系统布局包括战略性布局、规划性布局、针对性布局、均衡性布局、标准化布局五方面。

其一，从战略性布局来看，把干部教师教育培训工作放在战略性地位来考量。就干部教育培训的地位而言，干部教育培训是干部队伍建设的先导性、基础性、战略性工程，在进行伟大斗争、建设伟大工程、推进伟大事业、实现伟大梦想中具有不可替代的重要地位和作用。就教师教育培训的地位而言，教师教育是我国教育的重要组成部分，是教育事业的工作母机，是提升教育质量的动力源泉。教师承担着传播知识、传播思想、传播真理的历史使命，肩负着塑造灵魂、塑造生命、塑造人的时代重任，是教育发展的第一资源，是国家富强、民族振兴、人民幸福的重要基石。教师培训是加强教师队伍建设的重要环节，是推进素质教育，促进教育公平，提高教育质量的重要保证。

其二,从规划性布局来看,实施干部教师教育培训工作的都是三年及以上规划、计划和方案。就干部教育培训规划和方案而言,如《2013—2017 年全国干部教育培训规划》《2018—2022 年全国干部教育培训规划》《全国教育系统干部培训规划(2013—2017 年)》《全国教育系统财务管理干部培训实施方案(2014—2017 年)》《全国教育系统财务管理干部培训实施方案(2018—2022 年)》等规划和方案都在三年及以上。就教师教育培训规划和方案而言,如《普通高等学校思想政治理论课教师队伍培养规划(2013—2017 年)》《乡村教师支持计划(2015—2020 年)》《职业院校教师素质提高计划(2017—2020 年)》《职业院校教师素质提高计划(2021—2025 年)》《教师教育振兴行动计划(2018—2022 年)》《普通高等学校思想政治理论课教师队伍培养规划(2019—2023 年)》《中小学幼儿园教师国家级培训计划(2021—2025 年)》《新时代中小学名师名校长培养计划(2022—2025)》等规划和计划都在三年及以上。

其三,从针对性布局来看,根据事业发展需要开展干部教师专题教育培训。就干部教育培训而言,包括对特定干部群体开展专题培训,设置特定培训主题等。如"教育部直属高校、直属单位加强和改进离退休干部工作专题培训班""教育信息化管理干部专题培训班""机关司局及教育系统领导干部媒介素养专题培训班""教育厅局长教育信息化专题培训班""教育数字化能力提升专题培训班""全国高校网络文化建设骨干专题培训班""'三区三州'中小学校长教育信息化专题培训""全国高校辅导员骨干专题培训班""'高校辅导员职业能力建设'专题培训班""高校学生工作干部创新能力提升专题培训班""全国大学生心理健康教育工作专题培训班""全国中小学党组织书记高级研修班""全国中小学校党组织书记示范培训班"等。就教师教育培训而言,如"'全国科学教育暑期学校'中小学教师培训""全国教师培训管理者网络研修班""中华经典诵写讲骨干教师培训班""全国普通高校

'形势与政策'课骨干教师培训班""思想政治理论课贯彻落实十八大精神教师培训班""高校教师党支部书记培训示范班""应用型高校专业骨干教师培训班"等。

其四,从均衡性布局来看,实施促进中西部地区教育发展的支援帮扶计划。但由于自然、历史、社会等多方面原因,中西部经济社会发展相对滞后,教育基础差,保障能力弱,特别是农村、边远、贫困、民族地区优秀教师少、优质资源少,教育质量总体不高,难以满足中西部地区人民群众接受良好教育的需求,难以适应经济社会发展对各类人才的需要。我国东中西地区教育发展并不均衡。2013 年 2 月 20 日《中西部高等教育振兴计划(2012—2020年)》提出:"振兴中西部高等教育,服务国家西部大开发战略、东北地区等老工业基地振兴战略和中部崛起战略的深入实施。""以提升中青年教师教学科研水平为重点,大力开展教师培训工作。组建高校教师教学发展中心,促进教师培训工作制度化、常态化。"[①]2013 年 7 月 29 日《国务院办公厅转发教育部等部门关于实施教育扶贫工程意见的通知》提出,"充分发挥教育在扶贫开发中的重要作用""鼓励教师到片区从教"[②]。2016 年 5 月 11 日《国务院办公厅关于加快中西部教育发展的指导意见》指出,"全面加强乡村教师队伍建设""加大乡村教师培训力度,'国培计划'集中支持乡村教师培训"。"多种形式开展高校对口支援""深化团队式支援,鼓励多所高校联合支援一所或几所中西部高校。支援高校要制订相应计划,通过多种方式帮助受援高校培养、培训在职教师,着力提升受援高校教师的教学科研水平。"[③]为打

---

① 教育部 国家发展改革委 财政部关于印发《中西部高等教育振兴计划(2012—2020 年)》的通知[EB/OL]http://www.moe.gov.cn/srcsite/A08/s7056/201302/t20130228_148468.html.

② 国务院办公厅转发教育部等部门关于实施教育扶贫工程意见的通知[EB/OL].http://www.gov.cn/zwgk/2013-09/11/content_2486107.html.

③ 国务院办公厅关于加快中西部教育发展的指导意见[J].中华人民共和国国务院公报,2016(18):22-29.

赢脱贫攻坚战,促进我国教育均衡发展,积极发挥东部地区教育资源优势,选派东部地区干部教师支援帮扶中西部地区教育发展,实施干部教师支教帮扶计划,采取对口支援帮扶方式,组织东部地区优秀干部教师到中西部地区支教帮扶,带动和培训当地干部教师,帮助中西部地区建设高素质干部教师队伍,整体提升教育发展水平。如"千名中西部大学校长海外研修计划""银龄讲学计划""高校银龄教师支援西部计划""边远贫困地区、边疆民族地区和革命老区人才支持计划教师专项计划""援藏援疆万名教师支教计划""乡村振兴重点帮扶县教育人才'组团式'帮扶""'国培计划'中小学名师名校长凉山教育帮扶行动"等。

其五,从标准化布局来看,以标准化建设提高干部教师教育培训的科学性和规范性。《中华人民共和国标准化法》明确指出:"制定标准应当在科学技术研究成果和社会实践经验的基础上,深入调查论证,广泛征求意见,保证标准的科学性、规范性、时效性,提高标准质量。"[1]《中共中央关于全面深化改革若干重大问题的决定》指出:"政府要加强发展战略、规划、政策、标准等制定和实施,加强市场活动监管,加强各类公共服务提供。"[2]2015 年 3 月 11 日《国务院关于印发深化标准化工作改革方案的通知》(国发〔2015〕13 号)提出:"发挥标准化在推进国家治理体系和治理能力现代化中的基础性、战略性作用,促进经济持续健康发展和社会全面进步。"[3]"制定实施国际标准化人才培训规划,加大国际标准化人才培养和引进力度。"[4]"加强标准化

---

① 中华人民共和国标准化法[EB/OL]http://www.gov.cn/xinwen/2017-11/05/content_5237328.html.

② 中共中央关于全面深化改革若干重大问题的决定[N].人民日报,2013-11-16(001).

③ 国务院关于印发深化标准化工作改革方案的通知[J].中华人民共和国国务院公报,2015(10):17-21.

④ 国务院办公厅关于印发贯彻实施《深化标准化工作改革方案》行动计划(2015—2016 年)的通知[J].辽宁省人民政府公报,2015(S2):14-16+56.

人才队伍建设"①。标准化布局的目的就是保证干部教师教育培训的科学性、规范性,提高干部教师教育培训质量。2018年11月8日《教育部关于完善教育标准化工作的指导意见》(教政法〔2018〕17号)提出:"完善教育标准体系框架""教师队伍建设标准。健全教师资格标准、教师编制或配备标准、教师职业道德标准、教师专业标准、教师培养标准、教师培训标准、教师管理信息标准等。研制双语教师任职资格评价标准。"②依照标准和指南开展干部教师教育培训,保证科学性和规范性。如《义务教育学校校长专业标准》《普通高中校长专业标准》《中等职业学校校长专业标准》《幼儿园园长专业标准》《中等职业学校教师专业标准(试行)》《特殊教育教师专业标准(试行)》《中小学幼儿园教师培训课程指导标准》《中小学教师信息技术应用能力培训课程标准(试行)》"乡村校园长培训指南""乡村教师培训指南""'国培计划'教师培训项目实施指南"等标准和指南。

第二节　问题驱动教育培训工作

党的十八大以来,教育系统干部教师教育培训工作取得了显著成绩,为建设高素质干部教师队伍,为促进教育改革发展、科教兴国战略和人才强国战略,以及创新驱动发展战略的有效实施做出了积极贡献,但是还不能很好地适应新时代教育事业发展的需要,存在着亟待解决的问题。就干部教育培训而言,如一些地区和单位对干部教育培训的重要性认识不足,存在重使

① 国务院办公厅关于印发贯彻实施《深化标准化工作改革方案》重点任务分工(2017—2018年)的通知[J].中华人民共和国国务院公报,2017(11):95-98.
② 教育部关于完善教育标准化工作的指导意见[J].中华人民共和国教育部公报,2018(11):17-20.

用轻培养的现象;规范化的干部教育培训机制和制度还未完全形成,存在调训计划难以落实、特别是抽调领导骨干教育培训难的现象;干部教育培训工作中理论与实际联系不够紧密,教育培训的针对性和适用性不强等。就教师教育培训而言,如有的地方对教育和教师工作重视不够,重硬件轻软件、重外延轻内涵的现象还比较突出;师范教育体系有所削弱;有的教师的思想政治素质和师德水平需要提升;教师特别是中小学教师职业吸引力不足等。就思想政治理论课教师教育培训而言,如有的地方和学校对中小学思政课教师队伍建设重视不够;有的中小学校思政课教师配备不足,岗位吸引力不强;部分中小学思政课教师的思想政治素质、专业素养和教育教学能力不能很好适应培养时代新人的要求;各方支持中小学思政课教师队伍建设的合力有待增强;等等。同时,干部教师教育培训存在着针对性不强、内容泛化、方式单一、质量监控薄弱等突出问题。

新时代教育系统干部教师教育培训所面临的问题,概括起来主要包括:一是干部教师教育培训还不能完全适应新时代教育事业发展的新需要。这突出表现在干部教师的能力素质面对新方位、新征程、新使命,教师队伍建设还不能完全适应。二是干部教师教育培训制度体系还不健全。干部教育培训的制度体系和教师教育培训的制度体系尚未确立,仍处在进一步健全完善的状态,影响着干部教师教育培训的实际成效。三是干部教师教育培训理念和模式还没有真正做到与时俱进。在信息化高度发展的时代,随着移动互联网、人工智能、虚拟现实技术、元宇宙技术等高新科技的袭来,在培训理念和培训模式方面如何主动创新也是需要认真思考的问题。面对新时代提出的迫切问题,干部教师教育培训坚持问题导向,以问题驱动改革创新,出台一系列政策,加大对干部教师教育培训的支持力度,促进干部教师教育培训的内涵式高质量发展。如《教育部办公厅关于共建教育系统干部培训协作机制的通知》提出"建立全国教育干部培训协作平台""形成上下贯通、左右联动的教育系统干部培训新格局"。《中共中央 国务院关于全面深化新时代教师队伍建设改革的意见》提出："经过5年左右努力,教师培养培训体系基本健全。""教师队伍规模、结构、素质能力基本满足各级各类教育发展需要。"①《教师教育振兴行动计划(2018—2022年)》提出："经过5年左右努力,办好一批高水平、有特色的教师教育院校和师范类专业,教师培养培训体系基本健全,为我国教师教育的长期可持续发展奠定坚实基础。"②《教育部关于深化中小学教师培训模式改革全面提升培训质量的指导意见》提出："国家建设全国教师培训管理信息系统,加强对国家级培训和各地培训的动态监测。"③等。

第三节　制度体系保障教育培训工作

新时代通过不断加强制度体系建设,为教育系统干部教师教育培训提供制度体系保障,推动干部教师教育培训工作质量提升。

一方面在干部教育培训方面建立干部教育培训体系,如《2013—2017年全国干部教育培训规划》指出："进一步推进干部教育培训改革创新,努力形成更加开放、更具活力、更有实效的中国特色干部教育培训体系,提高干部教育培训科学化水平。"《2018—2022年全国干部教育培训规划》明确提出:"干部教育培训体系改革更加深化,干部素质培养的系统性、持续性、针对

① 中共中央国务院关于全面深化新时代教师队伍建设改革的意见[N].人民日报,2018-02-01(001).

② 教育部等五部门关于印发《教师教育振兴行动计划(2018—2022年)》的通知[J].中华人民共和国教育部公报,2018(04):141-145.

③ 教育部关于深化中小学教师培训模式改革 全面提升培训质量的指导意见[J].中小学教师培训,2013(07):3-4.

性、有效性不断增强，具有先进培训理念、科学内容体系、健全组织架构、高效运行机制的新时代中国特色社会主义干部教育培训体系不断完善。"《关于贯彻落实〈2018—2022年全国干部教育培训规划〉的实施意见》提出："加强中国教育干部网络学院及其分院的标准化建设，统筹整合网络培训资源，建设兼容、开放、共享、规范的全国教育干部网络培训体系。"

另一方面在教师教育培训方面加强各类制度体系建设，如《中国教育现代化2035》（2019年中共中央 国务院印发）明确强调："培养高素质教师队伍，健全以师范院校为主体、高水平非师范院校参与、优质中小学（幼儿园）为实践基地的开放、协同、联动的中国特色教师教育体系。"《中华人民共和国国民经济和社会发展第十四个五年规划和2035年远景目标纲要》（2021年）明确强调："建立高水平现代教师教育体系，加强师德师风建设，完善教师管理和发展政策体系，提升教师教书育人能力素质。"《教育部 财政部关于改革实施中小学幼儿园教师国家级培训计划的通知》提出"建立省、市、县、校分工合理、责任明确的四级项目管理体系"，这是中小学幼儿园教师国家级培训的管理体系目标。《中共中央 国务院关于全面深化新时代教师队伍建设改革的意见》提出："实施教师教育振兴行动计划，建立以师范院校为主体、高水平非师范院校参与的中国特色师范教育体系，推进地方政府、高等学校、中小学'三位一体'协同育人。""根据基础教育改革发展需要，以实践为导向优化教师教育课程体系。""优化幼儿园教师培养课程体系。"《教师教育振兴行动计划（2018—2022年）》提出："发挥师范院校主体作用，加强教师教育体系建设。加大对师范院校的支持力度，不断优化教师教育布局结构，基本形成以国家教师教育基地为引领、师范院校为主体、高水平综合大学参与、教师发展机构为纽带、优质中小学为实践基地的开放、协同、联动的现代教师教育体系。"

具体到各学段教师教育培训方面，如在基础教育方面，《教育部 财政部关于改革实施中小学幼儿园教师国家级培训计划的通知(2015)》提出:"建立高等学校、县级教师发展中心、片区研修中心、校本研修四位一体的教师专业发展支持服务体系。""建立省、市、县、校分工合理、责任明确的四级项目管理体系。"在职业教育方面,《教育部 财政部关于实施职业院校教师素质提高计划(2021—2025年)的通知》提出:"建优培训体系,强化分工协作健全完善国家示范引领、省级统筹实施、市县联动保障、校本特色研修的四级培训体系。"在思想政治理论课教师方面,《新时代高等学校思想政治理论课教师队伍建设规定》提出:"建立国家、省(区、市)、高等学校三级思政课教师培训体系。"《普通高校思想政治理论课建设体系创新计划》提出:"进一步完善教师培养培训制度。逐步健全完善国家示范培训、省级分批轮训、学校全员培训紧密衔接、相互补充的三级培训体系。"在高校辅导员方面,《普通高等学校辅导员培训规划(2013—2017年)》提出:"健全完善以教育部举办的全国高校辅导员示范培训为龙头,以教育部、省(区、市)高校辅导员培训和研修基地举办的专题培训、高级研修为重点,以高校举办的岗前培训、日常培训等各类培训为基础,分层次、全覆盖的三级辅导员培训体系。"在师范生方面,《教育部办公厅关于进一步做好"优师计划"师范生培养工作的通知》提出"健全高校与地方政府、中小学、教师发展机构'四位一体'协同育人机制"。在乡村教师方面,《教育部等六部门关于加强新时代乡村教师队伍建设的意见》提出:"积极构建省、市、县教师发展机构、教师专业发展基地学校和名校(园)长、名班主任、名教师"三名"工作室五级一体化、分工合作的乡村教师专业发展体系。"等。

第四节　信息技术助推教育培训工作

《干部教育培训工作条例》提出："充分运用现代信息技术,完善网络培训制度,建立兼容、开放、共享、规范的干部网络培训体系。提高干部教育培训教学和管理信息化水平,用好大数据、'互联网+'等技术手段。"《2013—2017年全国干部教育培训规划》提出："积极利用在线学习平台、党员干部现代远程教育网络、广播电视等信息化手段开展教育培训,提高培训效率和效益,努力实现全覆盖。"《2018—2022年全国干部教育培训规划》提出："积极探索适应信息化发展趋势的网络培训有效方式,推行线上线下相结合的培训模式。"《全国教育系统干部培训规划(2013—2017年)》提出："发挥网络培训优势,体现教育特点、贴近干部需求,面向全员开展在线学习。加快网络培训标准化建设,推动网络培训资源共建共享。"《关于贯彻落实〈2018—2022年全国干部教育培训规划〉的实施意见》提出,"注重利用大数据等现代信息技术手段,服务培训精准管理,及时掌握干部参训情况,不断提高培训的统筹性、计划性"。

《教育部关于全面推进教师管理信息化的意见》提出:"教师规模庞大、类别多样、分布广泛,教师工作环节多,涉及师德建设、培养培训、资源配置、管理评价和待遇保障等,治理难度较大。传统手段很难做到对教师队伍的科学、精准、高效管理,很难实现教师队伍治理体系和治理能力的现代化。因此,必须要创新教师管理方式方法,积极整合利用信息技术手段,全面推进教师管理信息化,提升教师管理的效率与水平。"

《教育部关于实施全国中小学教师信息技术应用能力提升工程的意见》提出:"教师队伍建设是教育信息化可持续发展的基本保障,信息技术应用

227

能力是信息化社会教师必备专业能力。""推行符合信息技术特点的培训新模式。""各地要根据信息技术环境下教师学习特点,有效利用网络研修社区,推行网络研修与现场实践相结合的混合式培训。"《中小学教师信息技术应用能力培训课程标准(试行)》提出"各地在课程实施中,要加大培训模式创新力度,推行将网络研修与现场实践相结合的混合式培训,重点实施网络研修与校本研修整合培训,实现教师边学习、边实践、边提升。培训机构要建立'个人空间——教师工作坊——研修社区'一体化网络研修体系。""要切实做好培训需求调研工作""要将提升教育教学能力作为主要目标""要适应开展混合式培训的需要""要注重分学科(领域)开发培训课程""要依据课程主题开发具体课程""要遵循课程目标、内容与评价的一致性""要提供功能完备的课程运行平台"。

《教育部 财政部关于改革实施中小学幼儿园教师国家级培训计划的通知》提出:"推行混合式培训,促进乡村教师学用结合。有效利用教师网络研修社区,切实推行集中面授、网络研修和现场实践相结合的混合式培训,促进教师边学习、边实践、边提升。"

《教育部办公厅关于开展人工智能助推教师队伍建设行动试点工作的通知》提出:"探索人工智能助推教师管理优化、助推教师教育改革、助推教育教学创新、助推教育精准扶贫的新路径。"

《教育部关于深化中小学教师培训模式改革全面提升培训质量的指导意见》提出:"营造网络学习环境,推动教师终身学习""各地要积极推进教师网络研修社区建设,推动教师网上和网下研修结合、虚拟学习和教学实践结合的混合学习。"

《中小学幼儿园教师在线培训实施指南》提出:"充分利用互联网、大数据等信息技术,以异步、同步、同步与异步相混合的方式开展在线培训,运用具备全过程分析、精准推送、实时、非实时交互、资源聚合共享等功能的平台,通过专业设计、实施与评估提升在线培训成效。"

　　2020年新冠肺炎疫情暴发,为保证干部教师教育培训工作不中断,大规模实施在线培训,《教育部应对新型冠状病毒肺炎疫情工作领导小组办公室关于在疫情防控期间有针对性地做好教师工作若干事项的通知》提出:"做好教师信息技术能力提升和师训资源开放共享工作。依托国培计划、省培计划等培训项目,适时组织开展教师远程教学及信息技术能力在线专题培训。"《教育部应对新型冠状病毒感染肺炎疫情工作领导小组办公室关于疫情防控期间以信息化支持教育教学工作的通知》提出:"加大培训指导力度。各地各校要制定网络教学工作指南,充分利用网络教学组织方法微课等资源,组织开展教师信息化教学和疫情防控知识线上培训,组织、指导开展网络教研,增强广大教师利用信息技术开展网络教学的意识和能力,以及对疫情的了解,确保延迟开学期间线上教学顺利进行,要加强工作过程的意见反馈,不断提高和改进线上教学组织服务水平,确保教学质量。"

第九章 ———————————————

新时代教育系统干部教师教育培训的发展走向

新时代教育系统干部教师教育培训要更好适应新时代发展需要，就要着力在理论研究、技术应用、学科建设等方面着力改进优化，实现理论的指导和推动，技术的助力和增效，学科的规范和引领，确保教育系统干部教师教育培训的理论性、技术性、学科性都得到显著增强，为培养高素质的好干部好教师创造更加良好的条件。

第一节　大力加强干部教师教育培训的理论研究

无论是从干部教师教育培训的政策文件来看，还是从干部教师教育培训的具体实践来看，重视干部教师教育培训理论的研究始终是至关重要的，一句话，干部教师教育培训理论研究只能加强，不能削弱。新时代干部教师教育培训理论的基本架构的总原则总方针是坚持马克思主义理论的根本指导，坚持习近平新时代中国特色社会主义思想的指导。新时代干部教师教育培训理论研究的基本架构可从宏观层面理论和微观层面理论来认识。宏观层面理论主要包括系统理论、发展理论、人才理论、技术理论等理论。微观层面理论主要包括系统理论下面的课程、教学、评价等方面的系统理论，发展理论下面的需要理论、能力理论，人才理论下面的德才理论、学习理论等，技术理论下面的信息技术理论（见图9-1）。宏观层面理论和微观层面理论不是各自独立的，而是相互联系的，在进行干部教师教育培训理论研究过程中，宏观层面理论发挥着整体的引领作用，微观层面理论发挥着具体的能动作用。由于微观层面理论是宏观层面理论的细化表现，因此在干部教师教育培训理论研究和现实工作中更具有实操性。

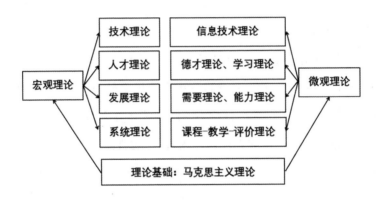

图9-1　教育系统干部教师教育培训理论框架

其一，宏观层面的理论。一是系统理论，即干部教师教育培训工作是一项系统工程。需要运用全面的联系的发展的系统思维来进行统筹规划，包括干部教师教育培训工作的战略布局和策略实施等。二是发展理论，即干部教师教育培训工作是以促进干部教师的全面发展为价值取向。通过促进干部教师的组织需要和岗位需要以及履职尽责能力素质和教育教学能力素质的发展来实现干部教师服务组织发展的目的，包括干部教师教育培训工作要完成干部教师的个体发展与组织的共同体发展的双重发展任务。三是人才理论，即干部教师教育培训工作担负着培养高素质干部教师人才队伍的重任。包括不同类别、不同层次、不同岗位的干部教师人才队伍。新时代干部教师教育培训工作的重要使命是着力培养造就"信念坚定、为民服务、勤政务实、敢于担当、清正廉洁"的新时代的"好干部",着力培养造就有"理想信念、道德情操、扎实学识、仁爱之心"的新时代的"好教师"。四是技术理论,即干部教师教育培训工作要运用技术工具来达成目标。新时代干部教师教育培训工作所处的技术发展环境是极其深刻的,需要运用信息化技术手段,来提高新时代干部教师教育培训理论研究和实际工作的整体效能。

其二,微观层面的理论。一是课程、教学、评价等方面的系统理论,强调的是系统思维研究逻辑。干部教师教育培训工作一般是以模块化课程来展开的,采用多样化的教学方式,对教育培训工作的最终成效进行多元化评价,形成了"模块化课程——多样性教学——多元化评价"的一体化的干部教师教育培训工作格局,而一体化过程中系统思维是一条主线,即课程设计的系统化、教学方式的系统化、评价方式的系统化等方面以系统化理念来安排干部教师教育培训工作的具体操作内容,这也促进了干部教师教育培训制度体系的形成。二是需要理论和能力理论。需要理论主要是针对学员的组织需要、岗位需要、个人需要等多方面需要而展开研究的,干部教师带着组织要求的任务,必须要在教育培训过程中坚决完成组织任务,进而达到干部教师为组织发展服务的目的,干部教师的多方面的需要是在组织要求的限制和范围之内的,这关涉到需要限度问题,即干部教师在教育培训过程中要以组织需要为主,把服务组织发展放在首位。能力理论主要是通过提升干部教师的综合能力本领来实现干部教师在具体工作中高效率的履职尽责,就干部教育培训而言,其鲜明特点是以提升干部执政能力为核心的能力建设,主要包括增强执政本领——"八项本领",提高解决实际问题能力——"七项能力"。八项本领是"学习本领、政治领导本领、改革创新本领、科学发展本领、依法执政本领、群众工作本领、狠抓落实本领、驾驭风险本领"①。七种能力是"政治能力、调查研究能力、科学决策能力、改革攻坚能力、应急处突能力、群众工作能力、抓落实能力"②。"八项本领"和"七种能力"是交互贯通的,共同融进干部教育培训全过程。三是德才理论和学习理论。德才理论强调的是干部教师的德才素质,主要是为干部教师培养和选用提供一个标尺,作为衡量合格干部教师的最低标尺。德才兼备是干部教师的最基本的标准,新时代的"好干部""好教师"一定是德才兼备的干部教师,是具备德才素质的干部教师。德才理论还将随着时代发展而不断进行更新发展,对干部教师的标准也会有相应的调整和更新。学习理论主要是检验干部教师如何有效发挥履职尽责、教书育人的德才的方法论,即干部教师要在履职尽责、教书育人过程中坚持学习,持续提升学习能力。干部教师不仅要把职责范围内的工作高质量做好,而且还要坚持终身学习,把终身学习作为一种生活方式,做终身学习的示范者,确保思想与时俱进,学习持之以恒,德才素质可持续发展。四是技术理论。主要是将科学技术与干部教师教育培训理论研究紧密结合,建立"技术 + 干部教师教育培训"的研究思维和研究手段。干部教师教育培训工作也离不开技术支持,从远程电教环境下开展干部教师教育培训工作,到移动网络环境下开展干部教师教育培训工作,干部教师教育培训工作实现了新跨越。要有效应用信息技术理论,新时代干部教师教育培训工作正处在信息化高速发展的时代,特别是互联网、大数据、人工智能等科学技术工具的快速发展,为干部教师教育培训工作带来了挑战和机遇,要充分发挥科学技术工具的正效能作用,将线下与线上的干部教师教

---

① 习近平.决胜全面建成小康社会 夺取新时代中国特色社会主义伟大胜利[N].人民日报,2017 - 10 - 28(001).
② 习近平.年轻干部要提高解决实际问题能力 想干事能干事干成事[J].旗帜,2020(10):5 - 6.

育培训两种场景连贯起来,组成混合式一体化的全场景的干部教师教育培训新形态。通过"技术+干部教师教育培训理论研究"的深度融合,不断推进干部教师教育培训信息化建设。

第二节　强化信息技术与干部教师教育培训融合

从政策文件来看,信息技术与干部教师教育培训的深度融合是新时代教育系统干部教师教育培训的趋势和特色,充分发挥信息技术在教育系统干部教师教育培训中的正效能,有助于促进新时代教育系统干部教师教育培训的整体效能,实现教育培训的理念和模式的转型,适应新时代教育系统干部教师教育培训的新发展。其一,信息素养是干部教师的核心素养。信息时代促使干部教师必须要提高信息技术应用能力,提高信息技术应用能力和信息素养,以更好服务工作,师范生也要将提高信息技术应用能力和信息素养作为一项基本功,作为未来教书育人的核心能力。中小学教师信息技术应用能力主要包括应用信息技术优化课堂教学能力、应用信息技术转变学生学习方式能力、应用信息技术促进教师专业发展能力。其二,发挥信息技术网络平台在干部教师教育培训中的优势。把集中面授与网络研修结合起来,实施线上线下混合式教育培训,努力研发干部教师教育培训的信息技术网络平台,实现干部教师线上教育培训的常态化,构建干部教师教育培训线上教育培训网络体系,提高干部教师教育培训工作的信息化水平,促进干部教师教育培训的模式新转型,将数字化培训、元宇宙培训等信息技术充分融进干部教师教育培训,推动培训模式优化升级。其三,干部教师教育培训的师资队伍的信息技术应用能力和信息素养亟待提升。在干部教师教育培训的师资队伍建设方面,要将信息技术应用能力和信息素养与师资队伍

建设有机结合起来,打造信息技术环境下的干部教师学习共同体,重视信息
技术应用能力培训者团队研修,面向信息技术应用能力培训者团队,以"互
联网+"、大数据、虚拟现实、人工智能等新技术在教育教学中的融合应用,
以及干部教师信息技术应用能力提升培训的组织实施等为主要内容,提升
培训团队信息化领导力,推动开展干部教师信息素养培训,提高信息技术与
教育教学融合能力。

表9-1 信息技术信息技术与干部教师教育培训的深度融合的主要政策

政策文件名称	关键语句
干部教育培训工作条例	充分运用现代信息技术,完善网络培训制度,建立兼容、开放、共享、规范的干部网络培训体系。提高干部教育培训教学和管理信息化水平,用好大数据、"互联网+"等技术手段。
2013—2017年全国干部教育培训规划	积极利用在线学习平台、党员干部现代远程教育网络、广播电视等信息化手段开展教育培训,提高培训效率和效益,努力实现全覆盖。加快网络培训平台建设,逐步实现全国干部在线学习平台的互联互通。
2018—2022年全国干部教育培训规划	鼓励和支持干部运用网络培训、专题讲座等形式开展各方面基础性知识学习。干部教育培训和互联网融合发展。统筹整合网络培训资源,建设兼容、开放、共享、规范的全国干部网络培训体系。积极探索适应信息化发展趋势的网络培训有效方式,推行线上线下相结合的培训模式。加强中国干部网络学院及其分院建设,建设在线学习精品课程库,迭代开发移动学习平台。完善干部教育培训信息管理系统,建立全国统一、分级管理的干部教育培训电子档案信息系统。
教育部关于实施全国中小学教师信息技术应用能力提升工程的意见	教师队伍建设是教育信息化可持续发展的基本保障,信息技术应用能力是信息化社会教师必备专业能力。
教育部关于实施卓越教师培养计划的意见	提升师范生信息素养和利用信息技术促进教学的能力。

续表

政策文件名称	关键语句
国务院办公厅关于印发乡村教师支持计划（2015—2020年）的通知	全面提升乡村教师信息技术应用能力。
教育信息化2.0行动计划	从提升师生信息技术应用能力向全面提升其信息素养转变,应用信息技术解决教学、学习、生活中问题的能力成为必备的基本素质,加强师范生信息素养培育和信息化教学能力培养,实施新周期中小学教师信息技术应用能力提升工程,继续开展职业院校、高等学校教师信息化教学能力提升培训,深入开展校长信息化领导力培训,全面提升各级各类学校管理者信息素养。
教育部关于实施全国中小学教师信息技术应用能力提升工程2.0的意见	信息技术应用能力是新时代高素质教师的核心素养。
教育部等六部门关于加强新时代乡村教师队伍建设的意见	把信息化教学能力纳入师范生基本功培养。
新时代基础教育强师计划	提升中小学教师的信息技术应用能力和科学素养。
教育部办公厅 财政部办公厅关于做好2016年中小学幼儿园教师国家级培训计划实施工作的通知	打造信息技术环境下的教师学习共同体。
教育部办公厅 财政部办公厅关于做好2019年中小学幼儿园教师国家级培训计划组织实施工作的通知	运用人工智能、同步课堂等新技术开展培训,创新信息技术与教师培训融合应用模式,提升教师培训信息化水平。
教育部办公厅 财政部办公厅关于做好2019年中小学幼儿园教师国家级培训计划组织实施工作的通知	信息技术应用能力培训者团队研修。面向省级信息技术应用能力培训者团队,以"互联网＋"、大数据、虚拟现实、人工智能等新技术在教育教学中的融合应用,以及教师信息技术应用能力提升培训的组织实施等为主要内容,进行5天(30学时)的专项培训,提升培训团队信息化领导力,推动各地因地制宜开展教师信息素养培训,提高信息技术与教育教学融合能力。

续表

政策文件名称	关键语句
教育部 财政部关于实施中小学幼儿园教师国家级培训计划（2021—2025年）的通知	运用人工智能、同步课堂等新技术开展培训，创新信息技术与教师培训融合应用模式，提升教师培训信息化水平。
教育部 财政部关于实施中小学幼儿园教师国家级培训计划（2021—2025年）的通知	信息技术培训者团队研修。面向省级信息技术培训者团队，以"互联网＋"、大数据、虚拟现实、人工智能等新技术在教育信息化中的融合应用为主要内容，采取集中面授与网络研修相结合的方式，进行5天（30学时）的专项培训，提升教师信息化指导能力和信息化领导力，提高信息技术与教育教学融合能力，示范带动各地因地制宜开展教师信息素养培训。
教育部 财政部关于实施中小学幼儿园教师国家级培训计划（2021—2025年）的通知	推动人工智能与教师培训融合。
教育部教师工作司 财务司关于印发《中小学幼儿园教师在线培训实施指南》的通知	充分利用互联网、大数据等信息技术，以异步、同步、同步与异步相混合的方式开展在线培训，运用具备全过程分析、精准推送、实时、非实时交互、资源聚合共享等功能的平台，通过专业设计、实施与评估提升在线培训成效。

  信息技术与干部教师教育培训的深度融合的实施载体包括理论上的和实践上的。就实践上的而言，干部教师教育培训需要依托远程网络培训平台来实施，远程网络培训平台的核心是网络培训教学管理，因此，需要对远程网络培训平台的网络培训教学管理工作进行考查。

  网络培训教学管理工作是网络培训的中心工作。当前网络培训教学管理工作存在着培训目标不实际、教学计划不规范、考核内容不科学、评估体系不健全等问题，须从明确设置目标、规范制定计划、科学组织考核和系统实施评估等方面着手，才能有效提高网络培训教学管理工作能力。网络培训以其培训时空无阻碍、培训成本较低廉、培训规模可大化和培训资源共享性等诸多优势成为我国中小学教师和校长培训的一种重要模式。从目前关于网络培训教学管理工作的研究现状来看,研究人员和研究资料甚少,可借鉴的成果甚微,而加强对网络培训教学管理工作的研究势必对网络培训产生积极作用。

其一,网络培训教学管理工作的实际现状。制度建设与人才培养是教学管理工作的基础性内容。在网络培训模式下,教学管理工作水平高低直接影响着网络培训质量高低。教学管理制度建设滞后和教学管理专业队伍匮乏是当前网络培训教学管理工作的实际现状。一方面是网络培训教学管理制度建设滞后。搜集整理相关资料后发现,多数网络培训机构对教学管理制度建设重视度不够:一是教学管理制度的价值、概念和内容的重要性认识不足,二是教学管理制度建设的路径和措施选择不清,三是不能根据形势变化及时对网络培训教学管理制度进行更新调整。尤其是,网络培训教学管理的制度流程存在重复化、无效化和呆板化等特征较为明显,繁文缛节、框框架架干扰着教学管理工作的执行,增添了许多阻碍,甚至延误了紧要培训的顺利开展。唯有科学合理的制度,才可以为网络培训提供有效的制度保障。另一方面是网络培训教学管理专业队伍匮乏。网络培训机构缺乏专业的网络培训教学管理队伍,影响着网络教学的有效开展:一是教学管理人员招聘、培养和晋升的通道不顺畅,二是教学管理人员的理论学习和实践操作能力较弱,三是教学管理人员的团队协作效率偏低。当前,存在一种认识误区,即教学管理工作人员应具有教育学背景,于是开始从师范院校来招聘,实践证明,具有教育学背景的人员不一定具备管理才能,因此,在专业队伍招聘方面,必须要综合考量,择选具备较强管理才能的人员,经过后期的培训与工作实践,提高其专业能力,这才是最为有效的。

其二,网络培训教学管理工作存在的主要问题。一是培训目标不实际。网络培训的培训目标是以学员个人工作学习实际为基础的。然而,当前网络培训机构在设定培训目标时,往往忽略了学员的培训需求,背离了学员的个人实际,以至于培训目标空泛、虚化和难以实现,给学员造成了一种培训不切实际的感受,难以切近学员的真实培训需求。调查发现,在一些地域,国家级培训、省级培训、地市级培训、县市级培训等项目众多,有些培训项目内容大体相似,学员参训压力较大,以致造成重复培训的局面。有些学员反映,重复培训让其不堪其重,影响了日常工作,还造成了培训资源的浪费。这种尴尬现象,与培训目标不切合学员的工作和学习实际有着显著的相关性。培训目标的不实际,直接影响着学员的参训信心和动力。二是教学计划不规范。教学计划是培训的指导性文献。教学计划的不规范和随意性,给学员培训增添了麻烦,影响培训的正规性和严格性,给学员带来一种错觉,即不规范的教学计划一定会有不规范的教学管理,让学员从心理上就不认同培训,对培训有一种抵触情绪。"我国网络教育现行的教学计划,绝大多数是从成人教育对应专业的教学计划借鉴而来,或是全日制教学计划的删减版。"①无论从科学性或是规范性而言,这样的教学计划都是不合格的,因此,执行起来必定是难有成效,更会让学员埋怨不已。三是考核内容不科学。培训的考核内容是学员参训的关键内容。当前,网络培训考核内容多以课程学习为主,辅以作业、论文、研讨、答疑等,学员静态学习较为明显,缺乏一种动态的网络学习环境,久而久之,学员对这种考核内容产生了倦怠感,甚至厌弃。出现了"大量的教育技术培训模式都很简单,培训资源管理不善且对培训的效果评价也很肤浅,造成教师受训质量低下,不能学以致用"②的现象。同时,当前网络培训的考核内容偏重于课程学习,缺乏科学的

① 徐春华.基于复杂学习理论视角的网络教育教学计划改革[J].中国成人教育,2014(05):124-127.

② 陶祥亚.网络教学系统在教师教育技术培训中的有效性研究[J].远程教育杂志,2008(06):57-59+39.

教学活动设计,学员对此种考核渐渐失去了兴趣和耐心。这都严重影响了培训目标的实现,对学员的针对性和实用性学习的需求也无法实现。四是评估体系不健全。评估是检验培训效果的一项重要环节。网络培训的评估具有远程性、滞后性等特征,不同于面授培训可在现场活动中进行评估分析,这样就造成了网络培训评估的时效性不强,加之评估体系的设计欠缺人性化,引发学员对评估抱怨和不满。同时,评估方法或模型的采用不适当,也给评估工作带来了一定的困难,较难对学员的反应、学习、行为和结果进行深度分析和把握。目标、计划、考核、评估四项内容是紧密联合贯穿于整个培训过程始终的,任一项内容出现偏差和失误,都是牵一发动全身的,会给培训的整体性带来消极影响。

其三,提高网络培训教学管理工作水平的相关对策。在以满足学员需求为原则,以解决实际问题为导向的形势下,抓好目标、计划、考核和评估这四大关键环节,才能真正促进网络培训教学管理工作水平的提高。一是明确设置目标。明确设置培训目标,也就指明了培训的归宿所在。目标设置需要以培训政策为依据,以培训地域教育实践为基础,以学员需求调研为参照,充分顾及各方面的因素,使目标可以实现。培训目标是通过教学目标来落地的。"教学中目标的设计在整个教学系统中起着举足轻重的作用,是计划的最终目的、执行的行为导向、考核的具体标准。"[1]具体操作中可以通过分解教学目标,如制定教学进度表或路线图,通过阶段性目标实现,来促成最终培训目标的实现。二是规范制定计划。培训是按照教学计划来展开的,教学计划的规范性直接影响着培训的规范性和可行性。规范制定教学计划,重点要考虑学员的工学矛盾,要根据学员的工作时间来灵活设定学习时间,不让学员带着负担和压力来学习。例如,在课程设置方面,"每个模块

---

① 王山玲.网络教学目标设计研究[J].网络科技时代,2007(12):100-101.

的课程设置,应建立在对职业岗位能力分析的基础上,根据培养的人才应具有的知识、能力和素质,按需施教、学用一致,干什么学什么,尽量精简不必要的知识。"①网络培训机构也可以咨询相关专家,让专家对培训的教学计划制定提出专业性的建设性的意见和建议,保证围绕学员的需求制定教学计划,保证执行过程中不打折扣。三是科学组织考核。实用性是学习的一个基本特征,考核内容一定要紧跟学员工作实际,确实可以对学员工作中存在的问题有一定的解决意义和借鉴启示。调查表明,交流研讨是学员喜爱的一种考核形式,"在网上学习中,通过互相的学习观摩和观念碰撞,能激发学员的学习兴趣,有效地促进学员之间进行探究性学习,同时,这种集体学习的方法,能促进在职教师之间的友好交往和学术交流。"②交流研讨,打破了学员囿于课程学习的单一考核内容,变静态学习为动态学习,增强了彼此的思想碰撞,加强了学员之间的情感联系。就培训成果来讲,学校改进方案设计与学校管理问题研究报告是校长们对渴望的培训成果展现形式。同时,考核过程中,应及时搜集整理学员在学习过程中的各类问题,进行过程需求调研,为再培训做好准备。四是系统实施评估。没有评估的培训就是无意义的培训。任何培训都需要进行系统评估,以此来了解学员对培训的印象和评价,来掌握培训的效果,进而改进培训策略,提升培训品质。系统评估除了对培训目标、教学计划和考核内容的检测外,还要对学员培训后的思维、行为和业绩改变进行测评和分析。借助问卷调查、送教回访、线下跟踪、意见反馈等路径,系统评估培训的真实成效。"根据评估工作的任务和发生的时间,评估通常可以分为形成性评估和总结性评估。而对于网络教学来说,为了便于提供适于学习者特征的学习目标、内容与策略等,还需对学习

---

① 陈义勤.网络教育教学计划改革探索[J].中国远程教育,2012(02):44-47.
② 吴廷坚.网络教学平台使用的师资培训——香港理工大学的经验[J].远程教育杂志,2007(04):4-7.

者进行诊断性评估。"①全方位分析培训的启动、实施和总结过程中的问题，系统评估培训的整体效果，才能促进培训可持续健康发展。

此外，加强网络学习监控也是一项重要的措施，如"增加教师角色对网络学习的参与度，发挥教师对学生的监控作用；培养学生的自学能力和自我控制能力；从外部施加其他约束监控机制，对学习施加一定的外部控制"②，并在学习监控过程中，精心组织情感交互的教学活动，给予学员一种张弛有度的人文学习环境。网络培训教学管理工作是一项系统的动态的工程，必将随着网络培训发展变化而发展变化。教学管理工作唯有专注学员需求，抓住重点项，狠下功夫，才能不被繁杂的工作内容所遮蔽，才能以清晰的明确的视野，提高效率，取得实效。

第三节　积极构建新时代中国特色干部教师教育培训学

一、构建新时代"培训学"

伴随着培训实践活动广泛开展，培训学也应运而生。培训队伍的科学化专业化发展、培训工作的规范化高效化发展、培训事业的健康可持续创新发展等都离不开培训学的强力支撑。从现有文献资料来看，国内培训学研究在21世纪伊始就已经逐步展开，就宏观维度来讲，国内学者关于培训学研究主要是从培训学学科构建、培训专业化、部门培训学等几个方面着眼和发

---

① 张建伟.网络教学效果评估及其应用研究[J].现代教育技术,2009,S1:152-153+148.
② 周媛,杨改学.网络学习的质量控制与评价[J].现代远距离教育,2003(02):27-29.

力,展开了对培训学的相关问题研究,并取得了一系列重要研究成果。随着社会主义市场经济的不断发展,以及新时代创新人才培养工作提出的新诉求,培训作为培养人才的一项重要途径得到培训界和社会各界的广泛共识。培训学学科构建是培训学研究的一个热点问题。随着我国融入全球化和社会主义市场经济的快速发展,以及新时代人才培养工作所提出的新要求,亟待有一个专门学科来为经济社会发展、培训事业发展和职业人士的教育培训提供专业服务,这一个专门学科就是培训学。关于培训学学科构建的问题研究概括来讲,主要包括构建培训学学科的历史背景、培训学学科体系的基本内涵、培训学学科构建的路径选择等方面。关于构建培训学学科的历史背景,包括两个方面:一是市场经济发展对培训学学科的需求。企业作为市场经济运行的主体之一,对培训和培训学学科的呼声是最高的,尤其是对专业化创新型的培训更是十分青睐。二是培训事业发展对培训学学科的需求。培训是一项实践性和应用性很强的活动,对培训者的综合能力要求十分高,如果不是培训专业出身的人员来做培训,一定会影响培训的整体效能。构建培训学学科是我国市场经济发展、培训事业发展与人才培养工作、培训学学科缺失的弥补等综合因素合力作用使然。构建培训学学科能够有效满足市场经济发展对复合型人才的需求,注重对职工的职业教育培训;有效助力培训事业科学化专业化发展的需求,更好培养德才兼备的高素质专业化创新型人才;有效保障培训实践活动的专业性和效能最大化,推进培训学科不断健全完善。因此,建立独立的培训学学科极为迫切,势在必行。关于培训学学科体系的基本内涵。培训学学科包括培训专业课程体系和培训职业资格体系两大块。培训学学科需要有专业课程作为载体和支撑。

培训作为促进人的全面发展的一项重要事业,已经得到社会各界的高度认同。随着社会各界培训工作的大规模实施,国内培训界关于"培训学"构建的呼声愈来愈高涨。"培训在我国已发展成为一个产业,有它自身的运行规律,并在大量的实践中已形成了独立的学问。"①加快构建新时代"培训学",努力为社会各界提供专业培训指导和推动新时代培训事业健康发展,已经成为培训工作者所担负的一项重要的职责、使命和任务。笔者试从人的全面发展的理论视角考察"培训学"构建的意义、可能与路径,从培训理论、培训模式、培训制度等方面积极主动系统梳理和总结已有的各类培训成果,坚持人的全面发展理论,强化培训主体的培训自觉意识,推进培训的"政策—理论—实践"一体化建设。

(一)构建新时代"培训学"的意义

马克思和恩格斯曾指出:"一切划时代的体系的真正的内容都是由于产生这些体系的那个时期的需要而形成起来的。"②任何一门理论或学说的产生都是与其所处的时代主体需要分不开的,也都是与其所处的时代主体发展相适应的。构建新时代"培训学"也是与新时代的发展状况和人的需要密切相联的。新时代迫切需要构建"培训学",来为人的美好生活获得、人的全面发展和培训事业的健康发展提供有力支撑。

1. 促进人的美好生活获得

培训是人的物质生活的重要构成,同时也是满足人的精神生活的有效方式。从历史来看,人类自诞生之日起,个体就在继承前人成果的基础上,经过艰辛劳作(包括教育、训练)来掌握和发展新的生存技能,以便更好适应环境的不断变化。从现实来看,人们在物质生活得到满足的基础上,即"衣、食、住以及其他东西"③的"第一个需要"得到满足的基础上,对精神生活,特别是对哲学、历史、文学和艺术等精神生活提出了新需求,对生态文明的需

---

① 冯向荣.呼吁建立培训学科及培训职业资格体系[J].中国人才,2002(02):26-27.
② 马克思恩格斯全集:第3卷[M].北京:人民出版社,1960:544.
③ 马克思恩格斯全集:第3卷[M].北京:人民出版社,1960:31.

求日益强烈。从未来发展来看,培训激发着人充分挖掘自身潜力,发挥人在创造物质、精神、生态、财富的能动作用,是提高人的生存能力,满足人的新需求,帮助人获得美好生活的一个重要手段。培训早已成为人们日常生活不可或缺的组成部分,也成为了人们的共识。

2. 促进人的全面发展

人的全面发展既离不开系统的教育,也离不开专业的培训。从培训工作的受重视度来看,培训作为人的全面发展的一个重要加速器,广泛受到社会各界的重视和采用,如政府、企业、社会和学校等培训主体普遍开展职前培训、在职培训和职务调训等。从培训的具体实践来看,随着培训实践的逐步深入,培训主体对培训的理念、类型、模式、内容、方式、评价、成果等寄予更高期待,现有的包括专题培训、专项培训、常规培训、全员培训等培训类型,集中培训、网络培训、混合式培训、线上线下一体化培训等培训模式,讲授式、研讨式、案例式、模拟式、体验式等培训方式,都为人的全面发展提供了条件和机会。从培训主体的需要来看,人的全面发展的需要是个性化和多样化的,需要更加专业、系统、高效、新颖的培训模式、培训内容与培训方式、培训体验与培训效果的供给。培训对人的全面发展的促进作用是不言而喻的,应积极引领人的培训需求,千方百计满足人的全面发展需要。

3. 促进培训事业健康发展

新中国成立以来,社会各界的培训工作取得了巨大成就。但看到成就的同时,更要看到存在的现实问题。从培训的整体发展上看,培训面临"尚无培训学科和专业;尚无培训学教授;尚无培训职业的专业标准(或从业标准);培训行业无学科和专业支撑,导致培训机构的专业权威和专业权力尚显不足"①的严峻现实状况。简言之,统一地整体地上升到学科范畴层面的"培训学"还没有建立。从培训的个体实践来看,虽然国内社会各界所开展的各项培训工作是在遵循培训政策的前提下,从本地和本行业实际出发来考量的,却还没有彻底生成培训的"系统观"。从培训工作者来看,培训工作者需要直面因"培训学科和专业"缺失所带来的培训的科学性、专业性、规范性、创新性等方面动力不足的严峻问题,协同各方积极构建新时代"培训学",促进培训事业健康可持续发展。

(二)构建新时代"培训学"的可能

在培训界的共同努力下,国内培训工作在培训理论、培训模式、培训制度等方面积累了丰厚成果。培训工作者艰辛探索,提出了一系列培训新方案、培训新理念、培训新策略,为培训主体(包括培训参加者、培训举办者、培训规划者等)积极融入"培训共同体"(由社会各界培训主体构成)提供了知识、情感、价值、行动的强大能量。所有这一切努力,都为构建新时代"培训学"奠定了扎实基础,提供了最大可能性。

1. 培训理论的丰富

理论是行动的先导,培训工作是在一定培训理论指导下开展的。从传统培训观来看,培训界普遍认为,培训工作是指向成人群体的,成人教育理论和成人学习理论应作为培训工作的基础理论,因为这些理论已经"在成人教育领域产生了重要影响的理论成果"②。实践证明,成人教育理论和成人学习理论确实为培训实践及培训相关问题研究提供了一种可借鉴的视角和方法,且取得了显著成效。从现代培训观来看,过度放大成人教育理论和成

---

① 郭垒,徐丽丽.中小学校长培训专业化:政策研究的视角[J].教师教育研究,2018,30(02):107 −111.

② 汤丰林.论校长培训学的逻辑基础与建设路线[J].北京教育学院学报,2012,26(05):1 −4.

人学习理论,就会造成培训所包含的培训主体窄化(仅限于成人群体),就会削弱培训所面对的对象的多元化和差异化的客观特性,不利于扩大培训的普惠面。而现实的培训工作是具有广泛性的,不仅成人要参加培训,各类群体及不同年龄段的人也要因需参训。从培训问题观来看,打破唯成人理论至上的狭隘思维,立足培训的现实问题成为培训工作者的努力新方向。从培训发展观来看,坚持培训问题导向,培训工作者积极探索新的培训理论,从先哲的"因材施教"的智慧中汲取养料,广泛学习借鉴国外的优秀培训理论,提出了个性理论、协同理论、跨文化理论、远程网络理论、数学建模理论等新的培训理论,这些理论探索拓展了原有的成人学习理论,使得培训理论更加丰富,为培训主体提供了多样化的培训理论选择机会,而运用新的技术手段,尤其是远程网络培训理论的广泛应用,极大助力了培训工作。

2. 培训模式的创新

创新是培训的引擎,社会各界培训实践的主动作为引领着"培训模式"的创新发展。其一,抓到了培训实践创新的"牛鼻子",要从"培训模式"的探索创新出发,"培训模式是保障培训质量的重要基础"[1]。国内社会各界的培训主体积极开展"培训模式"创新,"培训模式"创新呈现出百花齐放的生动气象。以农村中小学校长"培训模式"创新为例,如承担"校长国培计划"——边远贫困地区农村校长助力工程的培训机构探索了"基于思、行经验融粹与道、器创新升华生成的'吉林模式'"[2],承担"教育部—中国移动中西部农村中小学校长培训项目"的培训机构"对理论研修、'影子培训'、网络研修、送教下乡、进校诊断五段式培训进行了深入实践探索",构建出了促进

① 邓一.教育培训学科建设思考[J].继续教育,2014,28(07):37-39.
② 赫坚.边远贫困地区农村校长培训"吉林模式"课程探索与教学实践[J].中小学教师培训,2018(10):21-24.

"中小学校长成长的内因与外因共同作用的培训模型"①,探索出了"辽宁模式",等等。这些"培训模式"创新为农村中小学校长培训提供了培训新方案。此外,作为新中国成立以来我国中小学校长培训中最高层次的培训班——中小学名校长领航班,对领航班校长采用"个性培养、情景培养、跨界培养、课题培养、精准培养、协同培养"②的培训新理念,为中小学校长的高端培训树立了标杆,"培训模式"创新带动了培训主体各方的创新热情。其二,看到了"培训模式"创新所蕴含的强大"新思维","培训模式"创新不仅为培训参加者带来实实在在的助益,也为培训举办者带来了培训工作新视界,更为培训规划者改进培训规划提供了新启迪。"培训模式"创新也在无形中增强了"培训共同体"的整体的培训创新思维能力,培训工作者对"因需施训"的理解更加深刻,尊重和引导培训主体的知识、情感、价值和行动,也成为"培训模式"创新的一个新策略。

3. 培训制度的完善

用科学完善的制度来指导和规范培训工作,这无疑是重要的。从培训工作宏观制度来看,培训工作关涉到培训思想、培训原则、培训管理体制、培训对象、培训内容、培训方式方法、培训机构、培训师资、培训课程、培训教材、培训经费、培训考核与评估、培训法律法规、培训品牌等方面。从培训工作微观制度来看,培训的需求调研诊断制度、培训的项目方案设计制度、培训的课程资源研发制度、培训的教学组织管理制度、培训的绩效评估制度、培训的基地建设制度、培训的信息反馈跟踪指导制度等构成了培训工作具体实施的微观制度。培训工作的宏观制度是指引,微观制度是保障,这些制度对于规范培训实践和指导培训研究及推进培训专业化建设等发挥了十分

---

① 韩民,孙远航,张国平.中小学校长培训模式的实践探索——以"教育部—中国移动"中小学校长培训项目为例[J].辽宁教育,2019(14):31-37.

② 王定华.中小学名校长领航工程的理念进展方略[J].中国教育学刊,2018(08):1-4.

重要的作用。从国家层面来看,有统一的培训规划制度,其中干部教育培训工作规划最为权威,发挥着"总指挥"的作用;从地方层面来看,各地也有区域培训工作规划制度,灵活开展本地的各类培训工作,侧重于服务本地经济社会发展和满足培训主体的培训需求,具有鲜明地域特色;从社会层面来看,由于不同行业领域的专业属性较强,一般培训制度的专业性也较为明显,如医护人员、法律人员、警察人员等的培训制度专业性显著增强,企业培训制度侧重于企业内部管理和员工专业化发展。

培训制度的不断健全完善为社会各界、培训对话、培训协作、培训创新等提供了制度保障,为培训工作的高效运转保驾护航。

(三)构建新时代"培训学"的路径

一定意义上讲,"培训学"是从整体上研究培训的存在、本质、发展及其一般规律的学问,或者把"培训学"规定为:关于作为整体的培训及其一般规律的科学。其内在组织结构不仅包括培训的原理、规则、模式、评价等基本要素,还包括"培训学"学科的内在规律及与其他学科之间的关系等相关因素。构建"培训学"要找到着力点,即要坚持人的全面发展理论,强化培训主体的培训自觉意识,推进培训"政策—理论—实践"一体化建设。

1.确立人的全面发展理论的基础理论地位

培训的现实任务是促进人的专业能力提升,以更好适应组织、岗位和个人的工作业务需要,从长远来看,是实现人的全面发展。在培训基础理论的研究方面,必须要把人的全面发展理论纳入基础理论范畴,在人的全面发展理论指导下实施培训实践,探究培训理论,开展培训研究,只有这样才能确保"培训学"的价值取向和科学认识保持高度一致性,这就确立了"培训学"的价值观,即培训是为促进人的全面发展服务的。培训实践体现了"培训与人的发展"的价值认同,人的发展是培训的目的,培训是促进人的发展的手段,"培训与人的发展"是手段和目的的有机统一。人的全面发展理论在培训具体实践中,也发挥着引导培训主体自觉树立终身学习的意识,提高自主学习和终身学习的能力,因为"终身学习是人的全面发展的主要途径"①。

2. 增强培训主体的培训主动自觉意识

构建"培训学"需要发挥培训主体的主动自觉性。一方面,培训是指向现实的人的实践活动,作为培训主体的人,首先是作为培训的"源动力"出场的,既是培训建立者,也是培训参加者,更是培训推动者。另一方面培训促进现实的人的全面发展,作为培训主体的人,在培训过程中的培训体验、培训评价、培训需求等是培训实践活动得以改进完善的"创新力",即提出改进培训的建设性意见,不断推动培训实践的永续更新发展。培训主体通过对培训理论进行新探索,对培训模式展开新探究,对完善培训制度采取新手段,这些主动自觉的批判意识、创新意识和发展意识,不仅有助于培训主体的专业成长,而且有助于在"培训学"构建过程中,少走弯路,绕过盲区,规避风险,这就自然形成了"培训主体—培训客体"的"人—培训"的有效衔接与充分交融。

3. 推进培训"政策—理论—实践"一体化建设

"培训学"构建要走一体化建设之路,切实保证"培训学"的学科性、专业性、整体性和系统性得以实现。当下,要着力加强培训"政策—理论—实践"交融性一体化建设。其一,全面深入对培训政策进行深度研究,主要对新中国成立以来的党和国家的培训政策进行研究,对不同地域性的培训政策进行分门别类研究,包括企业培训政策、学校培训政策、社会组织培训政策及其他行业领域系统内的培训政策,形成培训政策的"大数据",为"培训学"建设提供政策依据。其二,系统深入研究各类培训理论,不限于对经典的人的

---

① 顾明远.终身学习与人的全面发展[J].北京师范大学学报(社会科学版),2008(06):5-12.

全面发展理论、传统的成年教育理论和成年学习理论的新阐释,更重要的是统合各类培训理论的精华,逐步形成"培训学"理论,从培训的概念、对象、内容、特征、规律、价值等方面系统打造"培训学"理论。《干部教育培训工作条例》明确强调:"加强干部教育培训理论研究。"教育部明确提出:"加强对干部培训重大理论和现实问题的研究,推动有条件的高校和干部培训机构探索设立干部教育学二级学科。"①这都为培训工作者加紧开展"培训学"理论研究提出了新要求,指明了努力方向,创设了培训理论研究的新契机。其三,深入推进培训实践的经验总结和推介工作,搭建"国家级—省级—市级—县级"四位一体的培训实践经验互通共享平台,共建培训协作机制,定期开展培训实践经验交流研讨活动,发现、树立和推广典型培训经验,为提炼培训理论和供给培训政策提供参考。

构建"培训学"是一项长期性的系统工程,需要聚合社会各界的共同才智,以人的全面发展为根本价值取向,深入汲取古今中外智慧,敢于批判吸收既有培训成果。同时要立足国内培训工作实情,在具体培训实践中明确和丰富"培训学"的定位和内涵,大力促进培训主体的专业能力发展,进而为社会各界人员的培训提供专业指导,也为科教兴国战略和人才强国战略尽一份培训工作者的力量。

二、新时代中国特色干部教师教育培训学的核心要义

(一)新时代中国特色干部教育培训学的核心要义

其一,灵魂旗帜:马克思主义。"马克思主义是我们立党立国的根本指

---

① 中共教育部党组印发《关于贯彻落实〈2018—2022年全国干部教育培训规划〉的实施意见》的通知.[EB/OL].http://www.moe.gov.cn/srcsite/A04/rss_gbjyjd/201904/t20190430_380181.html.

导思想,是我们党的灵魂和旗帜。"①"新时代,中国共产党人仍然要学习马克思,学习和实践马克思主义,不断从中汲取科学智慧和理论力量"②。马克思主义是立党立国的根本指导思想,构建新时代中国特色干部教育培训学必须要以马克思主义为根本指导思想,要持续学习和实践马克思主义。马克思主义理论的科学性已经被事实所证明,构建新时代中国特色干部教育培训学的理论基础就是马克思主义理论。马克思主义基本原理为新时代中国特色干部教育培训学提供了科学而坚实的理论根基。新时代中国特色干部教育培训学是马克思主义基本原理与新时代中国干部教育培训工作具体实际相结合的结果,是对马克思主义基本原理的创造性运用,体现的是马克思主义指导下的干部教育培训工作的中国特色。

其二,党性教育:坚定理想信念和提升道德素质。"必须把理想信念和道德品行教育摆在更加突出的位置,引导和帮助干部进一步坚定理想信念、提升道德素质,以实际行动彰显共产党人的人格力量。"③"领导干部特别是高级干部必须加强自律、慎独慎微,经常对照党章检查自己的言行,加强党性修养,陶冶道德情操,永葆共产党人政治本色"④。开展党性教育研究是新时代中国特色干部教育培训学的重要研究方向,理想信念教育和道德品行教育是新时代中国特色干部教育培训学的重要组成内容。新时代中国特色干部教育培训学设置干部理想信念教育课程和干部道德品行教育课程,同步开展针对性的教学活动,将理想信念教育和道德品行教育融进干部教育培训学体系中去。一方面要"铸魂"固本。要创造性地将"中国共产党人的

① 习近平.在庆祝中国共产党成立100周年大会上的讲话[N].人民日报,2021-07-02(2).
② 习近平.在纪念马克思诞辰200周年大会上的讲话[J].党建,2018(5).
③ 中组部.在干部教育培训中加强理想信念和道德品行教育[EB/OL].[2022-09-01].http://renshi.people.com.cn/n/2014/0721/c139617-25304918.html.
④ 习近平.在省部级主要领导干部学习贯彻六中全会精神研讨班开班式上发表重要讲话[EB/OL].[2022-09-01].http://www.gov.cn/xinwen/2017-02/13/content_5167658.html.

精神谱系""中国特色社会主义理论体系""社会主义核心价值体系"等作为干部教育培训学的精品课程进行系统化的设计和实施,特别是要自觉运用革命精神、奋斗精神、创新精神等伟大精神来引导新时代干部自觉提升思想境界,凸显理想信念和道德品行的"铸魂"作用。另一方面要"科技"助推。新时代高科技发展一日千里,构建新时代中国特色干部教育培训学要提高适应新时代高科技发展的能力,主动运用移动互联网、人工智能、信息技术等现代高科技手段,努力打造数字化、信息化等多样态的理想信念教育和道德品行教育的精品成果,采用专题讲授式、案例研讨式、情景模拟式、沉浸体验式等多样化教学方法,增强新时代干部理想信念教育和道德品行教育的时代感和科技感,为新时代中国特色干部教育培训学的与时俱进和科技赋能提供强大助力。

其三,德才兼备:新时代"好干部的标准"。《干部教育培训工作条例》强调:"培养造就信念坚定、为民服务、勤政务实、敢于担当、清正廉洁的好干部。"①"好干部的标准,大的方面说,就是德才兼备""好干部要做到信念坚定、为民服务、勤政务实、敢于担当、清正廉洁""理想信念坚定,是好干部第一位的标准,是不是好干部首先看这一条"②。"信念坚定、为民服务、勤政务实、敢于担当、清正廉洁"是新时代"好干部的标准","理想信念坚定"是新时代"好干部的标准"里的"第一标准"。从学科的党性原则来看,坚守新时代"好干部的标准"是中国特色干部教育培训学义不容辞的职责,新时代中国特色干部教育培训学担负着培养德才兼备的新时代"好干部"的光荣任务。将新时代"好干部的标准"融进新时代中国特色干部教育培训学体系中,需要加大对新时代"好干部的标准"的研究力度。一方面要定向精准进

① 干部教育培训工作条例[N].光明日报,2015-10-19(010).
② 习近平.习近平谈治国理政[M].北京:外文出版社,2014:412-413.

行研究。要将新时代"好干部的标准"作为干部教育培训学二级学科中的核心概念范畴进行系统性全方位的研究,包括但不限于历史背景、理论基础、实践经验、政策文本、发展逻辑等方面,不断拓展新时代"好干部的标准"的研究领域,着重加强定向化和精准化的研究。另一方面要与时俱进进行研究。要紧跟新时代的发展步伐,紧握新时代的发展脉搏,对新时代"好干部的标准"进行新阐释新发展,特别是在网络化信息化时代,需要从网络环境的视角对新时代"好干部的标准"展开研究,引导新时代干部要高度重视网络的影响和有效发挥网络的作用。"各级党政机关和领导干部要学会通过网络走群众路线""善于运用网络了解民意、开展工作"①。将提高干部的网信能力作为新时代"好干部的标准"研究的应有之义,网信能力是新时代好干部的一项基本功和必备本领。

马克思主义的理论基础是新时代中国特色干部教育培训学的重大特质,体现的是马克思主义政党的独特品格。党性教育的实践导向是新时代中国特色干部教育培训学理论与实际相结合的重要抓手,体现的是新时代干部的理想信念和道德品行的高度一致。好干部的价值目标是新时代中国特色干部教育培训学的鲜明追求,要为新时代培养好干部提供理论新成果。理论基础奠定了新时代中国特色干部教育培训学的学科思想性,实践导向彰显了新时代中国特色干部教育培训学的学科现实性,价值目标指明了新时代中国特色干部教育培训学的学科时代性。在这里提出的理论基础、实践导向、价值目标作为新时代中国特色干部教育培训学体系的基本架构,还需要在干部教育培训学的具体研究过程中不断地加以丰富和改进,让新时代中国特色干部教育培训学体系更加科学完善,与时俱进,发挥其理论和实践双重效能。

———————————

① 习近平.在网络安全和信息化工作座谈会上的讲话[N].人民日报,2016-04-26(002).

(二)新时代中国特色教师教育培训学的核心要义

顾名思义,教师教育培训学的研究对象就是教师教育。简言之,教师教育培训学是关于教师教育培训的存在、本质、发展及其一般规律的学问。新时代中国特色教师教育培训学是以新时代中国教师教育培训为研究对象的。新时代中国特色教师教育培训学是一个系统理论体系,包括教师观、教育观、使命观、价值观、发展观、知识观、能力观等基本理论。以下简要阐述"四有好老师"的教师观、"立德树人"的教育观、"服务中华民族伟大复兴"的使命观、"践行社会主义核心价值观"的价值观、"坚持以人民为中心发展教育"的发展观等核心要义,这些核心要义蕴含着"好教师——育人才——促复兴——做引领——为人民"的教师教育内在逻辑。

其一,"四有好老师"的教师观。习近平总书记在北京师范大学看望一线教师时指出:"做好老师,要有理想信念、道德情操、扎实学识、仁爱之心。"[1]一个时代有一个时代的教师观,新时代的教师观是"四有好老师","四有好老师"也是新时代教师的标准观。"四有好老师"是指有理想信念、道德情操、扎实学识、仁爱之心的老师。新时代中国特色教师教育培训学坚持"四有好老师"的教师观,大力培养"四有好老师"。一方面"四有好老师"彰显了中华优秀传统文化的精髓。"传道、授业、解惑"是中国传统教师教育培训思想的精髓,把"传道"作为教师的首要职责。习近平总书记在中国人民大学考察时强调:"教师既精通专业知识、做好'经师',又涵养德行、成为'人师',努力做精于'传道授业解惑'的'经师'和'人师'的统一者。"[2]另一

---

① 习近平.坚持党的领导传承红色基因扎根中国大地 走出一条建设中国特色世界一流大学新路[EB/OL].http:// www. xinhuanet. com/ politics/ leaders/ 2022 - 04/25/c_1128595417.html.

② 习近平.全面贯彻落实党的教育方针 努力把我国基础教育越办越好[EB/OL].http://www.gov.cn/xinwen/2016-09/09/content_5107047.html.

方面人民教师要做"四有好老师"。要做"经师和人师的统一者",要做"学为人师和行为世范的统一者",要成为"大先生"和"大师"。

其二,"立德树人"的教育观。新时代的教育观是立德树人。立德树人是基础教育、高等教育、职业教育等全学段教育的根本任务。习近平总书记在北京市八一学校考察时强调:"基础教育是立德树人的事业。"①习近平总书记在全国高校思想政治工作会议上指出:"高校立身之本在于立德树人。"②习近平总书记在全国教育大会上强调:"坚持把立德树人作为根本任务。"③新时代中国特色教师教育培训坚持"立德树人"的教育观,自觉落实"立德树人"根本任务。一方面"立德树人"包括"立德"和"树人"。"立德"对教师的思想政治和师德师风提出了高要求,"树人"对教师的教书育人和教育教学培训提出了高要求,思想政治素质、师德师风素质、教书育人素质是"立德树人"的根本要求。另一方面"立德树人"的"立德"和"树人"两者交互作用。"立德"和"树人"共同融入为党育人、为国育才的全过程中,共同融入培养德智体美劳全面发展的社会主义建设者和接班人的全过程中。

其三,"服务中华民族伟大复兴"的使命观。习近平总书记在全国教育大会上强调:"坚持把服务中华民族伟大复兴作为教育的重要使命。"④"中华民族伟大复兴"是全体中华儿女的共同理想和追求,实现中华民族伟大复兴是近代以来中国人民最伟大的梦想。新时代中国特色教师教育培训学坚持

---

① 习近平.把思想政治工作贯穿教育教学全过程 开创我国高等教育事业发展新局面[EB/OL]. http://www.xinhuanet.com/politics/2016-12/08/c_1120082577.htm?isappinstalled=0&ivk_sa=1024320u.

② 习近平.坚持中国特色社会主义教育发展道路 培养德智体美劳全面发展的社会主义建设者和接班人[J].党建,2018(10):4-6.

③ 习近平.坚持中国特色社会主义教育发展道路 培养德智体美劳全面发展的社会主义建设者和接班人[J].党建,2018(10):4-6.

④ 习近平.坚持中国特色社会主义教育发展道路 培养德智体美劳全面发展的社会主义建设者和接班人[J].党建,2018(10):4-6.

"服务中华民族伟大复兴",坚持"立德树人",大力培养担当民族复兴大任的时代新人。一方面"服务中华民族伟大复兴"要求新时代中国特色教师教育培训学胸怀实现中华民族伟大复兴战略全局。中华民族伟大复兴离不开教育现代化和教育强国的有力推动,教育现代化和教育强国是中华民族伟大复兴的一种明证。另一方面"服务中华民族伟大复兴"要求新时代中国特色教师教育培训学不仅要担负大力培养"四有好老师"的重大任务,而且要担负大力培养德才兼备的优秀人才的重大职责,为实现中华民族伟大复兴发挥着基础性和战略性的支撑作用。

其四,"践行社会主义核心价值观"的价值观。习近平总书记指出:"发挥社会主义核心价值观对国民教育、精神文明创建、精神文化产品创作生产传播的引领作用"[1],新时代倡导富强、民主、文明、和谐,自由、平等、公正、法治,爱国、敬业、诚信、友善的社会主义核心价值观。新时代中国特色教师教育培训学以社会主义核心价值观为引领,把社会主义核心价值观融入教师教育培训各方面,融入教师队伍建设全过程,并转化为新时代教师的情感认同和行为习惯。一方面"践行社会主义核心价值观"要求新时代教师要使社会主义核心价值观内化于心、外化于行,以实际行动积极倡导社会主义核心价值观,使社会主义核心价值观成为教育教学工作的基本遵循,要自觉做践行社会主义核心价值观的模范者和引领者。另一方面"践行社会主义核心价值观"要求新时代教师要引导学员对真善美的向往,增强学员的价值判断、价值选择、价值塑造等方面的能力,引领学员健康成长。

其五,"坚持以人民为中心发展教育"的发展观。习近平总书记在党的二十大报告中指出:"坚持以人民为中心发展教育,加快建设高质量教育体

---

① 习近平.决胜全面建成小康社会 夺取新时代中国特色社会主义伟大胜利[N].人民日报,2017-10-28(001).

系,发展素质教育,促进教育公平。"①"坚持以人民为中心发展教育"是对我国教育事业规律性认识的深化,是对教育事业发展规律认识的深化,这是新时代教师教育培训必须要坚持的发展观。一方面"坚持以人民为中心发展教育"的发展观要求教师教育培训工作要全面贯彻党的教育方针,坚持为人民服务,为中国共产党治国理政服务,为巩固和发展中国特色社会主义制度服务,为改革开放和社会主义现代化建设服务。另一方面"坚持以人民为中心发展教育"的发展观要求新时代中国特色教师教育培训学探索我国教师教育培训从区域不平衡发展到均衡发展再到高质量发展,探索更好实现人民对高质量教育和高素质教师的迫切需要,探索更好提高人民综合素质、促进人的全面发展和社会全面进步。

第四节　引导人工智能赋能干部教师教育培训

近年来,人工智能技术正以前所未有的方式嵌入社会各领域,引发了各领域深层次变革,教师教育培训也应当及时更新培训内容,推进高质量发展。当前,在人工智能赋能下,干部教师教育培训取得了一定的成效,我们要把握时机,探索可行性措施。

一、人工智能赋能干部教师教育培训的显著优势

（一）保障培训对象识别的精准性与全面性

干部教师教育培训的对象存在思想认识、知识素养、行为习惯等方面的

---

① 习近平.高举中国特色社会主义伟大旗帜　为全面建设社会主义现代化国家而团结奋斗[N].人民日报,2022－10－26(001).

差异,要全面了解培训对象的难度相对较大。在人工智能应用到教育领域之前,因为缺乏相应的智能技术,培训教师通常以交流、观察的形式认识和了解培训对象,对他们的个性特征及需求等方面缺乏科学精准的认知,影响着培训教学效果。人工智能技术为培训教师从培训对象的思想和心理等内容全面搜集相关的数据样本进行多维分析提供了可行性路径,从而全面和精准识别培训教学对象。一方面,人工智能可以通过搜集信息、处理数据、行为记录等形式,采取合法途径全面搜集培训对象在社交和浏览方面的喜好及价值取向等方面的数据,形成可视化的量表和动态图谱,从而更全面精准地掌握培训对象的知识水平、学习习惯及关注焦点等信息,促进培训教学与培训对象需求的精准对接。另一方面,通过人工智能的动态捕捉及数据关联分析等技术,能够及时了解培训对象在线上学习的效果和状态,根据数据的发展变化情况为学员提供个性化的学习需求,提升培训教学的针对性和获得感。

(二)赋能培训内容供给的多样化与情境化

目前,部分干部教师培训项目在安排线上线下教学内容过程中存在忽略学员需求的现象,没能有效实现培训内容的重组和创新,将培训内容机械地搬到线上教学平台,影响了培训实效性。人工智能赋能干部教师培训能有效推进培训内容的精准化、定制化。一方面,利用群体画像技术在把握培训对象需求的基础上进行教学设计,以"数字化符号化"的形式实现培训内容的转换,使设计的培训内容既丰富多样又富有创新,能够有效满足不同特征的学员,保障培训对象个性化、泛在化的学习需求。另一方面,人工智能能够利用 VR 技术为学员打造出"沉浸式学习环境",实现虚拟空间和物理空间有机结合,赋予培训内容的生动性和形象化,以沉浸式体验的形式增强培训对象对培训内容的情感和价值认同。

259

（三）促进培训评价考核的科学性与针对性

在干部教师培训中，真实准确的评价材料直接影响着培训反馈的实效性。人工智能赋能干部教师培训能充分利用人工智能的区块链、数据分析处理及知识图谱等技术，发挥其在统计、分析及判断等方面的强大功能，通过合法渠道获取并追踪教师的授课行为和培训对象的学习情况，为培训评价提供有力保障。一方面，可以通过智能化设备对授课现场的内容、表情以及姿态等进行采集和处理，分析师生在课堂中的行为表现和情感状况，相比于评价人员的现场考察能更为全面和真实地呈现课堂教学情况，对教学中的表现进行精准分析与评价。另一方面，利用人工智能技术采集和分析在线上和线下的教学情况，引导教学评价主要依靠教学数据证据而不是传统的主观感知印象，以所获取的教学数据证据来分析师生在线上平台和线下课堂中的投入和成效，能为干部教师教学进行全面和精确地分析，从而更好地审思和改进培训教师的工作。人工智能应用于教学评价，能够更全面准确地获取和分析线上和线下的相关数据信息，同时，能更大范围囊括教学评价主体，实现教学效果的多元评价，增强教学效果评价的精准性和全面性。

二、人工智能赋能干部教师教育培训的实践进路

面对干部教师教育培训应用人工智能的现状，需要从培训实践、价值取向及保障体系等方面着手，打造人工智能赋能干部教师教育培训的新图景。

（一）开展人机协同的教育培训实践

首先，推动干部教师教育培训的智能化转向，将"新知识、新技术、新工

艺、新方法"①应用于干部教师教育培训中。在干部教师培训中应重点培养干部教师接收新技术解决问题的思维能力,结合最新的人工智能背景,通过人工智能为自身赋能,打造能够驾驭人工智能技术、综合运用先进手段完善自身的复合型人才。此外,人工智能技术的应用实践涉及计算机科学、工学、神经网络技术、哲学、政治学等多学科领域,应重点推动干部教师教育培训的学科融合,引导干部教师多学科知识融会贯通,从而打破教学上的"知识孤岛"困境,为智能时代干部教师教育培训增添活力。

其次,积极推动人机协同的教育实践。人工智能赋能干部教师教育培训需要不断实现人工智能与干部教师教育培训的人机协同。具体而言需要引导培训教师学习人工智能的技术特征、原理以及构成元素,学习智能化的教学平台及大数据运行平台等系统,将人工智能技术运用于课前、课中和课后全过程,保障线上培训和线下培训的有效联动。同时,在培训中要坚持育人为主、技术为用的理念,以批判性的眼光看待人工智能的优劣,避免出现只看到人工智能技术的优势而忽视了培训干部教师的主体性,以及盲目抵制人工智能技术应用于干部教师教育培训的两种极端现象。

(二)树立以人的发展为核心的价值取向

首先,在干部教师教育培训中应充分发挥人的主体性,规避人工智能技术的不合理应用对人的本质力量的削弱。对于技术的狂热追求也给人类的发展带来了严重的威胁,基因技术引发人们对伦理的思考、AlphoGo 在围棋比赛中战胜世界冠军棋手、全球第一例无人驾驶汽车致人死亡,以及最近爆火的 ChatGPT 引发的知识产权风险等案例都在警醒人民:技术的狂热发展会无视人文精神,对人类的发展构成了严重的危险,一旦脱离掌控,将造成

261

① 中共中央国务院关于全面加强新时代大中小学劳动教育的意见[N].人民日报,2020-03-27.

难以估计的损失。对此,在教育培训中,应不断加强对干部教师的人工智能伦理道德教育,引导他们人民利益至上的价值趋向,"智能时代的理想新人,是能够充分认识机器与我、技术与自我的关系,主动建构理想的新型人机关系,赋予这种关系以真善美的人,善于把这种关系转化为自我教育、自我生长活力的人"①。

其次,应当加强干部教师的社会性本质的教育培训。目前,对网络虚拟世界和机器的过度依赖使得越来越多的人丧失了独立思考的能力,再加上海量数据被别有用心的资本家和政治家所掌握,他们通过数据分析、预判进而利用各种手段左右人们的思想和行动以达到他们的目的,广大人民在经济、政治等领域逐渐边缘化,影响自己的社会功能。此外,电子游戏、电子赌博等兴起消解了人们的"现实性",离群索居、社交障碍成为了人工智能时代普遍的现象,削弱了人的本质。利用人工智能赋能干部教师教育培训必须警惕技术异化倾向,在充分发挥人工智能技术优势的同时加强人文关怀,重视干部教师的情感诉求,避免教师培训中的"唯技术论",加强他们的社会性本质教育,培养独立思考的能力,以有效应对人工智能发展带来的挑战。

(三)完善人工智能赋能干部教师教育培训的保障体系

首先,构建资源共享机制。各级政府部门需要以资金和政策的支持,引导各地区和各培训学校共享智能教学平台,推进城乡之间、区域之间及各层次培训学校智能教学资源的对接,有效应对不同培训学校的教育资源存在的发展不平衡、不充分的问题。同时,需要加强培训课程与教育学、心理学等学科的跨学科、跨专业的协同发展,借助人工智能技术的优势打造干部教师教育培训共同体,推进各层级、区域培训的融合发展,使不同培训学校的

---

① 李政涛,罗艺.智能时代的生命进化及其教育[J].教育研究,2019(11):39-58.

教学资源、案例及师资队伍方面实现数据的协同共享,打造协同育人格局。

其次,提供外部条件保障。以人工智能推进干部教师培训的高质量发展,离不开硬件设备及外部环境的保障。一方面需要加强数字校园及智慧校园的建设,积极推进人工智能技术在教育教学培训中的应用,以物理空间和虚拟空间融合发展打造多元化的培训环境。另一方面优化考核评价制度。在培训学校教师的考核评价体系中需注重混合式教学效果的考评,鼓励教师积极将人工智能技术应用于培训中。同时,需要完善教师培训奖励的保障机制。为调动教师学习和应用人工智能技术的积极性和主动性,需要制定相应的政策鼓励措施,增强教师应用人工智能技术的培训动力。

结　语

　　随着科学技术的日新月异,知识越来越成为提高综合国力和国际竞争力的决定性因素。当今世界的国际竞争说到底主要是以经济实力和科技实力为核心的综合国力的竞争,科技革命使科学技术推动生产力的作用越来越大,因此,当今世界各国都加大了对科技的研究和投入,而发展教育则是培养高科技人才和提高国民素质的重要途径。

　　鉴于国际国内形势和我国深化教育改革的实际需求,加强对马克思恩格斯教育理论的研究,已经成为历史发展的必然。马克思恩格斯教育理论,是运用马克思主义的理论、学说去分析教育问题,是马克思主义在教育领域中的体现和应用,是教育学科的理论基础,是中国特色社会主义教育事业的根本指导思想。马克思恩格斯教育理论是马克思主义整个理论体系中的重要组成部分,我国自中国共产党成立以来,依据不同时期的具体国情创造性地发展了马克思恩格斯教育理论,对马克思恩格斯教育理论进行了丰富和发展。马克思恩格斯教育理论是指导中国特色社会主义建设的一面旗帜,当然也是教育事业发展的一面旗帜。马克思恩格斯教育理论是发展的理论,始终受着历史条件和实践水平的制约,随着时代的变迁,新的教育形式、新的时代任务,必然要求教育理论适应新的情况和新的问题。研究马克思恩格斯教育理论,为新时代教育系统干部教师教育培训提供理论根基,为指导干部教师教育培训提供行动指南,为教育系统发展助力是本书的希望所在。

教育系统干部教师教育培训是建设高素质干部队伍和高素质教师队伍的先导性、基础性、战略性工程,在推进中国特色社会主义伟大事业和党的建设新的伟大工程中,在推进教育现代化和建设教育强国的伟大征程中具有不可替代的重要作用。教育系统干部教师教育培训事业的改革与发展,为加强教育系统干部教师队伍建设、推动我国教育事业的持续健康发展做出了积极贡献。

进入新时代,我国教育系统干部教师教育培训进入了新的发展阶段,在时代定位、政策支持、实践探索等方面取得了新的发展,积累了宝贵经验,为新时代教育系统干部教师教育培训提供了积极有利的条件。从时代定位来看,新时代教育系统干部教师教育培训正处在"社会主要矛盾的变化"及"战略全局"和"百年变局"的"两个大局"的时代发展状况之中,担负着实现中华民族伟大复兴和建设社会主义现代化强国的重任,培养造就新时代好干部、好教师是干部教师教育培训的使命。从政策支持来看,《全国教育系统干部培训规划(2013—2017 年)》《关于贯彻落实〈2018—2022 年全国干部教育培训规划〉的实施意见》《关于共建教育系统干部培训协作机制的通知》《中共中央 国务院关于全面深化新时代教师队伍建设改革的意见》《教育部关于全面深化课程改革落实立德树人根本任务的意见》《国务院办公厅关于印发乡村教师支持计划(2015—2020 年)的通知》《教育部等五部门关于印发〈教师教育振兴行动计划(2018—2022 年)〉的通知》等干部教师教育培训政策的出台,强有力支持了干部教师教育培训。从实践探索来看,构建中国特色干部教师教育培训体系成为新时代教育系统干部教师教育培训的主题,围绕这一主题,进行了顶层设计,提供了制度保障,同时在理念模式、知识体系、能力结构等方面展开探索,呈现出了干部教师教育培训创新发展的新格局。如探讨教育培训的模式转型,特别是重视发挥信息技术在干部教师教育培训中的积极作用,集中面授培训、远程网络培训、线上线下混合式培训等多种培训方式的交互采用,同时在移动互联网、大数据、人工智能等信息技术的快速发展的作用下,数字化培训蓬勃发展起来,元宇宙培训也是呼之欲出,等等。2020 年全球新冠肺炎疫情突如其来,为教育系统干部教师教育培训提出了挑战和机遇,加快干部教师教育培训转型成为了必然,由此促发探索如何在疫情防控常态化背景下有效实施干部教师教育培训的重大课题,如何把开展混合式教育培训和转变教育培训思维结合起来,真正实现干部教师教育培训整体转型升级也成为了新时代教育系统干部教师教育培训正在努力探索的重大课题。二十大后,如何理解教育系统干部教师教育培训问题的新变化、新形势,进而为教育现代化及教育强国建设助力也成了我们要探索的重大课题。

新时代教育系统干部教师教育培训呈现出三个特点:一是教育系统干部教师教育培训网络体系更加完备,教育系统干部教师分层次、分类别、分阶段和个性化培养培训的理念与实践更加成熟和定型,并积累了各具特色、丰富的经验。二是教育系统干部教师远程网络培训实现常态化,随着远程网络培训技术的升级与优势发挥,教育系统干部教师可以利用更加丰富和更加优质的培训资源进行自主学习,自主性和移动性学习氛围浓厚。三是教育系统干部教师教育培训协作机制开辟新格局,推进了教育系统干部教师教育培训的设计、实施与评估等一体化,实现了优质培训资源共享,加大了教育系统干部教师教育培训研究力度,促进了教育系统干部教师教育培训不断创新发展。教育系统干部教师教育培训的制度化、体系化、现代化的不断完善、推进,教育培训科学性、专业性、艺术性的不断创新和教育系统干部教师教育培训理论研究及教育培训成果转化应用的不断深入,必将促进新时代教育系统干部教师教育培训工作新发展。

附录 1
新时代教育系统干部教师教育培训重要政策文件摘要

《干部教育培训工作条例》(中央组织部,2015 年 10 月 14 日起施行)

加强干部教育培训理论研究。

第二十七条　充分运用现代信息技术,完善网络培训制度,建立兼容、开放、共享、规范的干部网络培训体系。提高干部教育培训教学和管理信息化水平,用好大数据、"互联网+"等技术手段。

第三十条　干部教育培训应当根据内容要求和干部特点,综合运用讲授式、研讨式、案例式、模拟式、体验式等教学方法,实现教学相长、学学相长。

引导和支持干部教育培训方式方法创新。

《2013—2017 年全国干部教育培训规划》

(三)内容方式改革

逐步制定干部分类培训大纲。建立以需求为导向的培训内容更新机制。大力加强精品课程和教材建设,积极开发体现马克思主义中国化最新成果的课程教材,定期开展精品课程和优秀教材推荐评选工作。组织编写第四批全国干部学习培训教材。及时向干部推荐学习书目,引导干部爱读书读好书善读书。改进培训班次设置,加大按干部类别开展培训力度。改进教学方式方法,加大案例教学比重,2015 年前省级以上干部教育培训机构的案例课程占能力培训课程的比例不低于 30%。加快网络培训平台建设,逐步实现全国干部在线学习平台的互联互通。充分发挥中国干部网络学院的作用,2017 年前实现全国县处级及以上干部在线学习。2015 年前建立全国统一的干部教育培训工作信息管理系统。

(七)理论研究

加强干部教育培训理论研究,不断深化对干部成长规律和干部教育培训规律的认识。建立理论研究交流平台。推动干部教育学学科建设。

《2018—2022 年全国干部教育培训规划》

(四)培训方式方法创新。根据培训内容要求和干部特点,改进方式方法,开展研讨式、案例式、模拟式、体验式等方法运用的示范培训。推动国家级和省级干部教育培训机构案例库建设。探索运用访谈教学、论坛教学、行动学习、翻转课堂等方法。鼓励和支持干部运用网络培训、专题讲座等形式开展各方面基础性知识学习。

(八)理论研究。加强干部教育培训重大理论和现实问题研究,深入把握干部成长规律和干部教育培训规律。推动设立干部教育学二级学科。办好干部教育培训专业期刊,搭建研究交流平台,促进成果转化应用。

《中共中央 国务院关于全面深化新时代教师队伍建设改革的意见》(2018 年 1 月 20 日)

加强紧缺薄弱学科教师、特殊教育教师和民族地区双语教师培养。开展中小学教师全员培训,促进教师终身学习和专业发展。转变培训方式,推动信息技术与教师培训的有机融合,实行线上线下相结合的混合式研修。改进培训内容,紧密结合教育教学一线实际,组织高质量培训,使教师静心钻研教学,切实提升教学水平。推行培训自主选学,实行培训学分管理,建立培训学分银行,搭建教师培训与学历教育衔接的"立交桥"。建立健全地方教师发展机构和专业培训者队伍,依托现有资源,结合各地实际,逐步推进县级教师发展机构建设与改革,实现培训、教研、电教、科研部门有机整合。继续实施教师国培计划。鼓励教师海外研修访学。

加强中小学校长队伍建设,努力造就一支政治过硬、品德高尚、业务精湛、治校有方的校长队伍。面向全体中小学校长,加大培训力度,提升校长办学治校能力,打造高品质学校。实施校长国培计划,重点开展乡村中小学骨干校长培训和名校长研修。支持教师和校长大胆探索,创新教育思想、教育模式、教育方法,形成教学特色和办学风格,营造教育家脱颖而出的制度环境。

建立幼儿园教师全员培训制度,切实提升幼儿园教师科学保教能力。加大幼儿园园长、乡村幼儿园教师、普惠性民办幼儿园教师的培训力度。创新幼儿园教师培训模式,依托高等学校和优质幼儿园,重点采取集中培训与跟岗实践相结合的方式培训幼儿园教师。鼓励师范院校与幼儿园协同建立幼儿园教师培养培训基地。全面开展高等学校教师教学能力提升培训,重点面向新入职教师和青年教师,为高等学校培养人才培育生力军。

《全国教育系统干部培训规划(2013—2017年)》(中共教育部党组印发)

18.大力创新培训方式方法。改进和完善常规培训班次设置。推广专题研讨、短期培训、小班教学,倡导挂职培训、分段培训、定制培训、影子培训等,推动跨地区跨部门跨学校合作培训。加大案例教学比重,综合运用讲授式、研究式、案例式、模拟式、体验式等方法开展培训。积极探索干部网络调训和网络选学新模式。

《关于贯彻落实〈2018—2022年全国干部教育培训规划〉的实施意见》(中共教育部党组印发)

(二)创新培训方式方法。根据培训目标要求和项目特点,在坚持系培训、专题培训基础上,创新分段培训、异地培训、合作培训、跟岗研修等培训组织方式。推广并规范研讨式、案例式、模拟式、体验式、辩论式等互动式教学方法的运用,干部培训机构主体班次运用互动式教学方法的课程比重不低于30%。推行线上线下相结合的培训模式,积极探索网络培训有效方式,迭代开发移动学习平台,提升在线学习的互动性、体验性、选择性和实效性,加强对干部在线学习效果的综合评估。

附录2
新时代教育系统干部教师教育培训典型案例

一、"教育部—中国移动中小学校长培训项目"

教育部、中国移动通信有限公司联合实施的"教育部—中国移动中小学校长培训项目"于 2006 年正式启动,培训对象是中西部地区农村中小学校长。2006—2016 年,这十年面向中西部 23 个省(区、市)650 多个县的 80000 多名农村中小学校长组织实施了培训,培训内容立足中西部地区农村中小学校长工作实际,采用影子培训和远程培训相结合的培训方式,取得了良好成效,积累了丰富经验,促进了中西部地区农村中小学校长办学治校水平的提高和素质教育能力的提升,拓宽了我国农村中小学校长培训工作的新思路。"教育部—中国移动中小学校长培训项目"是中国移动与教育部联合实施的"中国移动中西部贫困地区农村中小学教育项目"的重要组成部分,中国移动通信公司捐资对中西部地区农村中小学校长开展培训。实施十年来,有力地促进了中西部地区农村中小学校长的专业化发展,有效地推动了中西部地区的农村中小学教育的发展。

(一)十年发展历程

"教育部—中国移动中小学校长培训项目"的发展历程可概括为两个历史背景和三个发展阶段。

1."移动项目"的诞生(2006—2008 年)

2001 年,也就是新世纪第一年,国务院召开了全国基础教育工作会议,印发了《关于基础教育改革与发展的决定》,这项决定是在我国初步实现基本普及九年义务教育、基本扫除青壮年文盲的宏伟目标后,为实施科教兴国战略、推进基础教育改革与发展所作出的重大决策。为认真贯彻落实党的十六大精神,加快农村教育发展,深化农村教育改革,促进农村经济社会和城乡协调发展,2003 年 9 月,国务院印发了《关于进一步加强农村教育工作的决定》。为落实科学发展观,强化政府对农村义务教育的保障责任,普及和巩固九年义务教育,促进社会主义新农村建设,2005 年 12 月,国务院印发了《关于深化农村义务教育经费保障机制改革的通知》。从 2001—2005 年国务院所下发的政策文件来看,国务院对基础教育、农村义务教育和农村教育是高度重视的。为贯彻《国务院关于基础教育改革与发展的决定》《国务院关于进一步加强农村教育工作的决定》《国务院关于深化农村义务教育经费保障机制改革的通知》的精神,2006 年 4 月 30 日,教育部办公厅印发《关于启动"中国移动西部农村中小学校长培训项目"的通知》,教育部、中国移动通信有限公司决定自 2006—2008 年联合实施"中国移动西部农村中小学校长培训项目",这是"教育部—中国移动中小学校长培训项目"第一个历史背景,这标志着"教育部—中国移动中小学校长培训项目"的诞生。这也是"教育部—中国移动中小学校长培训项目"的第一个发展阶段,即"移动项目"运行的第一周期。第一周期的定位是:积极促进基础教育均衡发展,以培养西部农村地区实施素质教育的带头人为目标,通过多种形式的培训,提高西部农村中小学校长贯彻执行党和国家重大教育方针和政策的能力,更新教育观念,提高学校管理能力,为普及和巩固西部地区义务教育、提高西部地区农村教育质量提供坚强的组织保障。第一周期采取集中学习的培训形式,以全面推进素质教育,推进西部农村义务教育经费保障机制改革、普及和巩固西部地区义务教育为重点培训内容。

2."移动项目"的发展(2009—2011 年)

2009 年 7 月 20 日,教育部、中国移动通信有限公司决定联合实施 2009—2011 年中国移动中小学校长培训项目,利用三年时间组织实施中国移动中小学校长培训项目,其培训目标是通过影子培训和远程培训两种培训形式,促进参训校长学习省内、外优秀学校的办学经验,切实提高中西部农村中小学校长的整体素质和管理实践能力,培养一批推进学校改革创新和实施素质教育的带头人,促进义务教育均衡发展和城乡教育协调发展。这是"教育部—中国移动中小学校长培训项目"的第二个发展阶段,即"移动项目"运行的第二周期。这一发展阶段采取影子培训和远程培训相结合的培训形式,以学校管理实务和新时期基础教育改革发展为重点培训内容。根据党的十七大关于"优先发展教育,建设人力资源强国"的战略部署,为促进教育事业科学发展,全面提高国民素质,加快社会主义现代化进程,2010 年 7 月,中共中央、国务院颁布实施《国家中长期教育改革和发展规划纲要(2010—2020 年)》,这从我国改革开放和社会主义现代化建设总体战略出发,绘制了未来 10 年我国基本实现教育现代化的宏伟蓝图。

3."移动项目"的跨越(2012—2015 年)

为贯彻《国家中长期教育改革和发展规划纲要(2010—2020 年)》精神,2012 年 8 月 30 日,教育部、中国移动通信集团公司决定 2012—2015 年继续实施中国移动中小学校长培训项目,这是"教育部—中国移动中小学校长培训项目"发展的又一个历史背景。这是"教育部—中国移动中小学校长培训项目"的第三个发展阶段,即"移动项目"运行的第三周期。这一发展阶段采取影子培训和远程培训相结合的培训形式,以提升校长办学治校能力和学校管理水平,促进校长专业化发展为重点培训内容。其培训目标是通过项目的实施,帮助参训校长学习省内外优秀学校办学经验,促进校长专业化,提高校长管理水平,培养一批推进学校改革创新和实施素质教育的带头人,促进义务教育均衡发展和城乡教育统筹发展。

形势在发展,培训当改革。为贯彻落实《乡村教师支持计划(2015—2020年)》精神,推动中西部农村义务教育学校校长队伍建设,2016年9月,教育部、中国移动通信集团公司继续联合实施"教育部—中国移动中小学校长培训项目"。在这一年度培训工作中,进行了培训工作改革,其中,网络研修采取"种子校长网络工作坊 + 送教下乡"相结合方式开展培训,顺应了"互联网 +"时代发展趋势,发挥了网络工作坊的示范引领和辐射带动作用。

"教育部—中国移动中小学校长培训项目"十年的成长历程,与之伴随的两个历史背景和三个发展阶段以及培训工作的改革,给我们呈现出了三幅图景:一是教育观念的图景,增强认真贯彻执行党和国家重大教育方针和政策的意识,努力普及和巩固中西部地区义务教育;二是学习思维的图景,积极学习省内外优秀学校的办学经验,努力提升办学治校能力;三是专业理念的图景,大力提升校长专业化水平,努力打造本土化的专家型、教育家型校长。

三幅图景共同铸就了"教育部—中国移动中小学校长培训项目"的十年壮丽路程,展现出了中西部地区农村中小学校长培训工作的美丽景象。实践出真知,立足于中西部地区农村基础教育发展和农村中小学校长成长实际,不断改善中西部地区农村中小学教育条件,持续提升中小学校长的专业素养和学习能力,奋力推进中西部地区农村基础教育发展,这就是"教育部—中国移动中小学校长培训项目"的责任与使命。

(二)成效与经验

1. 实施情况

2006—2008年,中国移动校长培训计划经过三年的努力,共完成3600

名分布在西部各省偏远地区的农村中小学校长的国家级培训课程。2009—2011 年,培训项目重点面向西部 12 省、自治区、直辖市和新疆生产建设兵团的 3000 名中小学校长开展影子培训,每年组织 600 名农村校长在西部省内校长培训实践基地开展省内影子培训,400 名骨干校长到东部 8 省校长培训实践基地参加省外影子培训。面向中西部 23 个省和新疆生产建设兵团 200 个县(市),开展农村中小学校长远程培训,每年培训 10000 人,三年共培训 30000 人。2012—2015 年继续实施中国移动中小学校长培训项目,中国移动通信集团公司四年资助 2400 万元,通过影子培训和远程培训每年培训 1.1 万名中小学校长(影子培训 1000 名、远程培训 10000 名),四年共培训 33000 人。2016 年培训重点面向中西部农村义务教育学校 11170 人开展影子培训和网络研修(其中,组织 1170 名中西部农村义务教育学校正职校长参加影子培训,组织 10000 名中西部农村义务教学校长正副职校长及后备干部参加网络研修)。

2. 实施效果

(1)增强了校长政治理论素质,提高了实施素质教育的能力和水平。各地针对地区中小学校长的特点,精心设计培训课程,开展了一系列的培训工作,提高了中西部农村中小学校长贯彻执行党和国家重大教育方针和政策的能力,更新了教育观念,为普及和巩固西部地区义务教育、提高中西部地区农村教育质量提供坚强的组织保障。如 2015 年"教育部—中国移动中小学校长培训项目"湖南省参训校长通过培训学习,提高了自身能力素养,提升了校长队伍驾驭学校管理工作的领导水平和推行素质教育的执行能力。

(2)开阔了校长知识和视野,进一步明确了基础教育改革和发展的努力方向。参加培训的中小学校长通过学习了解了新时期我国基础教育工作面临的形势和机遇,对当前基础教育改革和发展的思路和问题有了深入的理解和认识,使校长尽快掌握学校教育经费的预算编制与管理等,把学校的建设有机融入社会主义新农村建设当中。参训校长们结合学习的内容，通过研讨、交流、填写问卷等形式，还为当地基础教育改革和发展提供了有价值的建议。如2015年"教育部—中国移动中小学校长培训项目"云南省会泽县培训班参训校长通过克服工学矛盾，取得了较好的研修成果，思想认识、理论水平和管理能力都有了进一步提高。

（3）培训更具有针对性和有效性，帮助校长进一步明确学校管理的目标与责任。通过案例分析、学校考察、交流研讨，来自中西部农村地区的中小学校长在专家引导下，学习了教育管理的典型案例，观摩了当地城市中小学校的先进的教学管理经验、良好的教书育人环境，使大家发现所在学校管理工作的问题和不足，在实践考察中认识到学校的教育教学工作要与时俱进，不断创新，积极吸纳兄弟学校的成功经验，提高了校长间的合作意识。如辽宁教育行政学院承办的2016年"教育部—中国移动中小学校长培训项目"以需求为导向，提升送教下乡的实效性及影响力，受到了参训校长的广泛好评。

（4）为进一步探索教育、企业合作培训的有效途径提供了宝贵经验。教育部和各地教育行政部门非常重视教育干部培训工作，近年来集中培训了大批教育管理干部和中小学校长。中国移动项目从社会助学助教角度，帮助解决了西部地区农村中小学校长培训交通不便、经费有限等问题，积极参与、热心服务，不仅推动了培训工作的顺利进行，而且体现了培训特色，彰显了中国移动承担社会责任、引领移动通讯发展的企业形象。如中国移动为每名参训校长提供培训捐助，参训校长背后都是几十、几百甚至上千个孩子，而每个孩子背后是一个家庭。就单个个例来说，中国移动为每个校长的培训捐助所产生的价值就已经无法估量。

3. 基本经验

（1）积极将影子培训与远程培训结合起来。影子培训活动中，来自东部实践基地的校长将亲自参与到中西部农村中小学的教学工作中,并为师生们带去一堂声情并茂的示范课,将他们丰富的教学经验更好的融入到中西部农村中小学。同时,东部实践基地的校长们还通过各种形式的研讨会,与中西部农村中小学校长们共同探讨有益于推进中西部农村中小学教育的各种形式,以促进中西部教育更快更好的发展。远程培训活动,可将国家级优质培训资源通过远程网络直接输送到中西部农村学校,为中西部地区培训农村中小学校长,远程培训以其培训时空无阻碍、培训成本较低廉、培训规模可大化和培训资源共享性等诸多优势成为培训中西部地区农村中小学校长的一种重要手段。将影子培训与远程培训紧密结合起来,将更加有效地满足中西部地区农村中小学校长的培训需求,有力服务于中西部地区农村教育发展。

(2)积极将经验学习与实际应用结合起来。经验学习,是指将中西部校长选派到东部实践基地学校担任"影子校长",通过贴身观摩、学习、反思学校管理实务,学习借鉴先进学校的管理经验,也包括参加远程培训所获取的知识和经验。实际应用,是大力激发参加过培训的农村中小学校长,立足所在学校发展实际,积极探索学校发展之路。目前,已经有很多学校成为了当地的农村规范管理示范学校和当地农村教育改革的窗口学校,许多学校真正成为了当地社会主义新农村建设的资源中心。有些校长在当地评为"优秀校长",有些校长成为当地教育领跑者,"名响一方"。

(3)积极将培训需求与能力素质结合起来。中西部地区农村中小学校长的培训需求是多元化、个性化和异质化的,能力素质也是大小不齐、高低不同、千差万别的,考虑到这些因素,各项目省在设计培训方案之前,深入开展培训需求调研,认真分析参训校长的学习背景、工作经历和治校经验,并在培训过程中,设置了与参训校长培训需求相符合的培训内容,不仅在一定程度上满足了参训校长的基本培训需求,也在为提升参训校长能力素质方面发挥了积极促进作用。

（4）积极发挥中国移动的信息化优势。中国移动发挥自身信息化的优势，统一设置了信息化互动课堂，项目实施的过程中各省移动公司积极推广信息化互动课堂，支持、配合教育部门。中国移动的倾情参与、信息化手段在培训中的运用成为该项目的鲜明特色。

4. 问题分析

（1）中西部地区农村中小学校长信息化水平有待进一步提升。在中西部地区经济发展不发达的农村，农村中小学校教育技术装备水平参差不齐，影响了中小学校长信息化水平的提升，尤其是在远程培训过程中，有些参训校长甚至要赶到县城网吧去学习，这增加了参训校长的交通成本，也带来了潜在的安全隐患。这需要努力提升中西部地区教育信息化水平，为中西部地区农村中小学校长培训提供技术保障。

（2）影子培训和远程培训的内容和形式有待进一步丰富完善。影子培训和远程培训作为"移动项目"的主要培训形式，虽然取得了一定的成效，如可让影子校长学习借鉴到东部发达区域农村中小学校先进办学治校经验和方法，但是立足中西部地区农村中小学校发展实际来讲，实施难度大，可操作性不强，对影子校长来说，也只能算是开开眼界。培训内容和形式更要结合中西部地区农村中小学校长实际需求来丰富完善。

（3）"移动项目"的培训成果需要进一步充实。十年来，"移动项目"积累了一定的培训成果，但是从数量和质量来讲，不是太多，不是太优，且培训成果的呈现形式比较单一。可供中西部地区农村中小学校长分享的培训成果的内容仍需要进一步积累，培训成果的呈现形式需要进一步丰富。

（4）"移动项目"的品牌宣传力度需要进一步加大。中国移动通信有限公司积极践行服务社会、服务教育的责任和担当，受到了中西部地区农村中小学校长的高度赞誉。但是，作为服务于中西部地区农村中小学校长的"移动项目"这一品牌宣传力度仍比较薄弱,尤其是缺乏宣传的系统性、连续性和创新性。这需要运用互联网和大数据技术进行广泛宣传报道,实现"移动项目"的信息共享、资源共享和成果共享。

5. 未来展望

(1)创新培训模式,积极采取混合式培训模式。有效的培训模式是加强培训的针对性,实现培训目的重要条件。影子培训受到了参训校长的广泛好评。创新影子培训,积极采用"影子培训 + 远程培训 + 送教下乡 + 跟踪指导"的混合式培训模式以及"个性化培养"培训模式等等。同时,各项目省应在继承已有成功做法基础上,加强培训模式创新的力度,探索出各具特色的、符合当地实际的培训模式。

(2)精选培训内容,大力开发本土化课程资源。各项目省在设计培训内容时,不仅应注重结合教育改革与发展的实际,注重联系基础教育的现状与问题,从而拓展参训校长的宏观视野,培养其思考问题时的大局意识、全局观念。更应十分注意结合本地基础教育的实际,尤其注重结合中西部农村基础教育的现状开设一些更加具有针对性的课程。同时,应进一步加强本土化培训基地建设。

(3)强化培训评估,有效发挥以评促训的作用。强化培训评估,重点是加强对培训项目的系统评估。系统评估一般包括训前全面调研、训中动态监控和训后持续跟踪等方面。除了对培训目标、教学计划和考核内容的检测外,还要对学员培训后的思维、行为和业绩改变进行测评和分析。借助问卷调查、送教回访、线下跟踪、意见反馈等路径,通过系统评估,来对培训项目的真实成效进行整体评价,以改进培训工作。

(4)进一步发挥"移动项目"的品牌文化作用。十年磨一剑,学习焕丰彩。"移动项目"的十年风雨历程,不仅为中西部地区农村中小学校长的专业化发展开辟了一条光明通道,而且形成了"移动项目"特有的品牌文化。

在未来的培训工作中,要进一步发挥"移动项目"品牌文化作用,并与其它中小学校长国家级培训项目交流学习,让"移动项目"更加丰富多彩。

站在新的历史起点上,在全面建成小康社会的伟大征程中,"教育部—中国移动中小学校长培训项目"将不忘初心,持开拓创新的精神,以积极有为的行动,为中西部地区农村中小学校长素质能力提升和农村中小学教育发展提供支持,为中西部地区一大批优秀的农村中小学校长的充分涌现提供动力,为实现中华民族伟大复兴的中国梦贡献力量!

[说明:"实施情况"的数据主要根据《教育部办公厅关于启动"中国移动西部农村中小学校长培训项目"的通知》(教人厅函(2006)10号)、《关于组织实施2008年"中国移动西部农村中小学校长培训项目"有关工作的通知》(教人司〔2008〕105号)、《教育部办公厅关于启动实施"2009—2011年中国移动中小学校长培训项目"有关工作的通知》(教人厅函〔2009〕13号)、《关于做好教育部—中国移动中小学校长培训项目2012年有关工作的通知》(教师司〔2012〕62号)、《教育部教师工作司关于做好教育部—中国移动中小学校长培训项目2016年实施工作的通知》(教师司函〔2016〕30号)等文件统计得出。感谢中国移动通信集团公司、中国移动公益慈善基金会提供的相关材料支持。]

二、"校长国培计划"

"校长国培计划"——卓越校长领航工程中小学名校长领航班是我国中小学校长培训中最高层次的培训班,2015年首期中小学名校长领航班正式开班,引起了国内各界高度关注。国内学者对首期中小学名校长领航班校长培养的相关问题研究也正是始于2015年,2016年以后研究呈现突飞猛进态势。国内学者主要对首期中小学名校长领航班的层次地位与名校长的使命担当、首期中小学名校长领航班群体(成员)结构特征和培养路径、首期中小学名校长领航班培养基地名校长培养(培训)模式和名校长工作室管理模式、中小学名校长领航工程的理念进展方略等问题进行了研究,取得了一系列研究成果,这为推进新时代中小学名校长和教育家型校长的培养提供了有益借鉴。

"校长国培计划"政策演进

文件名称	重点项目
关于成立中小学校长和幼儿园园长国家级培训项目管理办公室的通知(2013 年 6 月 22 日)	负责中小学校长和幼儿园园长国家级培训项目的日常管理工作
关于实施农村校长助力工程的通知(2013 年 10 月 12 日)	中西部地区国贫县、集中连片特殊困难地区乡镇及以下农村义务教育学校正职校长
教育部办公厅关于启动实施中小学校长国家级培训计划的通知(2014 年 6 月 6 日)	中小学校长示范性培训项目(边远贫困地区农村校长助力工程、特殊教育学校校长能力提升工程、卓越校长领航工程、培训者专业能力提升工程)和中西部农村校长培训项目
关于举办"校长国培计划"—2014 年中小学名校长领航班的通知(2014 年 12 月 15 日)	为培养造就一批具有较大社会影响力、能够在基础教育事业发展中发挥示范引领作用的教育家型校长
关于做好"校长国培计划"——2015 年示范性培训项目实施工作的通知(2015 年 1 月 27 日)	边远贫困地区农村校长助力工程、特殊教育学校校长能力提升工程、卓越校长领航工程、培训者专业能力提升工程
关于实施"校长国培计划"—2015 年边远贫困地区农村校长助力工程的通知(2015 年 3 月 25 日)	边远贫困地区(指集中连片特殊困难地区)乡镇以下农村义务教育学校校长和幼儿园正职校(园)长

文件名称	重点项目
教育部教师工作司关于组织实施"国培计划"——中小学名师名校长领航工程的通知(2017年12月8日)	为贯彻落实党的十九大精神,培养高素质教师队伍,充分发挥"国培计划"在促进教师校长发展中的示范引领作用,营造教育家脱颖而出的制度环境,着力建设新时代高素质专业化创新型教师队伍,决定实施"国培计划"——中小学名师名校长领航工程(简称"双名工程")。实施"双名工程",帮助参训教师进一步凝练教育思想、提升教育教学创新能力,着力培养造就一批具有鲜明教育思想和教学模式、能够引领基础教育改革发展的教育家型卓越教师;帮助参训校长进一步凝练教育思想、提升实践创新能力,着力培养造就一批具有较大社会影响力和知名度、能够引领基础教育改革发展的教育家型卓越校长。同时,引导支持参训教师校长以深度贫困地区为重点开展教育扶贫,加强对口支援、协作帮扶等社会服务,辐射带动基础教育事业发展、质量提升
教育部办公厅关于实施新时代中小学名师名校长培养计划(2022—2025)的通知(2022年8月8日)	为深入学习贯彻习近平总书记关于教育的重要论述,落实《中共中央 国务院关于全面深化新时代教师队伍建设改革的意见》和《新时代基础教育强师计划》,着力建设高素质专业化创新型教师校长队伍,在充分总结中小学名师名校长领航工程经验的基础上,决定实施新时代中小学名师名校长培养计划(2022—2025,简称"双名计划")。"双名计划"旨在培养造就一批具有鲜明教育理念和成熟教学模式、能够引领基础教育改革发展的名师名校长,培养为学、为事、为人示范的新时代"大先生"。健全名师名校长遴选、培养、管理、使用一体化的培养体系和管理机制,营造教育家脱颖而出的环境,为全面落实立德树人根本任务、推动基础教育高质量发展提供有力支撑

(一)顺应新时代发展潮流,首期中小学名校长领航班应运而生

中小学名校长领航班是"校长国培计划"——卓越校长领航工程的重要组成部分,旨在促进校长创新教育实践,引领区域乃至全国教育发展,提升

教育思想引领能力,造就一批在国内外具有较大影响力的教育家型校长。

为贯彻党的十八大精神,落实《国务院关于加强教师队伍建设的意见》(国发〔2012〕41 号),造就一支高素质专业化中小学校长(含幼儿园园长、特殊教育学校校长)队伍,教育部于 2013 年 8 月印发了《教育部关于进一步加强中小学校长培训工作的意见》(教师〔2013〕11 号),提出:"按照倡导教育家办学的要求,组织实施中小学名校长和幼儿园名园长培养计划,为优秀校长、园长成长发展创造条件。教育部组织实施卓越校长领航工程、农村校长助力工程和培训者能力提升工程,继续实施相关合作项目。"为贯彻党的十八届三中全会精神,落实《教育部关于进一步加强中小学校长培训工作的意见》(教师〔2013〕11 号),造就一支高素质专业化中小学校长(含幼儿园园长、特殊教育学校校长)队伍,教育部于 2014 年 6 月印发了《教育部办公厅关于启动实施中小学校长国家级培训计划的通知》(教师厅函〔2014〕9 号)(简称"校长国培计划"),提出实施"卓越校长领航工程","面向全国中小学校长开展高端培训,主要包括中小学骨干校长高级研修班、中小学优秀校长高级研究班、中小学名校长领航班"。2014 年 6 月,教育部又印发了《关于启动实施"校长国培计划"——2014 年卓越校长领航工程的通知》(教师司函〔2014〕48 号),提出"启动实施'卓越校长领航工程'"。2014 年 12 月,教育部印发了《关于举办"校长国培计划"——2014 年中小学名校长领航班的通知》(教师司函〔2014〕96 号),提出"举办 2014 年卓越校长领航工程——中小学名校长领航班",随后开展"中小学名校长领航班培养基地"和参训校长的遴选工作,并组织专家对省级教育行政部门推荐的"中小学名校长领航班培养基地"申报院校(机构)、参训校长人选进行评审。2015 年 3 月,教育部教师工作司公示了"校长国培计划"2015 年中小学名校长领航班培养基地拟定名单,确定了 8 家院校(机构)为首批中小学名校长领航班培养基地,64 人为首期中小学名校长领航班学员。2015 年 4 月 21 日,首期中小学名校长领航班启动仪式成功举办,这标志着首期中小学名校长领航班校长的培养工作正式开始。启动中小学名校长领航班是对新时代人民对高质量教育呼唤的响亮回应,符合新时代中小学校长专业发展需要,顺应了新时代中小学校长培训工作发展趋势,为高素质专业化创新型的教育人才竞相进发、充分涌现提供了良好环境。

(二)坚持问题导向,深化对首期中小学名校长领航班校长培养的研究

从现有文献资料来看,国内学者极为关注首期中小学名校长领航班校长培养的现实问题,主要对首期中小学名校长领航班的层次地位与名校长的使命担当、首期中小学名校长领航班群体(成员)结构特征和培养路径、首期中小学名校长领航班培养基地名校长培养(培训)模式和名校长工作室管理模式,以及中小学名校长领航工程的理念进展方略等问题进行了研究。

关于中小学名校长领航班的层次地位与名校长的使命担当的研究,刘利民认为,中小学名校长领航班成为新中国中小学校长培训中最高层次的培训班。他指出,名校长真正理解自己肩负的使命与担当,就要真正明确名校长之"名"的四层深刻含义——名校长"要志存高远,具有远大理想;要丰富学养,具有教育思想;要勇于探索,具有创新实践;要情系家园,具有大爱之心",同时指出,"引领区域乃至全国的教育事业发展是名校长的使命与担当,是名校长之'名'闻遐迩,'名'播天下的最大价值"。① 代蕊华认为,名校长领航班是最高层次的中小学校长国家级培训项目,是最高端,最具引领性、示范性的项目。他指出,领航班为教育家成长领航,主要包含三个方面:一是"'领航班'具有示范性、引领性",从国家层面,领航工程设计了三个层

---

① 刘利民.名校长的使命与担当[J].中小学管理,2016(9):1.

次的培训项目,主要包括骨干校长培训班、优秀校长高级研修班和卓越校长领航班,卓越校长领航班是在前两个项目的基础上,造就一批在国内外具有较大影响力的教育家型校长,是目前最高端的培训项目;二是"培训促教育家成长",培训在教育家成长中起到了重要作用,主要包括提供反思自我和他人经验的机会、提供交流沟通的平台和大力促进能力的提升;三是"培训更具个体化、主体性",与其他培训相比,突显三个特点,即"个性化、主体性、引领性"。① 他还指出,名校长担负着"到 2020 年我国基本实现教育现代化"的伟大使命,名校长走向边远贫困地区,致力于乡村教育振兴的办学探索中,必将大有作为。② 杨志成认为,名校长领航班的使命是引领中国基础教育走向未来。他对启动名校长领航班的时代背景、领航校长的特殊品质和历史责任以及培养路径进行分析。他指出,启动名校长领航班的时代背景具有"教育思想的再启蒙、教育哲学的再回归、教育实践的再创新"三个基本特征,领航校长是"第四代校长中杰出代表",是一批有着三种特殊品质的校长——"领航校长是有思想、有情怀、有担当、有追求的一代校长,领航校长拥有成功的教育教学和教育管理实践经验,领航校长面临一定的理论挑战和学术瓶颈",领航校长担负着"探索中国特色现代基础教育发展方向、不断引领和支持更多中小学校优质发展、成为具有国际视野和本土情怀的中国教育家"三大历史责任。他以北京教育学院培养基地的培养方案为例,提出要通过"明确培训定位、加强理论指导、拓展实践视野、优化研究方式、扩增培训效能"等五条路径来培养领航校长。③

关于首期中小学名校长领航班群体(成员)结构特征和培养路径的研究,于维涛认为,名校长是我国中小学校长队伍的优秀代表,是最高职业荣

---

① 代蕊华.为教育家成长领航[N].中国教师报,2015 -05 -06(13).
② 代蕊华.名校长须投身于乡村教育振兴大业[N].中国教育报,2016 -02 -17(3).
③ 杨志成.领航使命:引领中国基础教育走向未来[J].中小学管理,2016(9):4 -7.

誉称号,是处于金字塔尖,有思想、有创新,能引领、能辐射的拔尖创新人才。他对首期中小学名校长领航班的举办背景和领航班64名校长的结构特征进行了分析,对促进名校长领航班群体发展进行了思考。他指出,举办名校长领航班"是国际化实践及发展趋势,是国家诉求",名校长培养"是教育发展的新常态、是广大人民群众对优质教育资源迫切需求",首期名校长领航班群体具有五项鲜明的结构特征——"整体素质较高、结构趋向科学合理、具有较高的学术水平、建构了自我导向发展模式、富有理想献身精神"。他提出要从"厘清名校长领航班成员身份的定位,探索分阶段、分群体、分区域遴选名校长领航班成员机制,开展跨界、协同、开放、个性培养,研究挖掘名校长领航班群体的教育思想,实施'选、育、管、用'一体化协同机制,营造名校长领航班群体良好的发展生态"等六大关键方面发力,促进名校长领航班群体发展。[①] 杜洁云以首期中小学名校长领航班64名成员为研究对象,对首期中小学名校长领航班成员的基本特征、人格特质、专业特征和成长特点进行了深入研究。她指出,第一,从首期名校长领航班成员基本特征来看,"男性偏多,年龄呈中高龄化""构成多元,大多来自城镇""平均教龄高,整体学历高";第二,从首期名校长领航班成员人格特质来看,在总体人格特征方面,"乐观自信,情绪稳定,适应性强""大多数属于多血质气质类型",在人格特质差异方面,"女性成员人格稳定性较高""正高职称成员情绪最稳定""年龄较长成员情绪更稳定";第三,从首期名校长领航班成员专业特征来看,"领航班成员的职业认同感与职业满意度普遍较高""领航班成员注重思想引领,关注师生身心健康""领航班成员实践经验丰富,业绩成果显著,教育影响力较大";第四,从首期名校长领航班成员成长特点来看,领航班成员

---

① 于维涛.首期名校长领航班群体的结构分析和发展对策[J].教师教育研究,2016,28(5):57-61.

"个人特质与外部培训是成长关键因素""具有成熟性、过渡性和分层性的特点""外倾——稳定型具备更好的发展潜力与能力"。她还指出,"虽然首期中小学名校长领航班成员可以被称为卓越校长,但是仍有部分成员与教育家型校长相比存有差距,在成长与发展过程中存在教育认识的朴素性、教育实践的局限性、教育影响的地方性等方面的不足"。她提出卓越校长成长需要"社会支持系统"和"个人支持系统",她建议通过"营造教育生态环境,选拔有潜力的校长""完善校长培训项目,引领校长理性思考""激励校长自我塑造,实现校长自觉成长"等路径来促进卓越校长成长。[1]

关于首期中小学名校长领航班名校长培养(培训)模式和名校长工作室管理模式的研究,刘彭芝系统阐述了中国人民大学附属中学培养基地的名校长培养模式。她提出,中国人民大学附属中学培养基地将"务实创新"与"育人为本"有效融合,实现校长学员及其学校的发展,带动促进其所在区域教育的优质均衡发展。一是坚持"调研先行,问题入手",对 8 所校长学员的学校进行深入调研,以校长学员的发展需求为导向,突出个性化培养特色;二是坚持"平行视角,实践导航",构建校长学员、理论与实践导师、首席专家一体化学习共同体,教学相长,相得益彰;三是坚持"优势互补,团队创新",注重培养目标架构的创新、培训课程的创新、培训平台的创新、学员之间的协同创新。[2] 回俊松、季春梅、严华银等认为,名校长培养基地、地方政府、名校长所在学校在名校长成长为教育家型校长的过程中承担共同的责任与使命。他们提出,江苏教育行政干部培训中心在借鉴"U—G—S"教师教育模式的基础上,以"教育部名校长领航工程"为载体,实施了"名校长培养基地—地方政府—名校长学校"名校长培训模式,即"A—G—S"(Administrator

287

---

① 杜洁云.卓越校长的人格特质与专业特征研究[D].上海:华东师范大学,2017.
② 刘彭芝.人大附中培养基地:务实创新,育人为本[N].中国教育报,2015-07-16(7).

training center – Government – School）名校长培训模式。"A—G—S"名校长培训模式遵循"目标一致、责任分担、成果共享、合作发展"的原则,在名校长培养、带动区域内校长成长和基础教育研究等方面共同创新,逐步形成了名校长专业发展合作共同体。"A—G—S"名校长培训模式的理论构建包括"基本理念:回归名校长的生活""理论基础:转化学习理论","价值追求:共同发展";实践探索包括"引导'C''S'转变角色,拓展'A'的培训空间""合作构建培训课程""合作开展区域内校长培训""合作推进教育课题研究""共享优质校长培训资源"。他们提出,此项探索破解了名校长培训实效性不强、名校长发挥示范引领作用不足的问题,为我国新时期的校长培训工作做出了有益探索。① 童宏保认为,顶层设计的系统性和主题统领的价值性是华南师范大学培养基地名校长工作室管理模式的亮点。一是"顶层设计,主题统领",顶层设计分为"改革试验与实践创新""理性自觉与思想凝练""成果沉淀与影响传播"三大系列和"主题学习""模式建构""行动创新""反思学习""学校诊断""思想研讨""网络宣传""学术出版""学术宣讲"九大模块;二是"六群互动,任务驱动",六群包括学员群、同伴群、辐射群、微团群、研学群、导师群;三是"目标管理,团队领航",目标包括办名校、出名思想(名著)、出名气。②

关于中小学名校长领航工程的理念进展方略的研究,王定华认为,在对全体教师进行培训、开展能力建设的同时,实施名校长领航工程,培养造就高端教育人才,大力倡导教育家办学。他对名校长领航工程的理念、进展和方略进行了探讨。他指出,名校长领航工程"名"的理念是"名"在"信念坚定、思想引领、实践创新、社会担当"四个方面,首期中小学名校长领航班在

---

① 回俊松,季春梅,严华银."培养基地—地方政府—名校长学校"名校长培训模式构建研究[J].中小学教师培训,20171(3):33-36.
② 童宏保.模式创新驱动"领航"引擎[N].中国教育报,2017-04-26(7).

四个方面取得了明显进展和成效——"教育部进行了顶层设计、各基地开展了精心培养、名校长付出了辛勤努力、各方面给予了积极肯定"。他提出要把握"个性培养、情景培养、跨界培养、课题研究、精准帮扶、协同支持"六大方略,科学实施第二期中小学名校长领航班,将名校长领航工程引向深处。①此外,郭垒、徐丽丽对首期中小学名校长领航班校长培养相关政策进行了研究,指出"领航班助力专家型校长的办学业绩和教育思想能够发挥影响力,成长为教育家型校长"②。齐林泉对首期中小学名校长领航班校长培养进行了跟踪报道,形成了名校长领航班阶段性成果——《领航者在行动》。他认为,首期中小学名校长领航班校长"是新一代教育工作者的楷模,是伴随新时代成长起来的新锐校长,必将担负起未来基础教育发展的重任"③。

国内学者对首期中小学名校长领航班校长培养所采用的研究视角较为全面,所采取的研究方法较为新颖,所取得的研究成果较为丰硕,这不仅有力地推动了首期中小学名校长领航班校长培养,而且为我国中小学校长培训事业创新发展起到了很好的榜样作用。

(三)共识凝聚新力量,力促中小学名校长领航班校长培养研究取得新成果

国内学者以敢于创新、勇于攀登的使命担当意识,结合自身的研究专长和业务经验,对首期中小学名校长领航班校长培养进行了辛勤研究,在共享研究成果的基础上达成了三点共识。

共识之一:中小学名校长领航班在我国中小学校长国家级培训中位居

---

① 王定华.中小学名校长领航工程的理念进展方略[J].中国教育学刊,2018(8):1-4.
② 郭垒,徐丽丽.中小学校长培训专业化:政策研究的视角[J].教师教育研究,2018,30(2):107-111.
③ 齐林泉,李萍.领航者在行动[M].北京:北京师范大学出版社,2018:5.

最高层次,具有鲜明的示范性和引领性。学者们一致认同,中小学名校长领航班在我国中小学校长国家级培训项目中位居最高层次。一方面,我国中小学校校长国家级培训项目中的中小学骨干校长高级研修班、中小学优秀校长高级研究班、中小学名校长领航班是三个逐层递进的培训班,前者是后者的基础,后者是前者的升华,层层递进升级,形成了我国特有的中小学校长国家级培训项目。另一方面,中小学名校长领航班是位于最高层次的,因此,对它的培养目标和培养模式进行了个性化设计:其培养目标就是"造就一批在国内外具有较大影响力的教育家型校长",其培养模式就是"按照'整体规划、个性指导、训用结合、连续培养、协同创新'的思路,为参训校长建立集中培养基地、配备理论和实践双导师、搭建思想和实践示范推广平台,通过基地引领研修、导师个性化指导、参训校长示范提升等方式,对参训校长进行有针对性的培养"。这就使得中小学名校长领航班校长培养模式超越了传统的中小学校长培训模式,发挥着示范和引领作用。

共识之二:名校长的"名"和特殊品质需要与其使命担当结合起来,才能达到"名副其实"。学者们一方面对名校长的"名"的内涵进行了多视角阐释,对名校长的使命担当进行了横纵比较,另一方面对名校长的结构特征进行了多方位分析,对名校长的特殊品质进行了深入挖掘,倡导将名校长的"名"与特殊品质有机融合在一起。首先,"名"要求名校长敢于主动站在时代发展前沿,自觉勇挑责任重担,为所在区域乃至全国教育发展做出贡献,在领航班的培养环境下,名校长只要能够勤奋学习、辛勤付出、勤勉不怠,就能够实现个人新成长、专业新发展,把学校治理好,助师生素养高,为社会育人才。其次,名校长的特殊品质是名校长个人成长过程中累积形成的,这种特殊品质与其所处地域的历史文化和风土人情有密切联系,与其办学治校实践和经验有密切联系,与其自我学习反思改进自觉性有密切联系,同时还与组织的重视与培养,同行的交流与借鉴,社会各界的关注与期待等因素有密切联系。因此,名校长将"名"与特殊品质深度融合,在其深入教育实践和提炼教育思想过程中,自觉主动承担起新时代所赋予的光荣使命和重要责任,必能进一步助推其"名"与特殊品质的交互贯通,提升名校长的榜样感召力和社会影响力。

共识之三:中小学名校长领航班培养基地是培养名校长成为教育家型校长和教育领军人才的重要载体,各相关方要形成合力。学者们认为培养基地在培养名校长成为教育家型校长过程中发挥着不可替代的作用。培养基地应明晰培养思路,积极发挥特有优势,构建学习共同体,创新培养模式,打造培养基地的特色品牌,进而力促名校长领航班校长成为教育家型校长和教育领军人才。首期中小学名校长领航班 8 家培养基地中只有 1 家是中小学校,其他 7 家都是国内知名的中小学校长培训院校(机构),可谓是各有特色,更可以各展所长,生成 8 家培养基地争芳斗艳、百花齐放的格局。第一,8 家培养基地的培训文化精彩纷呈,这为名校长感受到多元培训文化提供了条件,文化浸润名校长身心,更能激发其参训热情和学习动力;第二,8家培养基地的理论导师和实践导师具有高深的教育思想和丰富的治校经验,都是国内知名的教育家、教育专家和中小学校长,他们既可以对名校长进行科学专业的学术指导,又可以为名校长传授鲜活生动的业务才干;第三,8 家培养基地与教育部、名校长所在省级教育行政部门等各相关方,通力合作,形成合力,共同为名校长成长为教育家型校长和教育领军人才营造和谐奋进的生态圈,让名校长能够静心读教育经典,讲坛论道展风采,走进乡村觅真知,精准帮扶促发展,踏出国门拓视野,示范引领向未来。

共识凝聚新力量,共识生成新合力,有助于促进中小学名校长领航班校长培养更上一层楼,有助于促进中小学名校长领航班校长培养研究走向深处。2017 年 12 月,《教育部教师工作司关于组织实施"国培计划"——中小学名师名校长领航工程的通知》(教师司函〔2017〕58 号)指出"实施'国培计划'——中小学名师名校长领航工程,培养高素质教师队伍,充分发挥'国培计划'在促进教师校长发展中的示范引领作用,营造教育家脱颖而出的制度环境,着力建设新时代高素质专业化创新型教师队伍"。2018 年 5 月 7 日,"国培计划"——中小学名师名校长领航工程培训班开班仪式举办,标志着第二期中小学名校长领航班校长培养正式拉开帷幕。国内学者应继续关注中小学名校长领航班校长培养动态,进一步加强名校长领航班相关问题研究,努力取得更多新的研究成果,为我国教育家型校长和教育领军人才的培养提供更多借鉴。

三、"教师国培计划"

为进一步加强教师培训,全面提高教师队伍素质,教育部、财政部于 2010 年起实施"中小学教师国家级培训计划"(简称"教师国培计划")。"教师国培计划"的作用主要包括:一是提高中小学教师特别是农村教师队伍整体素质的重要举措。二是推进义务教育均衡发展、促进基础教育改革,提高教育质量的重要助力。概言之,"教师国培计划"旨在发挥示范引领、"雪中送炭"和促进改革的作用。"教师国培计划"在实施目标、重点项目、实施原则、培训模式、考核评价等方面具有详细规定。(一)实施目标。主要包括:一是培训一批"种子"教师,使他们在推进素质教育和教师培训方面发挥骨干示范作用。二是开发教师培训优质资源,创新教师培训模式和方法,推动全国大规模中小学教师培训的开展。三是重点支持中西部农村教师培训,引导和鼓励地方完善教师培训体系,加大农村教师培训力度,显著提高农村教师队伍素质。四是促进教师教育改革,推动高等师范院校面向基础教育,服务基础教育。(二)重点项目。以农村教师为重点,包括"中小学教师示范性培训项目"和"中西部农村骨干教师培训项目"两项内容。(三)实施原则。分类、分层、分岗、分科大规模组织教师培训。(四)培训模式。积极探索采取集中培训、脱产研修、"送教上门"、对口支援和远程培训等多种模式开展教师培训。(五)评价考核。建立教师培训效果评价制度,以建设高素质专业化教师队伍为目标导向,制定评价标准,及时对教师培训机构的培训内容、教学安排、管理服务情况、学员满意率等状况进行调查。

为加强农村幼儿教师队伍建设,提高农村幼儿教师素质,教育部、财政部于 2011 年起实施"幼儿教师国家级培训计划",培训对象是中西部地区农村公办幼儿园(含部门、集体办幼儿园)和普惠性民办幼儿园园长、骨干教师、转岗教师。重点项目主要包括农村幼儿教师短期集中培训、农村幼儿园"转岗教师"培训、农村幼儿园骨干教师置换脱产研修。为进一步推动教师培训改革,充分发挥示范引领作用,教育部、财政部在《教育部办公厅财政部办公厅关于做好 2014 年中小学幼儿园教师国家级培训计划实施工作的通知》中明确规定将中小学教师和幼儿园教师正式纳入"教师国培计划"中,即中小学教师和幼儿园教师都属于"教师国培计划"的培训对象,不再将中小学教师和幼儿园教师分开出台政策,即把 2010 年启动时名称为"中小学教师国家级培训计划"在 2014 年更名为"中小学幼儿园教师国家级培训计划"。

为推进教师培训提质增效和教师队伍高质量发展,教育部财政部于 2021 年就"十四五"期间中小学幼儿园教师国家级培训计划实施工作出台政策,提出示范项目指导方案、中西部骨干项目指导方案,而不再是原来的示范项目实施方案、中西部骨干项目实施方案。同时,从 2013 年起"教师国培计划"加强网络研修培训力度,这是政策演进的一个亮点。以上政策演进可以从下列"教师国培计划"政策演进列表中得到体现。

"教师国培计划"政策演进

文件名称	重点项目
教育部 财政部关于实施"中小学教师国家级培训计划"的通知(2010 年 6 月 11 日)	中小学教师示范性培训项目(简称"示范性项目")、中西部农村骨干教师培训项目("中西部项目")
教育部 财政部关于实施幼儿教师国家级培训计划的通知(2011 年 9 月 5 日)	农村幼儿教师短期集中培训、农村幼儿园"转岗教师"培训、农村幼儿园骨干教师置换脱产研修
教育部办公厅 财政部办公厅关于做好 2011 年"中小学教师国家级培训计划"实施工作的通知(2011 年 5 月 24 日)	中小学教师示范性培训项目(简称"示范性项目"含"幼儿园骨干教师培训项目")、中西部农村骨干教师培训项目("中西部项目")
教育部办公厅财政部办公厅关于做好 2012 年"国培计划"实施工作的通知	"中小学教师示范性培训项目"(简称"示范性项目")、"中西部农村骨干教师培训项目"(简称"中西部项目")和"幼儿园教师国家级培训计划"(简称"幼师国培")
教育部办公厅财政部办公厅关于做好 2013 年"国培计划"实施工作的通知	网络研修与校本研修整合培训
教育部办公厅财政部办公厅关于做好 2014 年中小学幼儿园教师国家级培训计划实施工作的通知	创新完善教师网络研修、信息技术骨干培训者专项培训
教育部办公厅财政部办公厅关于做好 2015 年中小学幼儿园教师国家级培训计划实施工作的通知(2015 年 4 月 2 日)	创新网络研修
教育部 财政部关于改革实施中小学幼儿园教师国家级培训计划的通知(2015 年 8 月 25 日)	乡村教师网络研修创新项目
教育部办公厅财政部办公厅关于做好 2016 年中小学幼儿园教师国家级培训计划实施工作的通知	网络研修创新、乡村教师网络研修
教育部办公厅财政部办公厅关于做好 2017 年中小学幼儿园教师国家级培训计划实施工作的通知	网络研修创新项目

续表

文件名称	重点项目
教育部办公厅财政部办公厅关于做好2018年中小学幼儿园教师国家级培训计划组织实施工作的通知	网络研修创新项目
教育部办公厅财政部办公厅关于做好2019年中小学幼儿园教师国家级培训计划组织实施工作的通知	培训团队高级研修项目(含"信息技术培训者团队研修")、教师培训综合改革项目
教育部办公厅财政部办公厅关于做好2020年中小学幼儿园教师国家级培训计划组织实施工作的通知	培训团队高级研修项目(含"信息技术应用能力培训者团队研修")、教师培训综合改革项目
教育部财政部关于实施中小学幼儿园教师国家级培训计划(2021—2025年)的通知	示范项目指导方案、中西部骨干项目指导方案

实施"国培计划",中央投入200亿元,培训校长教师1800多万人次。[①]

四、中国特色教育家培养培训计划

党的十八大以来,党和国家加大对中国特色教育家培养培训体系建设的政策支持力度,积极营造教育家脱颖而出的环境。试对新时代中国特色教育家培养培训体系建设政策进行梳理,以期为助推新时代中国特色教育家培养培训体系建设提供一定参考。

积极营造"教育家脱颖而出的制度环境"。2018年1月20日《中共中央国务院关于全面深化新时代教师队伍建设改革的意见》明确指出:"支持教师和校长大胆探索,创新教育思想、教育模式、教育方法,形成教学特色和办学风格,营造教育家脱颖而出的制度环境。"在这里明确了两个基本内容:一

---

① 教育部:十年来"国培计划"累计培训校长教师超1800万人次[EB/OL].http://www.moe.gov.cn/fbh/live/2022/54805/mtbd/202209/t20220906_658906.html.

个是支持教师和校长成为教育家,一个是为教师和校长成为教育家营造制度环境。关于教育家的探讨是多元化的,一般而言,教育家是经师和人师的统一体,是思想道德境界高、知识能力素质强、为国为民情怀深,是持续推进教育改革创新的实干家,是发展教育事业造福天下的政治家。一个国家教育家的数量是衡量一个国家教育质量与水平的重要尺度,是检验一个国家教育发展实力的重要指标。由此可见,培养培训教育家是一项十分重要的使命任务,积极营造教育家脱颖而出的制度环境尤为重要。

(一)"国培计划"大力培养培训教育家型教师和校长

营造"教育家脱颖而出的制度环境"需要一定的载体。从国家级层面来看,这个载体主要是"国培计划"。"国培计划"主要包括教师国培计划(2010年启动实施)和校长国培计划(2014年启动实施)。

1. 教师国培计划

2010年6月11日,《教育部 财政部关于实施"中小学教师国家级培训计划"的通知》明确指出,"进一步加强教师培训,全面提高教师队伍素质"。教师国培计划正式开启。2021年4月30日《教育部 财政部关于实施中小学幼儿园教师国家级培训计划(2021—2025年)的通知》明确指出:"实施示范项目,重点加强方向方法引领、优质资源建设,培育教育家型教师和校园长、专家型培训者和团队。"培育教育家型的教师和校园长是教师国培计划的重要使命。此外,2013年5月6日《教育部关于深化中小学教师培训模式改革全面提升培训质量的指导意见》明确指出:"深化中小学教师培训模式改革,全面提升培训质量",通过不断对教师培训模式进行改革和不断提高教师培训质量,积极为教师成长为教育家提供有力保障。

2. 校长国培计划

2014 年 6 月 6 日《教育部办公厅关于启动实施中小学校长国家级培训计划的通知》明确指出,"造就一支高素质专业化中小学校长(含幼儿园园长、特殊教育学校校长)队伍"。校长国培计划正式开启。校长国培计划明确指出,"发挥高端引领作用,培养一批能够创新办学治校实践、具有先进教育思想、社会影响较大的优秀校长尤其是教育家型校长"。培养教育家型校长是校长国培计划的重要使命。校长国培计划明确提出:"卓越校长领航工程。面向全国中小学校长开展高端培训,主要包括中小学骨干校长高级研修班、中小学优秀校长高级研究班、中小学名校长领航班。通过举办骨干校长高级研修班,提升校长的办学治校能力,培养一批优秀中小学校长;举办优秀校长高级研究班,帮助校长凝练办学思想、形成办学风格、提升教育研究能力,培养一批教育家型校长后备人才;举办名校长领航班,促进校长创新教育实践,引领区域乃至全国教育发展,提升教育思想引领能力,造就一批在国内外具有较大影响力的教育家型校长。"卓越校长领航工程是校长国培计划的重要组成部分,是培养教育家型校长的专门工程。2014 年 12 月 15日《关于举办"校长国培计划"—2014 年中小学名校长领航班的通知》明确指出,"培养造就一批具有较大社会影响力、能够在基础教育事业发展中发挥示范引领作用的教育家型校长"。《中小学名校长领航班培养管理办法》明确指出:"名校长领航班是'校长国培计划'——卓越校长领航工程的重要组成部分,与'中小学骨干校长高级研修班'、'中小学优秀校长高级研究班'共同构建了中小学校长国家级高端培训体系。""名校长领航班旨在培养造就一批具有较大社会影响力的教育家型校长,按照'整体规划、个性指导、训用结合、连续培养、协同创新'的思路组织实施。"名校长领航班是卓越校长领航工程的重要组成部分,是培养教育家型校长的重要抓手。

此外,2017 年 12 月 8 日《教育部教师工作司关于组织实施"国培计划"——中小学名师名校长领航工程的通知》明确提出,"营造教育家脱颖而出的制度环境","帮助参训教师进一步凝练教育思想、提升教育教学创新能力,着力培养造就一批具有鲜明教育思想和教学模式、能够引领基础教育改革发展的教育家型卓越教师;帮助参训校长进一步凝练教育思想、提升实践创新能力,着力培养造就一批具有较大社会影响力和知名度、能够引领基础教育改革发展的教育家型卓越校长"。中小学名师名校长领航工程简称"双名工程"。"双名工程"是"国培计划"重要组成部分,包括名师和名校长两大培养培训对象,旨在通过培养培训名师名校长来造就教育家型教师和教育家型校长,为教育家脱颖而出提供了制度环境。

(二)"双名计划"促进教育家培养培训体系建设走向专业化

2022 年 8 月 8 日,《教育部办公厅关于实施新时代中小学名师名校长培养计划(2022—2025)的通知》明确指出,"营造教育家脱颖而出的环境""培养造就一批具有鲜明教育理念和成熟教学模式、能够引领基础教育改革发展的名师名校长"。"双名计划"是中小学名师名校长培养计划的简称,以培养教育家型教师和校长为目标。不同于"国培计划","双名计划"是一项针对性极强的专门计划,更加强调培养培训的专业化和能力建设,是对教育家培养培训的理念和模式的一种全新探索。一定意义上讲,"双名计划"的质量水平直接决定着教育家型教师和校长培养培训的质量水平。

从教师国培计划走向校长国培计划再走向"双名计划",中国特色教育家培养培训体系建设脉络日趋清晰明确:一方面逐渐形成协同培养培训教育家的"大培养大培训"的格局,单独设置教育家培养培训计划,努力提高成效;另一方面加强教育家培养培训的改革创新,重点从理念、模式等方面发力,推进信息技术与教育家培养培训相结合,提高教育家的信息技术能力与素质。

习近平总书记强调,"建设教育强国是中华民族伟大复兴的基础工程",在党的二十大报告中再次强调要"加快建设教育强国"。中国特色教育家培养培训体系为德才兼备的教育家充分涌流添能助力,为加快建设教育强国添砖加瓦。

五、银龄计划

"银龄计划"主要包括"银龄讲学计划"和"高校银龄教师支援西部计划"。

"银龄计划"政策

文件名称	重点内容
教育部财政部关于印发《银龄讲学计划实施方案》的通知(2018 年 7 月 4 日)	进一步加强农村教师队伍建设,充分利用退休教师优势资源,调动优秀退休教师继续投身教育的积极性,提高农村教育质量
教育部关于印发《高校银龄教师支援西部计划实施方案》的通知(2020 年 2 月 24 日)	进一步加强西部高校教师队伍建设,推动东部地区高校对口支援西部地区高校工作,充分利用高校退休教师优势资源,调动高校优秀退休教师继续投身教育事业的积极性,推动西部高等教育振兴发展

为进一步加强农村教师队伍建设,充分利用退休教师优势资源,调动优秀退休教师继续投身教育的积极性,提高农村教育质量,教育部、财政部于2018 年正式启动实施"银龄讲学计划"。"银龄讲学计划"的目标任务是按照"中央引导、地方实施,统筹规划、整体安排,因地制宜、注重实效"的原则,从 2018 年起,面向社会公开招募一批优秀退休校长、教研员、特级教师、高级教师等到农村义务教育学校讲学,发挥优秀退休教师引领示范作用,为农村学校提供智力支持,帮助提升农村学校教学水平和育人管理能力,缓解农村学校优秀师资总量不足和结构不合理等矛盾,促进城乡义务教育均衡发展。

"银龄讲学计划"退休教师以校长、教研员、特级教师、骨干教师为主。年龄一般在65（含）岁以下，政治可靠、师德高尚、爱岗敬业、业务精良；身体健康、甘于奉献、不怕吃苦、作风扎实；教育教学经验丰富。讲学教师原则上应具有中级及以上教师职称，以高级教师为主。原单位返聘退休教师工作不列入"银龄讲学计划"。"银龄讲学计划"的岗位职责包括：按照"需求为本、形式灵活"的原则，招募到的讲学教师可以根据自己的专业特长开展以课堂教学为主的讲学活动，同时也可根据受援学校的教育教学需求进行听课评课、开设公开课、研讨课或专题讲座，指导青年教师、协助学校做好教学管理和开展教研活动等丰富多样的讲学活动，发挥示范和辐射作用，带动提升受援学校教育教学和管理水平。

为进一步加强西部高校教师队伍建设，推动东部地区高校对口支援西部地区高校工作，充分利用高校退休教师优势资源，调动高校优秀退休教师继续投身教育事业的积极性，推动西部高等教育振兴发展，教育部于2020年起正式启动实施"高校银龄教师支援西部计划"。"高校银龄教师支援西部计划"的目标任务是面向西部地区行业、产业、企业急需的紧缺专业，遴选组织一批高校优秀退休教师支教、支研，发挥高校优秀退休教师的政治优势、经验优势和专业优势，帮助提升西部高校立德树人、队伍建设和科研创新的能力，推动西部地区高校"双一流"建设，缓解西部地区高校师资总量不足和结构不合理等矛盾，提升西部高等教育发展水平。"高校银龄教师支援西部计划"一般从教育部直属高校退休人员中遴选援派教师，申请教师年龄一般在70（含）岁以下（身体情况较好者可适当放宽年龄要求），具有副高级及以上职称，一线教学科研经验丰富；政治可靠、师德高尚、爱岗敬业、业务精良；身体健康、甘于奉献、不怕吃苦、作风扎实。"高校银龄教师支援西部计划"岗位职责包括：以课程教学、教学指导、课题研究、团队建设指导为主，短期授课、远程教育、同步课堂、学术讲座（报告）为辅，采取传、帮、带的方式，指导受援高校教师做好教学和科研工作,把先进教学方法和科研理念传授给受援高校教师。长期援派教师,支援服务时间原则上不少于 1 学年,每学年承担不少于 64 课时的教学工作,参与指导 1 项课题研究,通过传、帮、带方式指导青年教师,组织开展若干学术讲座、教研等活动。鼓励考核合格的长期援派教师连续支援服务。短期和远程支援教师,按照"突出实效、形式多样、时间灵活"的原则,根据受援高校需求,认真做好支教、支研工作。

附录3
人工智能赋能教育培训重要政策文件摘要

《高等学校人工智能创新行动计划》(教育部,2018 年 4 月 2 日起施行)

10. 加强人才培养力度。完善人工智能领域多主体协同育人机制。深化产学合作协同育人,推广实施人工智能领域产学合作协同育人项目,以产业和技术发展的最新成果推动人才培养改革。支持建立人工智能领域"新工科"建设产学研联盟,建设一批集教育、培训及研究于一体的区域共享型人才培养实践平台;积极搭建人工智能领域教师挂职锻炼、产学研合作等工程能力训练平台。推动高校教师与行业人才双向交流机制。鼓励有条件的高校建立人工智能学院、人工智能研究院或人工智能交叉研究中心,推动科教结合、产教融合协同育人的模式创新,多渠道培养人工智能领域创新创业人才;引导高校通过增量支持和存量调整,稳步增加相关学科专业招生规模、合理确定层次结构,加大人工智能领域人才培养力度。

11. 开展普及教育。鼓励、支持高校相关教学、科研资源对外开放,建立面向青少年和社会公众的人工智能科普公共服务平台,积极参与科普工作;支持高校教师参与中小学人工智能普及教育及相关研究工作;在教师职前培养和在职培训中设置人工智能相关知识和技能课程,培养教师实施智能教育能力;在高校非学历继续教育培训中设置人工智能课程。

《新一代人工智能发展规划》(国务院,2017 年 7 月 8 日起施行)

(五)大力加强人工智能劳动力培训。

　　加快研究人工智能带来的就业结构、就业方式转变以及新型职业和工作岗位的技能需求,建立适应智能经济和智能社会需要的终身学习和就业培训体系,支持高等院校、职业学校和社会化培训机构等开展人工智能技能培训,大幅提升就业人员专业技能,满足我国人工智能发展带来的高技能高质量就业岗位需要。鼓励企业和各类机构为员工提供人工智能技能培训。加强职工再就业培训和指导,确保从事简单重复性工作的劳动力和因人工智能失业的人员顺利转岗。

附录 4

《干部教育培训工作条例》(2015 年 9 月 10 日中共中央政治局常委会会议审议批准 2015 年 10 月 14 日中共中央发布 2023 年 8 月 31 日中共中央政治局会议修订 2023 年 9 月 19 日中共中央发布)

第一章　总则

第一条　为了推进干部教育培训工作科学化、制度化、规范化,培养造就政治过硬、适应新时代要求、具备领导社会主义现代化建设能力的高素质干部队伍,根据《中国共产党章程》,制定本条例。

第二条　干部教育培训是建设高素质干部队伍的先导性、基础性、战略性工程,在推进中国特色社会主义伟大事业和党的建设新的伟大工程中具有不可替代的重要地位和作用。干部教育培训工作必须高举中国特色社会主义伟大旗帜,坚持马克思列宁主义、毛泽东思想、邓小平理论、"三个代表"重要思想、科学发展观,全面贯彻习近平新时代中国特色社会主义思想,深入贯彻习近平总书记关于党的建设的重要思想,认真落实新时代党的建设总要求和新时代党的组织路线,深刻领悟"两个确立"的决定性意义,增强"四个意识"、坚定"四个自信"、做到"两个维护",把深入学习贯彻习近平新时代中国特色社会主义思想作为主题主线,以坚定理想信念宗旨为根本,以全面增强执政本领为重点,高质量教育培训干部,高水平服务党和国家事业发展,为以中国式现代化全面推进中华民族伟大复兴提供思想政治保证和能力支撑。

第三条　干部教育培训工作应当遵循下列原则:

（一）政治统领，服务大局。旗帜鲜明讲政治，坚持和加强党的全面领导，紧紧围绕党和国家事业发展需要开展教育培训，始终保持正确政治方向。

（二）育德为先，注重能力。坚持新时代好干部标准，突出党的创新理论武装和党性教育，加强能力培训，全面提高干部德才素质和履职能力。

（三）分类分级，全面覆盖。按照干部管理权限组织实施教育培训，把教育培训的普遍性要求与不同类别、不同层级、不同岗位干部的特殊需要结合起来，增强针对性，确保全员培训。

（四）联系实际，学以致用。大力弘扬马克思主义学风，围绕中心工作，坚持问题导向，引导干部加强主观世界和客观世界改造，做到学思用贯通、知信行统一。

（五）与时俱进，守正创新。继承和发扬干部教育培训优良传统和作风，遵循干部成长规律和干部教育培训规律，推进干部教育培训理论创新、实践创新、制度创新。

（六）依规依法，从严管理。建立健全干部教育培训法规制度，推进干部教育培训规范管理，从严治校、从严治教、从严治学，保持良好的教学秩序和学习风气。

第四条　本条例适用于党的机关、人大机关、行政机关、政协机关、监察机关、审判机关、检察机关，以及列入公务员法实施范围的其他机关和参照公务员法管理的机关（单位）的干部教育培训工作。

国有企业、事业单位结合各自特点执行本条例。

第二章　管理体制

第五条　全国干部教育培训工作实行在党中央领导下，由中央组织部主管，中央和国家机关有关工作部门分工负责，中央和地方分级管理的体制。

第六条　中央组织部履行全国干部教育培训工作的整体规划、制度建设、宏观指导、协调服务、监督管理等职能。

全国干部教育联席会议成员单位按照职责分工,负责相关的干部教育培训工作。

中央和国家机关各部门负责指导本行业本系统的业务培训。

第七条　地方各级党委领导本地区干部教育培训工作,贯彻执行党和国家干部教育培训工作的方针政策,把干部教育培训工作纳入本地区党的建设整体部署和经济社会发展规划,统筹研究推进。

地方各级党委组织部主管本地区干部教育培训工作。地方各级干部教育领导小组或者联席会议成员单位按照职责分工,负责相关的干部教育培训工作。

第八条　干部所在单位按照干部管理权限,负责组织实施和管理本单位的干部教育培训工作。

第九条　垂直管理部门的干部教育培训工作由部门负责。

双重管理单位的干部教育培训工作由主管单位负责、协管单位配合,根据工作需要,经协商也可以由协管单位负责。

第十条　党委和政府工作部门抽调下级党委和政府领导班子成员参加培训,必须报同级干部教育培训主管部门审批;抽调下级党委管理的干部参加本系统本行业培训,应当以书面形式提前通知下级党委组织部门,避免多头调训和重复培训。

第三章　教育培训对象

第十一条　干部有接受教育培训的权利和义务。

第十二条　干部教育培训的对象是全体干部,重点是县处级以上党政领导干部和优秀年轻干部。

第十三条　干部应当根据不同情况参加相应的教育培训:

（一）党的理论教育和党性教育的专题培训；

（二）贯彻落实党和国家重大决策部署的集中轮训；

（三）新录（聘）用的初任培训；

（四）晋升领导职务的任职培训；

（五）提升履职能力的在职培训；

（六）其他培训。

第十四条　省部级、厅局级、县处级党政领导干部和四级调研员及相当层次职级以上公务员，经组织选调，应当每5年参加党校（行政学院）、干部学院等干部教育培训机构脱产培训，以及干部教育培训主管部门认可的其他集中培训，累计不少于3个月或者550学时。提拔担任领导职务的，确因特殊情况在提任前未达到教育培训要求的，应当在提任后1年内完成培训。干部教育培训主管部门应当作出规划，统筹安排。

乡科级党政领导干部和一级主任科员及相当层次职级以下公务员，应当每年参加干部教育培训主管部门认可的集中培训，累计不少于12天或者90学时。

干部应当结合岗位职责参加网络培训，完成规定的学时。

第十五条　干部在参加组织选派的脱产培训期间，一般应当享受在岗同等待遇，一般不承担所在单位的日常工作、出国（境）考察等任务。因特殊情况确需请假的，必须严格履行手续，累计请假时间原则上不得超过总学时的1/7，超过的应予退学。

第十六条　干部个人参加社会化培训，费用一律由本人承担，不得由财政经费和单位经费报销，不得接受任何机构和他人的资助或者变相资助。

第四章　教育培训内容

第十七条　干部教育培训以深入学习贯彻习近平新时代中国特色社会主义思想为主题主线，以党的理论教育、党性教育和履职能力培训为重点，注重知识培训,全面提高干部素质和能力。

第十八条 党的理论教育重点开展马克思列宁主义、毛泽东思想、邓小平理论、"三个代表"重要思想、科学发展观教育培训,全面加强习近平新时代中国特色社会主义思想教育培训,加强党的路线方针政策教育培训,引导干部自觉做共产主义远大理想和中国特色社会主义共同理想的坚定信仰者和忠实实践者,提高运用马克思主义立场观点方法分析解决实际问题的能力,增强适应新时代要求、推进中国式现代化建设的本领。

突出党的创新理论教育,坚持用习近平新时代中国特色社会主义思想统一思想、统一意志、统一行动,教育引导干部全面系统掌握这一思想的基本观点、科学体系,把握好这一思想的世界观、方法论,坚持好、运用好贯穿其中的立场观点方法,深刻领悟"两个确立"的决定性意义,增强"四个意识"、坚定"四个自信"、做到"两个维护",不断提高政治判断力、政治领悟力、政治执行力,自觉在思想上、政治上、行动上同以习近平同志为核心的党中央保持高度一致。

对党外干部,也应当根据其特点,开展相应的政治理论教育。

第十九条 党性教育重点开展理想信念、党的宗旨、革命传统、党风廉政教育。突出党章和党规党纪学习教育,强化政治忠诚教育,加强政治纪律和政治规矩教育,加强斗争精神和斗争本领养成,深入开展党史、新中国史、改革开放史、社会主义发展史、中华民族发展史学习教育,坚持用以伟大建党精神为源头的中国共产党人精神谱系教育干部,加强铸牢中华民族共同体意识教育,开展社会主义核心价值观教育、中华优秀传统文化教育、中华民族传统美德教育,开展政德教育、警示教育,引导党员干部提高思想觉悟、精神境界、道德修养,树立正确的权力观、政绩观、事业观,做到对党忠诚、个人干净、敢于担当,永葆共产党人政治本色。

第二十条 履职能力培训重点开展党中央关于经济建设、政治建设、文化建设、社会建设、生态文明建设和党的建设等方面重大决策部署的培训，分领域分专题学深学透习近平总书记重要思想、重要论述，提升推动高质量发展本领、服务群众本领、防范化解风险本领。加强宪法、法律和政策法规教育培训，提高干部科学执政、民主执政、依法执政水平。开展总体国家安全观教育，增强干部国家安全意识，提高统筹发展和安全能力。

第二十一条　知识培训应当根据干部岗位特点和工作要求，有针对性地开展履行岗位职责所必备知识的培训，加强各种新知识新技能的教育培训，帮助干部优化知识结构、完善知识体系、提高综合素养。

第五章　教育培训方式方法

第二十二条　干部教育培训以脱产培训、党委（党组）理论学习中心组学习、网络培训、在职自学等方式进行。

第二十三条　脱产培训以组织调训为主。干部教育培训主管部门负责制定调训计划、选调干部参加培训，对重要岗位的干部可以实行点名调训。干部所在单位按照计划完成调训任务。干部必须服从组织调训。

第二十四条　党委（党组）理论学习中心组学习以政治学习为根本，以深入学习贯彻习近平新时代中国特色社会主义思想为主题主线，在个人自学和专题调研基础上保证每个季度不少于1次集体学习研讨。

第二十五条　充分运用现代信息技术，完善网络培训制度，建立兼容、开放、共享、规范的干部网络培训体系。提高干部教育培训教学和管理数字化水平，用好大数据、人工智能等技术手段。

第二十六条　建立健全干部在职自学制度。干部所在单位应当支持鼓励干部在职自学，并提供必要条件。

第二十七条　干部教育培训应当根据内容要求和干部特点，综合运用讲授式、研讨式、案例式、模拟式、体验式、访谈式、行动学习等方法，实现教学相长、学学相长。

干部教育培训主管部门应当引导和支持干部教育培训机构积极开展方式方法创新。

第六章 教育培训机构

第二十八条 干部教育培训机构主要包括:党校(行政学院)、干部学院、社会主义学院、部门行业培训机构、国有企业培训机构、干部教育培训高校基地。

各级党委(党组)和干部教育培训主管部门应当加强对干部教育培训机构的工作指导,构建分工明确、优势互补、布局合理、规范有序的培训机构体系。

第二十九条 党校(行政学院)是干部教育培训的主渠道,应当坚守党校初心、坚持党校姓党,突出党的理论教育、党性教育,加强履职能力培训,发挥为党育才、为党献策的独特价值。

中央党校(国家行政学院)和中国浦东干部学院、中国井冈山干部学院、中国延安干部学院作为国家级干部教育培训机构,应当发挥示范引领作用。

省(自治区、直辖市)党性教育干部学院是教育党员干部坚定理想信念、加强党性修养、传承红色基因、赓续红色血脉的重要阵地,应当用好红色资源,突出办学特色,发挥在党性教育中的独特优势。

社会主义学院是党领导的统一战线性质的政治学院,应当坚持功能定位,承担好民主党派和无党派人士、统一战线其他领域代表人士、统战干部及统一战线理论研究人才等培训任务。

部门行业培训机构、国有企业培训机构应当按照各自职责提升办学水平,重点做好本部门本行业本单位的干部教育培训工作。

干部教育培训高校基地应当发挥学科专业优势,重点开展履职能力培训。

各类干部教育培训机构应当加强交流合作,通过联合办学等方式,促进资源优化配置。

第三十条　根据工作需要,干部教育培训主办单位可以委托干部教育培训主管部门认可的其他高等学校、科研院所承担干部教育培训任务。

第三十一条　干部教育培训机构应当以教学为中心,深化教学改革,优化学科结构,完善培训内容,科学设置培训班次和学制,改进课程设计,创新教学方法,规范现场教学点管理,提高教学水平。

第三十二条　各级党委应当加强对党校(行政学院)工作的领导,履行办好、管好、建好党校(行政学院)的主体责任,选优配强领导班子,按照实用、安全、有效的原则加强和改善基础设施和办学条件。

因地制宜推进县级党校(行政学校)分类建设,深化办学体制改革和办学模式创新,不断提升办学能力和水平。

第三十三条　加强干部教育培训机构规范管理和质量提升,调整、整顿办学能力弱的干部教育培训机构。新设干部教育培训机构应当严格按照有关规定程序和机构编制管理权限审批。

第三十四条　干部教育培训主管部门和干部教育培训机构应当注重干部教育培训管理者队伍建设,加强培养,严格管理,促进交流,优化结构,提高素质。

加强干部教育培训理论研究。

第三十五条　干部教育培训机构必须贯彻执行党和国家干部教育培训方针政策和有关党内法规、法律法规,严格落实意识形态工作责任制,加强校风教风学风建设。

第七章　师资、课程、教材、经费

第三十六条　干部教育培训主管部门和干部教育培训机构应当按照政治过硬、素质优良、规模适当、结构合理、专兼结合的原则,建设高素质干部教育培训师资队伍。

第三十七条　从事干部教育培训工作的教师,必须对党忠诚、信念坚定,严守纪律、严谨治学,具有良好的思想道德修养、较高的理论政策水平、扎实的专业知识基础,有一定的实际工作经验,掌握现代教育培训理论和方法,具备胜任教学、科研工作的能力,不得传播违反党的理论和路线方针政策、违反中央决定的错误观点。

第三十八条　注重专职教师队伍建设,创新引才育才机制,完善考核、奖惩和教育培训、实践锻炼制度,专职教师每年参加教育培训的时间累计不少于1个月。逐步建立符合干部教育培训特点的师资队伍考核评价体系和职称评审制度。

第三十九条　注重邀请思想政治素质过硬、实践经验丰富、理论水平较高的领导干部、专家学者和先进模范人物、优秀基层干部等到干部教育培训课堂授课,充分发挥外请教师的作用。干部教育培训主办单位和干部教育培训机构应当加强对外请教师的审核把关。

坚持领导干部上讲台制度。县级以上党政领导班子成员特别是主要领导干部应当带头到党校(行政学院)、干部学院、社会主义学院等授课。

第四十条　中央组织部和各省(自治区、直辖市)党委组织部应当建立完善干部教育培训师资库。有条件的地区和部门可以根据工作需要建立干部教育培训师资库。

第四十一条　干部教育培训主管部门和干部教育培训机构应当完善课程开发和更新机制,构建富有时代特征和实践特色、务实管用的课程体系。

第四十二条　加强精品课程建设,重点开发体现马克思主义中国化时代化最新成果、反映各领域实践党的创新理论的精品课程。

建立干部教育培训精品课程库,实现优质课程资源共享。

第四十三条　适应不同类别干部教育培训的需要,着眼于提高干部综合素质和能力,开发具有政治性、思想性、权威性、指导性、可读性的干部学习培训教材。

第四十四条　全国干部培训教材编审指导委员会负责全国干部学习培训教材规划、编写、审定等工作。地方、部门和干部教育培训机构可以编写符合需要、各具特色的干部学习培训教材。

第四十五条　干部教育培训主管部门和干部教育培训机构应当严格审核把关，优先选用中央有关部门组织编写、推荐的权威教材，也可以选用其他优秀出版物。未经审核把关的教材不得进入干部教育培训课堂。

第四十六条　干部教育培训经费列入各级政府年度财政预算，保证干部教育培训工作需要。

干部教育培训主管部门、干部教育培训主办单位和干部教育培训机构应当严格干部教育培训经费管理，厉行节约，勤俭办学，提高经费使用效益。

第四十七条　各级党委和政府应当加大对革命老区、民族地区、边疆地区、乡村振兴重点帮扶地区干部教育培训支持力度，推动优质培训资源向基层延伸倾斜。

第八章　考核与评估

第四十八条　干部教育培训主管部门和干部教育培训机构应当完善干部教育培训考核和激励机制。干部接受教育培训情况应当作为干部考核的内容和任职、晋升的重要依据。

第四十九条　干部教育培训考核的内容包括干部的学习态度和表现，理论、知识掌握程度，党性修养、作风养成和遵规守纪情况，以及解决实际问题的能力等。

干部教育培训考核结果应当按照干部管理权限及时反馈组织人事部门。干部教育培训考核不合格的，年度考核不得确定为优秀等次。

第五十条　干部教育培训考核应当区分不同教育培训方式分别实施。脱产培训的考核，由主办单位和干部教育培训机构实施；网络培训的考核，由主办单位和干部所在单位实施。

干部教育培训主管部门和干部教育培训机构应当健全跟班管理制度,加强对干部学习培训的考核与监督。

第五十一条 干部教育培训实行登记管理。各级干部教育培训主管部门和干部所在单位应当按照干部管理权限,建立完善干部教育培训档案,如实记载干部参加教育培训情况和考核结果。

干部参加脱产培训情况应当记入干部年度考核登记表,参加 2 个月以上的脱产培训情况应当记入干部任免审批表。

第五十二条 干部教育培训主管部门负责对干部教育培训机构进行评估,也可以委托干部教育培训主管部门认可的机构进行评估。

干部教育培训机构评估的内容包括办学方针、培训质量、师资队伍、组织管理、学风建设、基础设施、经费管理等。

干部教育培训主管部门应当充分运用评估结果,指导干部教育培训机构改进工作。

第五十三条 干部教育培训主办单位负责对干部教育培训班次进行评估。

班次评估的内容包括培训设计、培训实施、培训管理、培训效果等。

评估结果应当作为评价干部教育培训机构办学质量的重要标准,作为确定干部教育培训机构承担培训任务的重要依据。

第五十四条 干部教育培训机构负责对干部教育培训课程进行评估。

课程评估的内容包括教学态度、教学内容、教学方法、教学效果等。

干部教育培训机构应当将评估结果作为指导教学部门和教师改进教学的重要依据。

第九章 纪律与监督

第五十五条 各级党委和政府及其有关工作部门、干部教育培训机构、干部所在单位和干部本人必须严格执行本条例。开展干部教育培训工作情况应当作为领导班子考核、巡视巡察和选人用人专项检查的内容。

第五十六条　干部教育培训主管部门会同有关部门对干部教育培训工作和贯彻执行本条例情况进行监督检查,制止和纠正违反本条例的行为,并对有关责任单位和人员提出处理意见和建议。

第五十七条　干部教育培训主办单位和干部教育培训机构违反本条例和有关规定的,由干部教育培训主管部门或者会同有关部门责令限期整改;逾期不改的,给予通报批评;情节严重的,由有关部门对负有领导责任人员和直接责任人员给予组织处理、党纪政务处分。

第五十八条　从事干部教育培训工作的教师违反本条例和有关规定的,由干部教育培训机构或者有关部门视情节轻重给予批评教育、组织处理、党纪政务处分。

第五十九条　干部因故未按规定参加教育培训或者未达到教育培训要求的,应当及时安排补训。对无正当理由不参加教育培训的,由干部管理部门视情节轻重给予批评教育、组织处理。干部弄虚作假获取培训经历的,由干部管理部门按照有关规定严肃处理。

第六十条　干部参加教育培训期间必须严格遵守学习培训和廉洁自律各项规定。违反本条例和有关规定的,由干部教育培训机构视情节轻重给予约谈提醒、通报批评、责令退学等处理;情节严重的,由有关部门给予组织处理、党纪政务处分。

第十章　附则

第六十一条　中国人民解放军和中国人民武装警察部队的干部教育培训规定,由中央军事委员会根据本条例制定。

第六十二条　本条例由中共中央组织部负责解释。

第六十三条　本条例自发布之日起施行。

附录5

《全国干部教育培训规划(2023—2027 年)》

干部教育培训是建设高素质干部队伍的先导性、基础性、战略性工程，在推进中国特色社会主义伟大事业和党的建设新的伟大工程中具有不可替代的重要地位和作用。为培养造就政治过硬、适应新时代要求、具备领导社会主义现代化建设能力的高素质干部队伍，结合干部教育培训工作实际，制定本规划。

一、总体要求

高举中国特色社会主义伟大旗帜，坚持马克思列宁主义、毛泽东思想、邓小平理论、"三个代表"重要思想、科学发展观，全面贯彻习近平新时代中国特色社会主义思想，深入贯彻习近平总书记关于党的建设的重要思想，深入贯彻党的二十大精神，认真落实新时代党的建设总要求和新时代党的组织路线，深刻领悟"两个确立"的决定性意义，增强"四个意识"、坚定"四个自信"、做到"两个维护"，把深入学习贯彻习近平新时代中国特色社会主义思想作为主题主线，以坚定理想信念宗旨为根本，以提高政治能力为关键，以增强推进中国式现代化建设本领为重点，紧紧围绕新时代新征程党的使命任务，持续深化党的创新理论武装，强化政治训练，加强履职能力培训，深入推进干部教育培训体系改革创新，增强教育培训的时代性、系统性、针对性、有效性，高质量教育培训干部，高水平服务党和国家事业发展，为以中国式现代化全面推进中华民族伟大复兴提供思想政治保证和能力支撑。

　　本规划的主要目标是:党的创新理论武装更加系统深入,用习近平新时代中国特色社会主义思想凝心铸魂取得显著成效,广大干部理想信念更加坚定、思想意志更加统一、行动步调更加一致,对党的创新理论更加笃信笃行,用以指导实践、推动工作更加自觉。政治训练更加扎实有效,广大干部党性更加坚强,作风更加过硬,政治判断力、政治领悟力、政治执行力不断提高,政治纪律和政治规矩意识进一步增强,自觉在政治立场、政治方向、政治原则、政治道路上同以习近平同志为核心的党中央保持高度一致。履职能力培训更加精准管用,广大干部贯彻新发展理念、构建新发展格局、推动高质量发展能力进一步提高,统筹发展和安全的能力不断提升,专业知识和人文综合素养更加完备。干部教育培训体系更加科学健全,培训内容更具时代性系统性,培训方法更具针对性有效性,培训保障更加坚实有力,培训制度更加规范完备,选育管用机制更加协同高效。

干部教育培训量化指标

1. 学时指标

干 部 类 别	培训时间要求	
县处级以上党政领导干部	每 5 年参加集中培训累计不少于 3 个月或 550 学时	每年参加网络自学累计不少于 50 学时
四级调研员及相当层次职级以上公务员（含同时担任乡科级党政领导职务的干部）		
国有企业相当职务层次以上领导人员		
事业单位六级管理岗位（职员）以上人员		
乡科级党政领导干部（不含已晋升四级调研员及相当层次职级以上公务员）	每年参加集中培训累计不少于 12 天或 90 学时	
一级主任科员及相当层次职级以下公务员		
国有企事业单位其他管理人员		
专业技术人员		

2. 教学指标

（1）市级以上党校（行政学院）总体教学安排中，党的理论教育和党性教育课程的比重不低于每学期总课时的 70%，其中党性教育课程的比重不低于每学期总课时的 20%。

（2）各级党校（行政学院）、干部学院举办的党性教育培训班次中，课堂教学的比重不低于总课时的 50%。

（3）各级党校（行政学院）主体班次中，领导干部讲课课时不低于每学期总课时的 20%。

（4）市级以上党校（行政学院）、干部学院主体班次中，运用具有干部教育培训特色的案例式教学的课程比重不低于干部每学期总课时的 15%，运用研讨式、模拟式、体验式、访谈式等其他互动式教学的课程比重不低于每学期总课时的 20%。

3. 课程更新指标

（1）省级以上的党校（行政学院）、干部学院主体班次课程更新率年均不少于 20%。

（2）省级以上干部网络培训平台课程更新每年不少于 100 课时。

注：1. 集中培训主要包括以下 4 种情况：(1) 经组织选调参加的脱产培训；(2) 参加党委（党组）理论学习中心组学习；(3) 经组织统一安排、在规定时限内参加并完成学习任务的网络专题培训；(4) 由组织安排，采取线上、线下等方式，在特定时间、指定地点参加的集中宣讲、专题讲座等。

2. 网络自学学时，主要指干部个人在组织人事部门认可的网络培训平台完成的学时。

二、坚持不懈用习近平新时代中国特色社会主义思想凝心铸魂

(一)聚焦聚力、久久为功。完善干部理论教育培训长效机制,落实党的创新理论学习教育计划,组织实施习近平新时代中国特色社会主义思想教育培训计划(专栏1),系统谋划、持续用力,不断把思想铸魂、理论武装工作引向深入。坚持把习近平新时代中国特色社会主义思想作为党委(党组)理论学习中心组学习首要内容,作出具体安排、精心组织实施;作为各级党校(行政学院)、干部学院、社会主义学院主课必修课,办好理论进修班、理论研修班;作为干部学习的中心内容,全面系统学、持续深入学、联系实际学。以县处级以上党员领导干部为重点,开展习近平新时代中国特色社会主义思想和党的二十大精神集中轮训;深入开展主题教育,通过专题学习、研讨交流、主题党课、调查研究、建章立制等形式,推动党的创新理论学习教育走深走实走心,使广大干部更加深刻领悟"两个确立"的决定性意义,更加自觉增强"四个意识"、坚定"四个自信"、做到"两个维护"。

专栏1　习近平新时代中国特色社会主义思想教育培训计划

1. 组织开展习近平新时代中国特色社会主义思想和党的二十大精神集中轮训。中央组织部负责组织中管干部、中央和国家机关厅局级正职领导干部到中央党校(国家行政学院)开展专题轮训。各地区各部门按照干部管理权限,抓好各级干部集中轮训。中国干部网络学院和各级各类干部网络培训平台开设学习专栏。

2. 中央组织部制定新一轮中管干部5年脱产进修计划。各地区各部门统筹制定年度培训计划,组织各级各类干部参加习近平新时代中国特色社会主义思想集中培训。

3. 中央组织部每年安排部分中管干部和一定数量厅局级领导干部到中央党校(国家行政学院)等进行理论学习,每年安排不少于50名厅局级理论骨干到中央党校(国家行政学院)参加习近平新时代中国特色社会主义思想理论研修班。

4. 中央党校(国家行政学院)、中央组织部研究制定习近平新时代中国特色社会主义思想课程体系和教学大纲。

5. 全国干部培训教材编审指导委员会组织编写第六批全国干部学习培训教材,组织编写贯彻落实习近平新时代中国特色社会主义思想案例。各地区各部门结合实际,编写特色教材。

6. 中央组织部向全国推荐习近平新时代中国特色社会主义思想好课程、好教材。

7. 各地区各部门结合实际,建设一批反映习近平新时代中国特色社会主义思想生动实践的现场教学点,打造精品教学路线。

（二）讲深学透、入脑入心。组织理论攻关,加强理论阐释,讲清楚习近平新时代中国特色社会主义思想的科学体系和核心要义,讲清楚"两个结合"的历史逻辑、理论逻辑、实践逻辑,讲清楚这一思想的世界观、方法论和贯穿其中的立场观点方法,讲清楚这一思想的道理学理哲理,教育引导干部正确认识把握这一思想的精神实质。改进理论教学,开展集体备课,坚持历史和现实相贯通、国际和国内相关联、理论和实际相结合,推行课堂讲授、案例解析、现场感悟相结合的教学方式,增强理论教育的吸引力感染力说服力。中央党校(国家行政学院)和中国浦东、井冈山、延安干部学院发挥示范引领作用,举办党的创新理论教学研讨会,组织开展精品课程点评观摩交流活动。组织干部读原著学原文、悟原理知原义,原原本本研读《习近平谈治国理政》《习近平著作选读》《习近平新时代中国特色社会主义思想专题摘编》等重要著作,跟进学习习近平总书记最新重要讲话和重要论述。完善理论学习考核评价机制,强化述学评学,把学习贯彻习近平新时代中国特色社会主义思想情况作为考核领导班子和衡量领导干部思想政治素质的重要内容。

(三)知行合一、推动工作。坚持学思用贯通、知信行统一,引导干部深刻领悟习近平新时代中国特色社会主义思想蕴含的坚定理想信念、真挚为民情怀、高度历史自信、无畏担当精神,筑牢信仰之基、补足精神之钙、把稳思想之舵,真正做习近平新时代中国特色社会主义思想的坚定信仰者和忠实实践者。坚持学用结合、学以致用,引导教师联系实际教、干部联系实际学,紧密结合实践遇到的新问题、改革发展稳定存在的深层次问题、人民群众急难愁盼问题、国际变局中的重大问题、党的建设面临的突出问题,从党的创新理论中悟规律、明方向、学方法、增智慧,在深化、内化、转化上下功夫,不断提高战略思维、历史思维、辩证思维、系统思维、创新思维、法治思维、底线思维能力,把习近平新时代中国特色社会主义思想转化为坚定理想、锤炼党性和指导实践、推动工作的强大力量。

三、围绕深刻领悟"两个确立"的决定性意义、做到"两个维护",强化政治训练

(一)明确政治训练重点内容。加强党的理论教育,以深入学习贯彻习

近平新时代中国特色社会主义思想为主题主线,组织干部深入学习党的基本理论、基本路线、基本方略,提高把握方向、把握大势、把握全局的能力。把党性教育贯穿教育培训全过程,突出党章和党规党纪学习教育,强化政治忠诚教育,加强政治纪律和政治规矩教育,强化民主集中制教育和正确权力观、政绩观、事业观教育,加强斗争精神和斗争本领养成,开展党的全面领导、党的建设等方面培训,提高干部辨别政治是非、保持政治定力、驾驭政治局面、防范政治风险的能力;强化党的宗旨、革命传统教育,开展党史、新中国史、改革开放史、社会主义发展史、中华民族发展史学习培训,坚持用以伟大建党精神为源头的中国共产党人精神谱系教育干部,加强党风廉政教育,坚决反对"四风",永葆共产党人政治本色;加强铸牢中华民族共同体意识教育,引导干部树立正确的国家观、历史观、民族观、文化观、宗教观;加强社会主义核心价值观教育、中华优秀传统文化教育、中华民族传统美德教育,强化政德教育、警示教育,开展家庭家教家风教育。

（二）突出"关键少数"政治训练。坚持把政治训练贯穿干部成长全周期,使干部的政治素养、政治能力与担负的领导职责相匹配。强化"一把手"政治培训,有计划地选调地方、部门、国有企事业单位主要负责同志到党校（行政学院）、干部学院参加专题培训。实施"一把手"政治能力提升计划（专栏2）。省（自治区、直辖市）、市（地、州、盟）、县（市、区、旗）党政领导班子成员每2至3年到党校（行政学院）、干部学院至少接受1次系统的党的创新理论教育和党性教育,5年内累计不少于2个月。围绕提高政治能力和领导能力,加强机关司局长、处长任职培训。重视对女干部、少数民族干部、党外干部等的政治培训。加强对高层次人才的政治引领,中央组织部会同有关单位每年组织一定数量人才开展国情研修。

专栏 2 "一把手"政治能力提升计划

1. 就关系党和国家工作全局的重大理论和现实问题定期举办省部级主要领导干部专题研讨班。

2. 中央组织部定期选调中管金融企业、中管企业和中管高校主要负责同志参加提高政治能力专题培训。

3. 市县党政平职每 2 至 3 年至少接受 1 次系统的党的创新理论教育和党性教育。中央组织部适时安排市(地、州、盟)党政主要负责同志、县(市、区、旗)党委书记参加相关培训。

4. 抓好市县党政正职任职培训,中央组织部举办新任职市(地、州、盟)党政正职和县(市、区、旗)党委书记专题培训班,各省(自治区、直辖市)抓好县(市、区、旗)政府正职培训。

5. 各地区各部门抓好各级主要领导干部和国有企事业单位主要负责同志政治能力培训。

(三)加强年轻干部政治训练。强化习近平新时代中国特色社会主义思想学习教育,突出政治忠诚教育、理想信念教育、纪律规矩教育,加强优良传统作风和责任感使命感教育,强化斗争意识,综合运用理论讲授、政策解读、案例教学、现场体验等方式开展系统培训。党委(党组)负责同志要讲好"开班第一课"。安排思想政治素质过硬、理论水平较高、实践经验丰富的领导干部上讲台授课。探索推行"政治辅导员"、"导师帮带"制度。通过开展党性分析、实践锻炼、过"政治生日"、重温入党誓词等方式,锤炼党性修养、提高政治觉悟。实施年轻干部理想信念强化计划(专栏 3)。

专栏3　年轻干部理想信念强化计划

1. 各级组织人事部门研究制定新一轮年轻干部培训工作计划。

2. 分类分级开展年轻干部培训,有计划地安排优秀年轻干部到党校(行政学院)、干部学院培训,5年内完成轮训。

3. 中央党校(国家行政学院)每年春季、秋季学期举办中青年干部培训班。中央组织部选调优秀年轻干部参加培训。

4. 中央组织部、中央党校(国家行政学院)通过线上线下相结合的方式,每年联合举办全国新录用公务员初任培训班。

5. 各地区各部门根据年轻干部不同成长阶段特点,用好红色资源,加强初任培训、任职培训、在职培训和实践锻炼。注重依托中国浦东、井冈山、延安干部学院和省(自治区、直辖市)党性教育干部学院开展年轻干部政治培训。

四、加强履职能力培训,增强推进中国式现代化建设本领

(一)聚焦"国之大者"。围绕贯彻落实党的二十大作出的重大战略部署,分层级分领域分专题开展建设现代化产业体系、全面推进乡村振兴、提升城镇化发展质量、促进区域协调发展、建设世界一流企业、办好人民满意的教育、推进科技自立自强、发展全过程人民民主、坚持全面依法治国、发展文化事业、国际传播能力建设、推进碳达峰碳中和、贯彻总体国家安全观、增强维护国家安全能力、深化公共安全治理和社会治理、防范化解金融风险、应急管理和突发事件处置、增强党组织政治功能和组织功能等专题培训,提高干部推动高质量发展本领、服务群众本领、防范化解风险本领。坚持干什么学什么、缺什么补什么,加强与岗位职责相匹配的通识教育培训,重点开展经济、政治、文化、社会、生态文明、党的建设、宪法和法律法规等知识学习培训,开展军事、国防、外交、统战、教育、科技和民族、宗教、财税、金融、统

计、信访、保密、应急管理、城市建设、公共卫生、舆情应对、基层治理、反垄断、知识产权及身心健康等知识学习培训,引导干部及时填知识空白、补素质短板、强能力弱项。加强信息技术、人工智能、生物技术、新能源、新材料等新知识新技能学习培训,开阔干部视野。

(二)拓宽培训渠道。根据党政领导干部、国有企事业单位领导人员和机关公务员、年轻干部、基层干部、专业技术人员等不同对象特点,整合优质资源,多渠道多方面开展履职能力培训。发挥各级党校(行政学院)、干部学院主体作用,围绕党中央重大决策部署和国家重大战略需求、地方党委和政府中心工作开展专题培训;发挥部门行业培训机构特色优势,开展专门政策解读、重点任务落实等专题培训;发挥国有企业培训机构作用,开展国有企业领导人员治企兴企、提高企业核心竞争力、强化企业科技创新主体地位等专题培训;发挥干部教育培训高校基地学科专业优势,开展新知识新技能等培训;发挥基层干部教育培训机构特色优势,开展基层干部实务培训;发挥专业技术人员继续教育基地资源优势,开展专业技术能力提升培训;发挥职业学校(含技工院校)培养高技能人才的基础性作用,开展技术技能培训;发挥中国干部网络学院等网络学习平台广覆盖、便捷化的优势,抓好履职通识培训;发挥派出单位和接收单位协作优势,抓好援派帮扶干部人才、挂职干部等教育培训。积极创造条件,支持干部在职自学。实施干部履职能力提升计划(专栏 4)。

专栏4 干部履职能力提升计划

1. 中央组织部每年在中央党校(国家行政学院)、国防大学、中国浦东干部学院、全国干部教育培训高校基地等举办专题培训班,有计划地调训省部级、厅局级领导干部和国有企事业单位领导人员、市(地、州、盟)党政正职。

2. 中央组织部会同有关部委,每年举办专题研究班,有计划地调训市(地、州、盟)、县(市、区、旗)党政领导班子成员。

3. 中央组织部每年安排不少于1/5的中管金融企业、中管企业领导班子成员到国家级干部教育培训机构培训,国务院国资委抓好国务院国资委党委管理领导班子的中央企业领导人员培训。

4. 中央组织部会同有关行业主管部门,分行业举办事业单位领导人员培训班,每年安排一定数量的事业单位领导人员参加培训。

5. 中央组织部、中央和国家机关工委每年举办专题研修班,有计划地调训中央和国家机关厅局级领导干部;中央和国家机关工委每年安排一定数量的中央和国家机关党务干部参加示范培训。

6. 中央组织部会同有关部委,每年组织实施公务员对口培训计划。

7. 中央宣传部会同有关部门,每年选调一定数量的哲学社会科学教学科研骨干、新闻和文化工作骨干到国家级干部教育培训机构培训。

8. 中央统战部会同中央组织部,每年选调部分市(地、州、盟)领导班子成员、宗教工作领导干部到中央党校(国家行政学院)培训,定期在国家级干部教育培训机构举办厅局级以上党外干部培训班。

9. 中央社会工作部会同中央组织部,每年选调一定数量的社会工作骨干和全国性行业协会商会、"两企三新"党建工作骨干到国家级干部教育培训机构培训。

10. 人力资源社会保障部会同有关部门,实施知识更新工程,每年培训一定数量高层次、急需紧缺和骨干专业技术人才,组织开展新疆、西藏等地方少数民族专业技术人才特殊培养工作,开展专业技术人员继续教育。

11. 中央组织部和各省(自治区、直辖市)党委组织部每年组织开展基层干部示范培训,安排一定数量的基层骨干师资和基层干部教育培训管理者参加;各市(地、州、盟)党委组织部每年至少对乡镇(街道)党政正职和分管党建工作的副书记、组织委员培训1次;各县(市、区、旗)党委组织部会同社会工作部每年至少对村(社区)党组织书记和村(居)委会主任、驻村第一书记和工作队员培训1次,对村(社区)其他干部每3年轮训1次,加强村(社区)后备力量培训。

12. 各地区各部门结合各自职责和工作实际,开展各级各类干部和专业技术人才能力培训。

（三）突出实战实效。强化实践导向、问题导向、效果导向，把准培训需求，加强培训设计，选优配强师资，综合运用多种方式方法开展实战化培训。坚持"干而论道"，注重邀请领导干部、专家学者、基层干部、先进典型等授课，让懂政策的人讲政策、有经验的人谈经验、会方法的人教方法。紧贴业务实操，加大案例教学比重，把实践中鲜活生动的案例及时运用到教育培训中；运用情景模拟、桌面推演、工作复盘等方法，让干部在仿真情境中学习如何处理问题、化解矛盾、防范风险。加强案例开发和实训室建设。

五、推进培训资源建设，夯实培训保障基础

（一）培训机构建设。推进各级党校(行政学院)建设，以教学督导、师资培养、质量评估为重点，强化上级党校(行政学院)对下级党校(行政学院)的业务指导，不断提高办学水平。推进县级党校(行政学校)分类建设。加强社会主义学院建设。进一步提升部门行业培训机构、国有企业培训机构办学质量。加强对干部教育培训高校基地、基层干部教育培训机构办学指导。开展党校(行政学院)、省(自治区、直辖市)党性教育干部学院、干部教育培训高校基地办学质量评估。加强各类党员干部教育培训机构规范管理，严控新设以党员干部为培训对象的培训机构。支持地方、部门联合开展培训，鼓励干部教育培训机构开展区域协作交流，推动优质培训资源共享。实施干部教育培训机构质量提升计划(专栏5)。

专栏5　干部教育培训机构质量提升计划

1.中央党校(国家行政学院)要发挥为党育才、为党献策的独特价值,着力提升以习近平新时代中国特色社会主义思想为中心内容的理论教育教学质量;增强党性教育的实效性,完善党性教育教学大纲;推进高素质教师队伍建设,大力推进名师工程,持续实施学术骨干系统培养等人才计划,全面提升青年教师索质能力;深化教学改革,推进教学方式方法创新,完善激励考核机制;加强校风教风学风建设;加强对全国党校(行政学院)系统的业务指导。

地方党校(行政学院)加强以习近平新时代中国特色社会主义思想为主的马克思主义理论学科建设,深入推进马克思主义经典文献研读工程,推进党性教育学科建设,加强师资队伍建设,健全办学质量评估长效机制,不断提高教学科研和管理服务水乎。

深化和巩固县级党校(行政学校)分类建设成效,逐步实现应建尽建,因地制宜推进县级党校(行政学校)办学体制改革和办学模式创新。由市级党校(行政学院)牵头建立市、县两级优质师资共建共享机制。推进乡镇(街道)党校规范化建设,强化县级党校(行政学校)对乡镇(街道)党校的业务指导。

2.中国浦东、井冈山、延安干部学院构建形成以习近平新时代中国特色社会主义思想为统领的特色课程教材体系;深化教学科研改革,发挥资源禀赋优势,打造精品课程,创新教学方式方法;加大人才引进力度,实施名师培养工程、骨干教师能力提升计划,稳妥推进与高校合作共建,健全院地合作共建机制,制定高质量发展指标体系,进一步提高学院建设和管理水平。

3.省(自治区、直箱市)党性教育干部学院深入挖掘利用红色资源,提升办学能力,不断推动规范化、特色化、内涵式发展。中央组织部会同相关单位开展办学质量评估,做到动态管理、优进绌退。

4.部门行业培训机构、国有企业培训机构注重师资培养和课程建设,提升办学水平,构建具有自身特色的培训体系。组织部门会同有关部门稳妥推进部门行业培训机构优化整合工作。

5.干部教育培训高校基地提升规范化管理水平,积极服务干部教育培训。组织部门会同有关部门开展干部教育培训高校基地办学质量评估,优化干部教育培训高校基地布局。

(二)师资队伍建设。加大名师培养引进力度,把干部教育培训师资纳入各级人才政策支持范畴,努力造就一批对党忠诚、精通党的创新理论、授课水平高、在学科领域有影响力的知名教师。完善专职教师知识更新和实践锻炼制度,加强师资队伍党性教育和业务培训,国家级干部教育培训机构每年培训2000名地方和部门行业培训机构的骨干教师,省级党校(行政学院)5年内将市、县两级党校(行政学院)教师培训一遍。鼓励国家级干部教育培训机构和省、市两级党校(行政学院)教师到基层党校(行政学校)、省(自治区、直辖市)党性教育干部学院支教。评聘干部教育名师,推广"名师带徒"等方式,利用"名师工作室"等平台,加强中青年骨干教师培养。大力推进领导干部上讲台。注重在领导干部、先进模范人物、优秀基层干部中遴选培养师资。分级建设师资库。探索建立符合干部教育培训特点的师资队伍考核评价体系和职称评审制度。

(三)课程教材建设。研究制定全国干部教育培训好课程、好教材推荐指标体系,5年内推荐300门左右好课程、50种左右好教材,其中案例课程、案例教材不少于1/3。大力推进案例课程建设,及时把工作实践中的最新成果、新鲜经验运用到教学中。各地区各部门结合实际开发通用教材、专业教材、区域教材和"乡土教材"。

(四)经费保障。各级政府要将干部教育培训经费列入年度财政预算,保证工作需要。做好基层干部教育培训经费保障,地方各级党委可以使用留存的党费组织培训基层党员干部。财政困难地方可按规定统筹使用自有财力和上级相关转移支付开展干部教育培训工作。重视对县级党校(行政学校)建设的支持。加大对革命老区、民族地区、边疆地区、乡村振兴重点帮扶地区干部教育培训支持力度。加强干部教育培训经费管理,保证专款专用,提高使用效益。

六、推动网络培训体系建设,提升干部教育培训数字化水平

(一)推进网络培训平台建设。制定干部网络培训指导意见,推行干部网络培训通用标准,健全干部网络培训国家标准体系。建设以中国干部网络学院为引领、省(自治区、直辖市)和部门行业网络培训平台为支撑、各单位网络培训平台为补充的平台体系,逐步形成互联互通、开放共享的网络培训格局。出台干部网络培训学时管理办法,探索建立平台之间学时互认机制。加强干部网络学习成效考核,规范网络学习行为。组织开展平台建设、运行情况评估。严格落实国家信息安全等级保护和数据分类分级保护等制度,按照"谁主管谁负责、谁建设谁负责"的原则,强化网络培训安全保障。

(二)加强网络培训课程建设。鼓励党校(行政学院)、干部学院和部门、企业、高校等组织开发精品网络课程。注重把握网络教学特点和规律,改进授课方式,提高制作水平,丰富呈现形式,提升课程质量。严把网络课程政治关、质量关,规范讲授、制作、审核、发布和更新、退出流程。充分发挥网络培训优势,推动优质资源下基层。用好网络直播培训形式,增强现场体验感。实施干部网络培训提质增效计划(专栏6)。

专栏6 干部网络培训提质增效计划

1. 健全干部网络培训通用标准。加大《干部网络培训业务管理通用要求》等10项国家标准实施力度。推进系统开发、功能规范、数据定义、课程分类等新国家标准制定工作。

2. 加强网络课程建设。提升课程设计、编辑、制作水平,开发图文、影音集成交互等多种形式的网络课程。推荐全国干部教育培训网络好课程。党校(行政学院)、干部学院教师根据教学需求开发网络课程应计入教学工作量。

3. 提升网络培训成效。探索创建网上研讨室、在线学习社区等,加强学员、教师间的互动交流。探索设置网上班主任、学习管理员等,完善学习督促、提醒等制度。

4. 推动现代信息技术应用。鼓励虚拟现实、增强现实、混合现实、人工智能等技术在干部教育培训中的应用,推动干部学习数字化、智能化。

(三)加快培训管理数字化。分级建立干部教育培训信息管理系统,完善干部培训档案,实现信息精准记录、标准化管理。加强大数据技术的运用,用好培训记录、培训需求、参训表现等数据,绘制可量化、可评价的干部"学习图谱"。加快干部教育培训机构"智慧校园"、"智慧课堂"建设。

七、深化改革创新,提高干部教育培训质量和活力

(一)完善制度机制。着力构建科学规范、系统集成、协同高效、执行有力的干部教育培训制度体系,制定加强国有企业领导人员培训工作意见、省(自治区、直辖市)党性教育干部学院高质量发展指导意见等。完善需求调研、计划生成会商机制,统筹干部教育培训与公务员培训、党员教育培训,加强干部教育培训主管部门与行业主管部门、培训机构、干部所在单位沟通协

商。完善组织调训机制,严格执行调训审批、报备等规定,完善点名调训和补训制度,实现科学调训、精准调训,定期通报调训情况。完善双重管理干部培训机制。完善东西部协作和定点帮扶、对口支援培训机制。

(二)改进方式方法。鼓励加强干部教育培训方式方法创新。综合运用研讨式、案例式、模拟式、体验式、访谈式等方法,推行结构化研讨、行动学习等研究式学习,探索翻转课堂等方法,开展教学方法运用示范培训。

(三)加强考核评估。创新学员考核评价方式,在中长期班次中推行学员表现全程纪实管理、考核,建立全方位评价体系,探索训后跟踪考核机制。加强对干部教育培训机构、班次、课程的质量评估,坚持定量与定性相结合,进一步完善评估指标体系,评估结果作为干部教育培训机构改进工作、提高办学质量的重要依据,以评促改、以评促建。

(四)严格培训管理。加强培训机构管理,严格落实意识形态工作责任制,落实中央八项规定及其实施细则精神,厉行勤俭节约,弘扬学习之风、朴素之风、清朗之风。加强教师管理,重视师德师风建设,严肃讲坛纪律。加强学员管理,发挥学员党支部和班委会作用,严肃培训期间党内政治生活,严格执行学员管理相关规定。建立学风督查长效机制,发现问题及时整改并按规定严肃追究相关单位和人员责任。

(五)注重理论研究。围绕干部教育培训工作的重大理论和现实问题,深入开展课题研究,举办理论研讨会。中央党校(国家行政学院)办好《干部教育研究》。

八、组织领导

各级党委(党组)要加强对干部教育培训工作的领导,把干部教育培训工作纳入党的建设整体部署,围绕本规划提出的目标和任务,结合实际制定本地区本部门贯彻落实举措；开展巡视巡察和选人用人专项检查过程中，要注意了解规划实施情况。各级党委（党组）主要负责同志要认真履行职责，及时研究解决干部教育培训工作中的困难和问题。干部教育领导小组或联席会议要完善议事协调机制，发挥协调指导作用。各级组织人事部门要在党委（党组）领导下抓好规划贯彻实施。

中央组织部对规划实施情况进行督促检查，开展中期和 5 年总结评估工作，并通报有关情况。

中国人民解放军和中国人民武装警察部队的干部教育培训工作，由中央军委根据本规划精神制定实施意见。

参考文献

一、马克思主义经典著作

《马克思恩格斯全集》第 2 卷，人民出版社 1957 年版。

《马克思恩格斯全集》第 3 卷，人民出版社 1960 年版。

《马克思恩格斯全集》第 8 卷，人民出版社 1961 年版。

《马克思恩格斯全集》第 16 卷，人民出版社 1964 年版。

《马克思恩格斯全集》第 22 卷，人民出版社 1965 年版。

《马克思恩格斯全集》第 23 卷，人民出版社 1972 年版。

《马克思恩格斯全集》第 28 卷，人民出版社 2018 年版。

《马克思恩格斯全集》第 30 卷，人民出版社 1974 年版。

《马克思恩格斯全集》第 34 卷，人民出版社 1972 年版。

《马克思恩格斯全集》第 39 卷，人民出版社 1974 年版。

《马克思恩格斯文集》第 1 卷，人民出版社 2009 年版。

《马克思恩格斯文集》第 2 卷，人民出版社 2009 年版。

《马克思恩格斯文集》第 3 卷，人民出版社 2009 年版。

《马克思恩格斯文集》第 5 卷，人民出版社 2009 年版。

《马克思恩格斯文集》第 8 卷,人民出版社 2009 年版。

《马克思恩格斯选集》第 1 卷,人民出版社 2012 年版。

《马克思恩格斯选集》第 3 卷,人民出版社 2012 年版。

《马克思恩格斯选集》第 4 卷,人民出版社 2012 年版。

《共产党宣言》,人民出版社 2014 年版。

《列宁全集》第 2 卷,人民出版社 2013 年版。

《列宁选集》第 4 卷,人民出版社 2012 年版。

《列宁全集》第 23 卷,人民出版社 2017 年版。

《列宁全集》第 38 卷,人民出版社 2017 年版。

《列宁全集》第 39 卷,人民出版社 2017 年版。

《列宁全集》第 43 卷,人民出版社 2017 年版。

《毛泽东选集》第 2 卷,人民出版社 1991 年版。

《毛泽东选集》第 4 卷,人民出版社 1991 年版。

《毛泽东文集》第 7 卷,人民出版社 1999 年版。

《邓小平文选》第 1 卷,人民出版社 1994 年版。

《邓小平文选》第 2 卷,人民出版社 1994 年版。

《邓小平文选》第 3 卷,人民出版社 1993 年版。

《江泽民文选》第 1 卷,人民出版社 2006 年版。

中共中央文献研究室:《十四大以来重要文献选编》上,人民出版社 1996 年版。

中共中央文献研究室:《十四大以来重要文献选编》下,人民出版社 1999 年版。

中共中央文献研究室:《十六大以来重要文献选编》下,中央文献出版社 2008 年版。

习近平:《决胜全面建成小康社会 夺取新时代中国特色社会主义伟大

胜利——在中国共产党第十九次全国代表大会上的报告》，人民出版社 2017 年版。

习近平：《在全国党校工作会议上的讲话》，人民出版社 2016 年版。

二、中文译著

［德］黑格尔：《精神现象学》上册，贺麟、王玖兴译，商务印书馆 1981 年版。

［法］圣西门：《圣西门选集》第 2 卷，陆楼法译，商务印书馆 1982 年版。

《费尔巴哈哲学著作选集》下卷，荣震华、王太庆、刘磊译，商务印书馆 1984 年版。

亚里士多德：《修辞学》，罗念生译，三联书店 1991 年版。

笛卡尔：《第一哲学沉思集反驳和答辩》，庞景仁译，商务印书馆 1986 年版。

［美］马尔科姆·S.诺尔斯等：《成人学习者》，龚自力等译，北京师范大学出版社 2016 年版。

［法］保罗·朗格朗：《终身教育引论》，周南照、陈树清译，中国对外出版翻译公司 1985 年版。

［法］保罗·朗格让：《终身教育导论》，滕星等译，华夏出版社 1988 年版。

［爱尔兰］德斯蒙德·基更：《远距离教育基础（第二版）》，丁新等译，中央广播电视大学出版社 1997 年版。

［美］唐纳德 L.柯克帕特里克，詹姆斯 D.柯克帕特里克：《如何做好培训评估：柯式四级评估法》，奚卫华等译，机械工业出版社 2007 年版。

［爱尔兰］基更编：《远距离教育理论原理》，丁新等译，中央广播电视大

学出版社 1999 年版。

[美]拉塞尔·L·阿克夫,丹尼尔·格林伯格:《翻转式学习》,杨彩霞译,中国人民大学出版社 2015 年版。

[美]哈罗德 D. 斯托洛维奇,艾瑞 J. 吉普斯:《交互式培训:让学习过程变得积极愉悦的成人培训新方法》,屈云波,王玉婷译,企业管理出版社 2016 年版。

[美]迈克尔·马奎特,罗兰 K. 杨:《行动学习催化秘籍》,王云,王金帅,王培杰译,机械工业出版社 2015 年版。

三、中文著作

张健:《马克思主义教育思想研究》,教育科学出版社 1989 年版。

陈鼓应:《老子注译及评价》,中华书局 1984 年版。

王弼:《老子道德经注》,中华书局 2011 年版。

朱熹:《论语·大学·中庸》,古籍出版社 2013 年版。

陈尚志等:《人学新论——马克思主义人学基本理论和重大现实问题研究》,人民出版社 2015 年版。

成有信:《现代教育论集》,人民教育出版社 2002 年版。

国际 21 世纪教育委员会:《教育——财富蕴藏其中》,教育科学出版社 1996 年版。

四、期刊论文

徐永军:《江泽民人才是第一资源"思想的提出及意义》,《党的文献》2016 年第 2 期。

王磊、肖宝安:《新形势下我国教育事业改革发展的科学指南——习近平教育思想管窥》,《广西社会科学》2016 年第 3 期。

陈子季:《努力办好人民满意的更高质量 更加公平社会主义现代化教育——论习近平总书记教育思想的三个维度》,《国家教育行政学院学报》2017 年第 2 期。

薛二勇、刘爱玲:《习近平教育思想:中国教育改革的旗帜与方向》,《中国教育学刊》2017 年第 5 期。

陶磊、朱唯星、李貌:《人工智能时代高校思想政治理论课发展转向、痛点及实践策略》,《江苏高教》2022 年第 1 期。

赵贵臣、刘和忠:《哲学视阈中的教育与人的全面发展》,《理论前沿》2009 年第 21 期。

韩林庆:《成人教育和终身学习问题、疑点和建议——成人教育国际委员会提交给国际委员会关于 21 世纪的教育与学习的报告》,《成人教育》1996 年第 Z1 期。

朗格朗、张玲、沈剑平:《终身教育概念的发展》,《现代外国哲学社会科学文摘》,1988 年第 9 期。

邓辉:《Intel 的培训理念》,《人才资源开发》,2005 年第 1 期。

刘三林、孟凡萍:《三菱商社的培训理念、培训体系和管理模式》,《中国培训》,2001 年第 6 期。

张利晓:《松下电器公司的培训理念》,《人才资源开发》,2005 年第 2 期。

刘涵:《西门子公司人力资源管理理念》,《中国电力教育》,2010 年第 5 期。

龙宝新:《当代国外中小学教师培训理论的发展与走向》,《天津师范大学学报(基础教育版)》,2017 年第 1 期。

樊文强:《基于关联主义的大规模网络开放课程(MOOC)及其学习支持》,《远程教育杂志》,2012 年第 3 期。

南国农:《新世纪信息化教育工作者的使命——推进"14345 工程"》,《电化教育研究》,2003 年第 12 期。

奥托·彼得斯、罗伟纲:《数字化学习环境:开放远距离教育新的可能与机遇》,《开放教育研究》,1998 年第 2 期。

李克东:《数字化学习(上)——信息技术与课程整合的核心》,《电化教育研究》,2001 年第 8 期。

仲林清:《日本对数字化学习技术标准的推动(英文)》,《华东师范大学学报(自然科学版)》,2012 年第 2 期。

岳继红、蔡江:《虚拟现实技术与油田数字化培训》,《油气田地面工程》,2004 年第 11 期。

崔涛、胡菲:《浅谈 E－Learning(数字化培训)》,《北京石油管理干部学院学报》,2011 年第 5 期。

岳西:《新职业教育模式的探讨——数字化培训的运用及研究》,《计算机光盘软件与应用》,2012 年第 11 期。

王静:《法国数字化培训应用现状及启示》,《中国培训》,2013 年第 9 期。

奚利强:《企业数字化培训的构建》,《杭州金融研修学院学报》,2022 年第 1 期。

Henry Canaday、成磊:《数字化培训》,《航空维修与工程》,2010 年第 4 期。

Lee Ann Tegtmeier、孙立:《按需提供的数字化培训》,《航空维修与工程》,2011 年第 5 期。

黄舒、朱丽香、钟晓琴、卢敏如、江东红、雷燕波、周道元:《医院临床护理技术数字化培训的研究》,《黑龙江中医药》,2019 年第 5 期。

潘胜利、李镭:《数字化培训模式的优势及职业技能培训的变革》,《中国石油和化工》,2009 年第 7 期。

柯永红、陈卫军、王静、宋继华:《职业培训数字化资源共享模式研究——以世界银行贷款"数字化培训教学资源共享平台"项目为标本》,《中国远程教育》,2016 年第 9 期。

裘伟廷:《虚拟现实技术与未来教育培训》,《中国培训》,1999 年第 8 期。

徐忠、石磊:《虚拟现实技术在教育培训的应用》,《广播电视信息(下半月刊)》,2008 年第 12 期。

刘崇进、贺佐成、叶雯、吴应良、张云霏:《沉浸式 VR 在教育培训中的应用概况和展望》,《中国教育信息化》,2018 年第 15 期。

张朴:《虚拟现实技术使人类文化在两个世界衍生》,《自然辩证法研究》,2002 年第 1 期。

徐春华:《基于复杂学习理论视角的网络教育教学计划改革》,《中国成人教育》,2014 年第 5 期。

陶祥亚:《网络教学系统在教师教育技术培训中的有效性研究》,《远程教育杂志》,2008 年第 6 期。

王山玲:《网络教学目标设计研究》,《网络科技时代》,2007 年第 12 期。

陈义勤:《网络教育教学计划改革探索》,《中国远程教育》,2012 年第 2 期。

吴廷坚:《网络教学平台使用的师资培训——香港理工大学的经验》,《远程教育杂志》,2007 年第 4 期。

周媛、杨改学:《网络学习的质量控制与评价》,《现代远距离教育》,2003 年第 2 期。

冯向荣:《呼吁建立培训学科及培训职业资格体系》,《中国人才》,2002年第2期。

郭垒、徐丽丽:《中小学校长培训专业化:政策研究的视角》,《教师教育研究》,2018年第2期。

汤丰林:《论校长培训学的逻辑基础与建设路线》,《北京教育学院学报》,2012年第5期。

邓一:《教育培训学科建设思考》,《继续教育》,2014年第7期。

赫坚:《边远贫困地区农村校长培训"吉林模式"课程探索与教学实践》,《中小学教师培训》,2018年第10期。

韩民、孙远航、张国平:《中小学校长培训模式的实践探索——以"教育部—中国移动"中小学校长培训项目为例》,《辽宁教育》,2019年第14期。

王定华:《中小学名校长领航工程的理念进展方略》,《中国教育学刊》,2018年第8期。

顾明远:《终身学习与人的全面发展》,《北京师范大学学报(社会科学版)》,2008年第6期。

李政涛、罗艺:《智能时代的生命进化及其教育》,《教育研究》,2019年第11期。

后　记

　　《新时代教育系统干部教师教育培训研究——基于马克思恩格斯教育理论的视域》是针对教育系统干部教师教育培训问题的专门研究。这本书今日能付梓出版,本人心里感到欣慰与感动。

　　本书是一本将马克思恩格斯教育理论与新时代教育系统干部教师教育培训相结合的合著,凝聚着作者们及相关领域学者多年来的知识积累和教育心得。

　　姜芳(1980.5—),女,汉族,湖北黄冈人,天津师范大学马克思主义学院2021级博士研究生,马克思主义基本原理专业,主要从事哲学、教育教学理论研究。主持、参与国家级与省部级课题等10余项,发表高水平论文20余篇,曾获得天津市2014年高校思想政治理论课教师教学技能大赛二等奖,参与国家级与省部级教学技能大赛获得多项奖励,指导学生参加省部级教学比赛获得多项奖励。姜芳在高校工作16年,教学经验丰富,教学评价优秀,曾获得天津财经大学珠江学院"特殊贡献奖",还获得多次优秀教职工、优秀教师和优秀党员等称号。据统计,姜芳一共完成了第三章、第六章、第七章的全部撰写工作,及第八章、第九章的部分撰写工作,共计十二万余字。

　　赵梦依(1994.5—),女,汉族,山西晋城人,天津师范大学马克思主义学院2021级博士研究生,马克思主义基本原理专业,主要从事马克思劳动价值论、人工智能研究。她承担并撰写了本书第四章、第五章的全部撰写工作，及第八章的部分撰写工作，共计五万余字。

王韩(1996.1—)，女，汉族，河南济源人，天津师范大学马克思主义学院2020级博士研究生，马克思主义基本原理专业，主要从事马克思主义基本原理、习近平新时代中国特色社会主义思想研究。她承担并撰写了本书第一章及第二章的全部撰写工作，及第八章、第九章的部分撰写工作，共计五万余字。

这本书也承载着多位相关领域学者、专家的关怀和指导。感谢我的导师刘海军教授在学术上和生活上给予我的指导和关心。

感谢我的师弟孙福胜博士，他从事唯物史观与人的教育培训理论等问题研究。通过交流研讨，加深了我对干部教师教育培训理论研究的重要性和紧迫性的认识，他的干部教师教育培训的研究成果给我很大启发。感谢国家教育行政学院原远程培训部和教务部主任郭垒教授及国家教育行政学院教师工作与研究部主任于维涛教授，两位教授的干部教师培训系列研究成果为本研究提供了非常重要的启发。

本书出版，感谢天津人民出版社给我提供出版机会，感谢编审林雨老师的辛勤工作和热心关怀。

感谢教育部与天津师范大学共建国际中文教育发展研究院、境外办学机构项目管理科科长、国际教育交流学院博士研究生李纯玮，她完成了第六章第四节的部分撰写工作，共计八千余字。

这本著作肯定还存在很多不足之处，希望以出版此书为契机，激励我们继续在学术之路上探索，获得学术和人生的成功和进步！

姜　芳

于天津市津南区

2023 年 11 月